安徽师范大学徽学研究丛书

绩溪

胡近仁文存及研究

方　静　胡泉雨 ◎ 编著

安徽师范大学出版社
ANHUI NORMAL UNIVERSITY PRESS

· 芜湖 ·

图书在版编目（CIP）数据

绩溪胡近仁文存及研究 / 方静,胡泉雨编著. — 芜湖 :安徽师范大学出版社,2023.11
ISBN 978-7-5676-5489-1

Ⅰ.①绩… Ⅱ.①方… ②胡… Ⅲ.①胡近仁(1886-1935)—人物研究 Ⅳ.①K825.4

中国版本图书馆CIP数据核字(2021)第225818号

安徽省高校协同创新项目"明清徽州地方文献与乡村治理研究"(GXXT-2020-031)

绩溪胡近仁文存及研究

方静　胡泉雨◎编著

JIXI HU JINREN WENCUN JI YANJIU

责任编辑:孙新文　　　　　　责任校对:翟自成　卫和成
装帧设计:王晴晴　冯君君　　责任印制:桑国磊
出版发行:安徽师范大学出版社
　　　　　芜湖市北京中路2号安徽师范大学赭山校区　　邮政编码:241000
网　　　址:http://www.ahnupress.com/
发 行 部:0553-3883578　5910327　5910310(传真)
印　　　刷:苏州市古得堡数码印刷有限公司
版　　　次:2023年11月第1版
印　　　次:2023年11月第1次印刷
规　　　格:700 mm×1000 mm　　1/16
印　　　张:24.5
字　　　数:364千字
书　　　号:ISBN 978-7-5676-5489-1
定　　　价:89.00元

凡发现图书有质量问题,请与我社联系(联系电话:0553-5910315)

胡近仁

（1886—1935）

序

鲍义来

    "文革"后期，我在歙县县委宣传部上班。一次去绩溪雄路东方红医院看望一位病人，知道离上庄不是太远，于是便乘坐了由绩溪县城到上庄的班车，吃了晚饭，找了住的地方，等找到胡适故居，已是乌漆抹黑了，所见的就像乡下普通的老房子一样。

    那晚见到了胡适的侄儿胡毓凯。他点着一支煤油灯，顿见一屋光明，然远一点的四壁还是黑黝黝的。我自报了家门，他没有防备之心，谈了很多，比如谈了他所了解的胡适的生平经历、胡适的父亲胡铁花的传奇。然而让我意想不到的是，他竟还拿出了一册厚厚的胡适的《中国哲学史》（上册）。我就凑在八仙桌上的煤油灯下，一页页地翻着，其实也没有细看，只是借此表达我内心的敬仰。那晚谈了些什么已不得复记，但在黑暗的四壁、一盏煤油灯下摩挲着乡前辈的一部伟大著作却情深意切。

    第二天一早，我怀着如同朝圣的心情参观了上庄的胡氏宗祠，这是太平天国时期遭毁后由胡铁花带着村里人重建的。宗祠竣工那年，胡铁花继娶了冯顺弟。随后，胡铁花接受新的委派，前往上海就任，他的儿子胡适出生了。很快胡铁花又被派往台湾担任镇守。甲午海战后，清政府签订了《马关条约》，台湾割让给了日本，胡铁花在最后的抵抗后因病去世，尸骨运回家乡。

    当然我也清楚，我的短暂走访，对胡适及其家乡的了解实在有限，但初步印象告诉我：胡适和他的父亲及其家庭，不像多年来批判的那样反动，更不是你死我活的阶级斗争。于是我便有了一个了解真实的胡适的动念。

当年所能见到胡适的资料不多，我最早得到唐德刚记录的《胡适口述自传》及根据他对胡适的了解所撰写的《胡适杂忆》，是20世纪80年代初。我国南极探险的第一位中国人张逢铿先生回乡探亲，我有机会拜见了他，其中向他谈到了很想了解一个真实的胡适的想法，他回到美国，便让台湾的同乡代购寄赠。当我读完了这些文字，尤其是胡适对家乡徽州、对父母等亲人的回忆，从而让我坚信他是爱国的，在我国的新文化运动和国故整理上有着巨大贡献。

之后见到由章飚先生主持影印的《胡适家书手迹》，其中有从未面世的胡适致胡近仁书信。那时章飚作为绩溪县文化局局长，在了解到胡近仁的孙子胡从还保存了胡适给他祖父的一些信件后，便向县委汇报并争取了一个"大集体编制"，将胡从作为管理人员安排在胡适故居。随后又见到胡适离开大陆留在北京的一些资料被整理成《胡适遗稿及秘藏书信》影印出版，其中就有胡近仁给胡适的信。这样胡适与胡近仁的一些来往通信得以面世，我们作为胡适的同乡，能读到其中的乡情，感到特别亲切。

如今，令人高兴的是，《绩溪胡近仁文存及研究》将要面世，除了胡适、胡近仁两人通信又有新的发现，胡从还提供了胡近仁与亲戚朋友的一百多通来往信函。据胡从说，原来胡适给他祖父的信本有很多，还有文稿、对联等，但在那个年代，大多偷偷地烧了。祖父本也有相当的藏书，除新中国成立后捐赠一些外，不少也都当废纸作为引火烧了，值得庆幸的还是保留了一些。

这批信件，再加上胡近仁的一些散落在族谱中的文章及一些未面世的诗词小说，还有绩溪胡适研究会两次举办胡近仁研讨会的一些文章，合在一起便有了这样丰富的一册。这不仅有利于对胡适的研究，也有助于对当时的徽商经营、乡村经济、地方管理、农村教育，以及修志、修谱等方面的了解。

我们知道，胡适只有九年的家乡生活，且那还是在一个刚由孩童步入少年的时候，之后是六年的上海求学和十年的国外留学，再后是回国后的大学教授生涯。因此，胡适对乡村的了解，胡近仁是一个重要的窗口和渠道。他是通过与胡近仁的很多通信，当然也通过与徽州人接触，从而对家乡乃至中国的乡村社会有更多了解，比如对乡村社会治理、乡村学校管理、徽州学术整理以及徽州的出路等问题的探讨，胡近仁是他难得的知己。借鉴美国等西方国家的发展道路，胡适力图改造中国社会，然而他所了解的中国社会却仅局限于其大脑中经常出现的徽州家乡，胡近仁的通信给他提供了更多也更具体的内容。

胡近仁是怎样的一位人物，胡适以为是"桑梓的文人魁杰"，绩溪的两次学术研讨会及眼前结集这册中所提到的是"近代绩溪学者"，也有称"绩溪民国士绅"，应说都还公允。但我欣赏的还是他对现实的关注，也即其经世致用精神。比如他编纂族谱，便思考其功能，以期通过宗族管理从而有利于乡村教化和社会稳定，尤其是"皇权不下乡村"状况下的我国的乡村治理。胡近仁在1926年为所修纂的《新安柯氏宗谱》作序时，列举了当时世界上多种治理状况，如有研究基尔特社会制度者，有组织生产消费协会者，"抑知社会组织东西迥异，吾国社会源自宗法，濡染既久，习成民性，若必削足适履，则堤防一溃祸将胡底。"去年的省徽学会之研讨会，就有学者提出要借鉴徽州乡村治理的成功经验，这正与胡近仁的见解不谋而合。

同样地，他在文学创作上坚持了现实主义创作思想，他的小说《铁跳蚤》，即以清末歙县的一桩冤案为背景，描写了在礼仪之邦的文化徽州，竟也这样草菅人命。胡近仁的诗歌创作，比如写养蚕女等，也都遵循了现实主义创作原则，从而形象感人。

纵观胡近仁的人生际遇，还让人深切地感受到文化徽州只是人才的摇篮，而人才的施展还需要更大平台，因此必须离开徽州，否则贪图摇篮舒适，窝居不起，很有可能埋没才华。就以胡适与胡近仁为例，二人相差五岁，胡近仁是叔辈，少年才隽，胡适曾以师长之尊重。但当胡适到了上海读书，换了天地，便如蛟龙入海，之后留学国外，有着更宽的学术视野，不到三十岁，竟成了新文化运动的领袖。反观滞留家乡的胡近仁，因为多种原因，尤其是经济的重压，其学术成就及影响，则难与胡适比肩。这在二人的通信中有过非常具体的表述，如胡近仁给胡适信：

> 回忆十余年前寒斋言志时，彼此正属妙龄，意气无前，不可一世，岂知今日之我乃每况愈下至于此极耶！自念以今予之资格之学业，在竞争世界中当然属淘汰之列，惟国学一部分自问尚非毫无心得，或彼苍过为培植。他日得觅枝栖于通都大邑如沪上等。濡染渐渍且时与名士共周旋晋接，开拓心胸或不难有所表见。然俟河之清，人寿几何？恐此志终成梦寐间耳！

胡适也是这样认为，给以诚恳忠告：

> 来书言革新事业，已有头绪，闻之甚喜。革新后，里中万不可居。能来京一行，最佳。此间虽不易图事，然适处尽可下榻。即不能谋生计，亦可助适著书，不致糊不出一人之生活也。无论如何，总比在里中好些。足下以为何如？

试想，如果胡近仁听从了胡适的话，凭着他已有的学识，朝着更有兴趣的方向发展，很有可能成为学者、教授、小说家、编辑家，随着生活条件改善，身体更健康，学术影响也将更大。

黄宾虹的例子也颇相似。黄少年时由金华回到歙县家乡，一直到1907年，因为革命党秘密私铸铜元而被告发，由此别妻离子，背井离乡，逃到上海，进了神州国光社。他很快便在刊物上连续推出早已关注的《叙村居》《叙造墨》《叙制印》几篇长文，在"亡国灭种"之论甚嚣尘上之时，介绍了中华国粹之徽州文化，展现了他的国学修养和所想表达的民族精神。试想，黄宾虹如果一直留在家乡，那也只能是一位地方士绅和乡下画家，而不可能像后来所能达到的成就。

胡适非常喜欢宋代杨万里的诗："万山不许一溪奔，拦得溪声日夜喧。到得前头山脚尽，堂堂溪水出前村。"他经常书此以赠乡亲，希望他们能像一溪山泉，奋勇奔出山外，奔向大海，唯有大徽州才能救小徽州。

与此相联系的绩溪"邑小士多"，鄙以为即因为一个"小"字，才更加发奋。绩溪原是从歙县析分的，比起歙县西乡连同屯溪到休宁万安的平原地带，绩溪更多的是山地丘陵；同样比起歙县的盐商、休宁的当铺等巨商大富，绩溪多的是茶叶和面馆饮食等小商小富，这种自然条件、经济状况所造成的绩溪人的文化心理便是要争气、发愤图强、勤勉实干、任劳任怨，这便是"绩溪牛"的由来。

陶行知很是称赞："吾乡称绩溪人为'绩溪牛'，人以为侮辱，我以为尊敬。"

胡适给胡近仁的信中也提倡这一品德和精神。他写道："教育童蒙亦足以报国，尽力桑梓亦足以报国，分功易事，正是此理。儿时与观宗祠祭事，每闻唱曰：'执事者各司其事。'今十余年不与祭事矣，而此七字历历犹在耳中。今人但患不尽职于所司之事耳。若官忠于其职，士忠于其学，民忠于其业，天下更有何患乎？"

胡适晚年在台湾给乡人题字"努力做徽骆驼"，意与绩溪牛一样，即负重前行、恪守职责、一犁耕到头的精神。

为什么在同样的时代背景下，胡适成了新文化运动的领袖？这当然有多方面原因，但也与胡适所具有的"一犁耕到头"的性格有关。胡适从唐宋话本小说的大白话到西方文字表述的大白话，他就想为什么现代社会虽也说着大白话却还要在文字上使用古文，从而给了现代国人不应有的束缚，于是便带头进行白话文改革，以方便人们读书求知，从而有利于国家进步。受他影响，绩溪还出现了如汪静之、章衣萍、章铁民等或诗人或小说家群体。同时为新文化图书报刊的出版，形成了以汪孟邹为首的亚东图书馆，从而拥有了出版史的地位，汪原放还始创了汉语新式标点符号，还培养了红色政权的出版专家、国家出版局副局长王子野，等等。也还有人例举我国著名美学家郭因与胡适之神交云云，实是区域文化影响下的文脉传承，进而形成"邑小士多"的更大效应。

再说眼前的这册《绩溪胡近仁文存及研究》，以及"绩溪胡适与徽学研究会"所创办刊物、修志、编谱、著书、立说，都是方静会长与学会同共同完成的。他们的刊物一出十几年，还领头开展了"徽商口述史"的资料搜集，等等，也是"绩溪牛"的表现。

当然就我熟悉，绩溪所开展的徽学研究，还有以周文甫为会长的、以退休教师为主的"绩溪胡稼民研究"，由此拓展了对绩溪教育进而徽州名师、名校和徽州教育的研究，办了多年的刊物，出了好多专著。还有邵之惠的徽菜研究及绩溪商人研究、胡成业的胡适研究及资料馆，等等，还有不少村都修了村志和族谱，更有许多人撰写了徽学研究的专著，至于将徽学研究文章结集出版的比比皆是。这给"邑小士多"又添了例证。

承方静先生厚爱，让我能先读《绩溪胡近仁文存及研究》，浮想联翩，一发感慨为快。

目　录

胡近仁著述篇

胡近仁诗词篇

胡近仁书信篇

胡近仁研究篇

胡近仁著述篇

读顾颉刚先生论古史书以后①

　　中国古籍经过秦火一大劫，到了两汉有许多学者利用着"托古改制"造成好些伪籍出来，真伪杂糅，莫衷一是，所以上古的史学很难研究。近来国内许多有名学者对于古史都取怀疑的态度，这是我们最赞成的。不过古史里比较稍近事实的地方却也不少，断不能一概抹煞。

　　最近，《努力周报》附刊《读书杂志》第九期内登载顾颉刚先生给钱玄同先生《论古史》一书，顾先生主张以为中国古史是层累地造出的，尧舜禹稷的事迹都是靠不住。原文篇幅很长，想看《努力（周）报》的人大都见过，这里不必细说，我只抽出他说禹的那一段来和阅者谈谈吧。

　　本来，战国以前经传和诸子书中说禹的地方很多，实物也有"岣嵝碑"等，顾先生却一概唾弃，只相信《诗经》和《论语》，所以本文也只就《诗经》来说。这点要请阅者注意。

　　顾先生因《商颂·长发篇》说"洪水芒芒，禹敷下土方……帝立子生商"，断定当时作诗的人以为禹是上帝派下来的神，不是人。并引《小旻篇》"旻天疾威，敷于下土"为例，断定下土是对上天而言。

　　我以为"洪水芒芒，禹敷下土方"二句，正是叙禹平治水土的话，和《信南山篇》说"信彼南山，维禹甸之"，《韩奕篇》说"奕奕梁山，维禹甸

---

　　① 此文选自顾颉刚编著《古史辨》第一册，第93—102页，出版者为朴社，印刷者为京城印书局，出版时间为民国十五年（1926）六月。曾刊载于民国十二年（1923）七月一日《读书杂志》第十一期。

之"，《文王有声篇》说"丰水东注，维禹之绩"，都是一样意思，并没有含着神祇的观念。而且《信南山篇》下接"畇畇原隰，曾孙田之"，《韩奕篇》下接"有倬其道，韩侯受命"，《文王有声篇》下接"四方攸同，皇王维辟"，把曾孙、韩侯、皇王和禹相提并论，都是人类，并不曾把禹当天神般看待。这三篇不都是西周作品吗？可见先生所说的"这时对于禹的观念是一个神"，这个肯定完全错误了。若说下土对上天而言，更属拘执。那《下武篇》的"成王之孚，下土之式"，又何尝有天神的意思呢？

先生以《生民篇》不说后稷缵某人的绪，作《閟宫（篇）》的人却说他缵禹之绪，便断定《生民篇》出世时还没有禹一个观念，到《閟宫（篇）》时才有禹这个人。又因《閟宫（篇）》不说黄帝、尧、舜却偏说禹，更断定那时最古的人王只有禹。这种理论也欠圆满。须知《生民篇》是郊祀的乐歌，古人神权最重，若在迎神侑乐时，对着所祀的神，说他的功劳系缵述别人的余绪，未免得罪神灵，所以这诗不说缵谁的绪大概因此。不比《閟宫篇》颂祷当代国君，带叙上代的事尽可尽情畅说；两诗体裁本绝不同。此外还有别种原故（如后人作诗的趁韵等），何能责诗人说一律的话。至于不说黄帝、尧、舜而单说禹，自因禹的水功和稷的土功有连带的关系，所以单单说他，决不能就因此断为这时人的心目中最古的人王只有禹。

先生又因《长发篇》说"韦顾既伐，昆吾夏桀"，以为禹和夏并没有什么关系。又说若照后来人说禹是桀的祖先，如何商国对于禹既感他敷土的恩德，对于禹的子孙就会翻脸杀伐呢？先生这种意见好像每一朝开始的君主有些恩德于人，他的子孙就无论如何暴虐，天下人均应永远绝对服从了。这般拘执的论调我实不愿更辨。

最奇妙的是，先生因《说文》禹字训虫便以为禹不是人类，是九鼎上铸的一种动物。又引伯祥云：或即是龙。……这般望文生义的解释，如何叫人信服呢？若依这个例子，则舜字本义《说文》训作蔓草，难道帝舜就是一种植物吗？

此外，原文还说有"《尧典》作在《论语》之后，后稷有无是人不可知"

种种议论，我都不敢盲从。只因为篇幅的关系，俟后有机会再谈吧。

我以为古史虽然庞杂，但只限在尧、舜以前。若尧、舜以后的史料，似乎比较稍近事实。我且把我依据的理由写在下面：

一、古史官是世传的，他们父传子，子传孙，容易把史料保存。就是突遭兵火，他们因职务上关系，不能不尽法搜集。况列国有史官，一国失传，还有别国可以参互考订，决不能各国同时间对于某时代造出一色的假货。例如司马氏在烧书以后，还能保全一部分史料，作成《史记》。他所叙商朝事实，和新近出土的"龟甲文"大致差不多相同。商代如此，夏代便也可知。可见那尧、舜、禹、汤决不是完全杜撰了。

二、古人一命以上，每每铸造重器，各有款识，流传下来，恰是考古的好资料，所以历代学者多很注意。春秋时代，那虞、夏彝器当然还多。若依顾先生所说"尧、舜、禹、汤系层累地添出"，当时学者岂有不知参考之理。例如九鼎既铸有魑魅魍魉等怪物，谅必还有文字说明，何得把鼎上的虫类忽然移到铸鼎人身上作为那人的名字呢？

三、天文家岁差之说创始唐一行，其理论则萌芽于晋虞喜，三国以前并没有一人知道。若依顾先生所说《尧典》是春秋以后造出的伪作的，那么，何以《尧典》的天象和春秋时代不同而又暗含岁差的公例呢？世间哪里有这般凑巧的事。我想那假冒的人，在岁差原理未发明时，决不敢把天象说作两歧，致惹反响。今《尧典》却老实说出，可见他是有根据并非伪造了。

顾先生要推翻全部古史，当然要寻出几个充分证据，方可叫人信服，断不能这样附会周纳。我很盼望先生和许多学者抛弃主观的见解，平心静气细细研究，再把研究的结果整理一部上古的信史出来，那才是我们最欢迎的事。

十二,六,二作于绩溪上川。

附:答刘、胡两先生书

顾颉刚

捈藜①、菫人先生:

由努力社转到两位先生的质问,披读一过,真使我高兴得很。我本来的意思,是要先把与古史有关的书一部一部的读了,把内中说及古史的地方抄出,归纳成为一篇《某书中的古史》;等到用得着的书都读完了,他们说着的古史都抽出了,再依了他们的先后关系,分别其真伪异同,看出传说中对于古史的变迁,汇成一篇《层累地造成的中国古史》。不幸预计中的许多篇《某书中的古史》还没做,而总括大意的《与玄同先生书》先已登出,以致证据不充,无以满两位先生之意,甚以为愧。

但我觉得我这一文的疏漏是有的,至于这个意思,总不能轻易认为错误,所以我想把胸中所有的意见详细写出,算作答文,与两位先生讨论下列诸项问题:

(1)禹是否有天神性?(2)禹与夏有没有关系?(3)禹的来历在何处?(4)《禹贡》是什么时候做的?(5)后稷的实在如何?(6)尧、舜、禹的关系如何?(7)《尧典》《皋陶谟》是什么时候做的?(8)现在公认的古史系统是如何组织而成的?

以上的题目当在十二月内做毕,登入《读书杂志》。

本期《读书杂志》限于篇幅,不能登载我的答文;我现在仅把我对于古史的态度说了。研究古史自应分析出信史和非信史两部分。信史的建设,适之先生上月来书曾说一个大旨,抄录于下:

---

① 刘捈藜(1899—1935),字楚贤,"信古派代表",民国十二年(1923),针对顾颉刚"疑古"学说,以其引据多疏、疏解违理而作长函以驳之,其信函具见《史地学报》及《古史辨》第一册中。他先后在武昌中山大学、国立成都大学、国立武汉大学任教,撰有《中国政治史》《中国民族史》《中国上古史》《宋元明清初史》等。

我对于古史的大旨是：

1.商民族的时期，以河南为中心。此民族的来源不可考。但《商颂》所记玄鸟的神话当是商民族的传说。关于此一时期，我们应该向"甲骨文字的系统的研究"里去寻史料。

2.周民族的时期，约分三时期：

（a）始兴期，以甘肃及陕西西境为中心。

（b）东侵期，以陕西为中心，灭了河南的商民族的文化而代之。周公之东征，召公之南下，当在稍后。

（c）衰落期，以东都为中心，仅存虚名的共主而已，略如中古时代之"神圣罗马帝国"。

3.秦民族的时期，也起于西方，循周民族的故迹而渐渐东迁，至逐去犬戎而占有陕西时始成大国。以时间言之，可得下表：

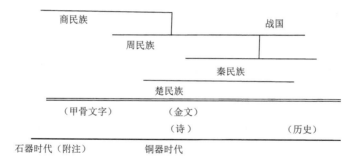

至于以山西为中心之夏民族，我们此时所有的史料实在不够用，只好置之于"神话"与"传说"之间，以俟将来史料的发现。

（附注）发现渑池石器时代文化的安特森（J.G.Anderson），近疑商代犹是石器时代的晚期（新石器时代）。我想他的假定颇近是。

适之先生这段话可以做我们建设信史的骨干。

在推翻非信史方面，我以为应具下列诸项标准：

（一）打破民族出于一元的观念。在现在公认的古史上，一统的世系已经笼罩了百代帝王，四方种族，民族一元论可谓建设得十分牢固了。但我们一读古书，商出于玄鸟，周出于姜嫄，任、宿、须句出于太皥，郯出于少皞，陈出于颛顼，六蓼出于皋陶庭坚，楚夔出于祝融鬻熊（恐是一人），他们原是各有各的始祖，何尝要求统一！自从春秋以来，大国攻灭小国多了，疆界日益大，民族日益并合，种族观念渐淡而一统观念渐强，于是许多民族的始祖的传说亦渐渐归到一条线上，有了先后君臣的关系，《尧典》《五帝德》《世本》诸书就因此出来。中国民族的出于一元，俟将来的地质学及人类学上有确实的发见后，我们自可承认它；但现在所有的牵合混缠的传说，我们决不能胡乱承认。我们对于古史，应当依了民族的分合为分合，寻出他们的系统的异同状况。

（二）打破地域向来一统的观念。我们读了《史记》上黄帝的"东至于海，西至于空桐，南至于江，北逐荤粥"，以为中国疆域的四至已在此时规定了；又读了《禹贡》《尧典》等篇，地域一统的观念更确定了。不知道《禹贡》的九州，《尧典》的四罪，《史记》的黄帝四至，乃是战国时七国的疆域，而《尧典》的羲和四宅，以交阯入版图，更是秦汉的疆域。中国的统一始于秦，中国人民的希望统一始于战国；若战国以前则只有种族观念，并无一统观念。看龟甲文中的地名都是小地名而无邦国种族的名目，可见商朝天下自限于"邦畿千里"之内。周有天下，用了封建制以镇压四国——四方之国——已比商朝进了一步，然而始终未曾没收了蛮貊的土地人民以为统一寰宇之计。我们看，楚国的若敖、蚡冒还是西周末东迁初的人，楚国地方还在今河南、湖北，但他们竟是"筚路蓝缕，以启山林"。郑国是西周末年封的，地在今河南新郑，但竟是"艾杀此地，斩之蓬蒿藜藿而共处之"。那时土地的荒芜如此，哪里是一统时的样子！自从楚国疆域日大，始立县制；晋国继起立县，又有郡；到战国时郡县制度普及，到秦并六国而始一统。若说黄帝以来就是如此，这步骤就乱了。所以我们对于古史，应当以各时代的地域为地域，不能以战国的七国和秦的四十郡算做古代早就定局的地域。

（三）打破古史人化的观念。古人对于神和人原没有界限，所谓历史差不多完全是神话。人与神混的，如后土原是地神，却也是共工氏之子；实沈原是星名，却也是高辛氏之子。人与兽混的，如夔本是九鼎上的罔两，又是做乐正的官；饕餮本是鼎上图案画中的兽，又是缙云氏的不才子。兽与神混的，如秦文公梦见了一条黄蛇，就作祠祭白帝；鲧化为黄熊而为夏郊。此类之事，举不胜举。他们所说的史固决不是信史，但他们有如是的想象，有如是的祭祀，却不能不说为有信史的可能。自春秋末期以后，诸子奋兴，人性发达，于是把神话中的古神古人都"人化"了。人化固是好事，但在历史上又多了一层的作伪，而反淆乱前人的想象祭祀之实，这是不容掩饰的。我们对于古史，应当依了那时人的想象和祭祀的史为史，考出一部那时的宗教史，而不要希望考出那时以前的政治史，因为宗教是本有的事实，是真的，政治是后出的附会，是假的。

（四）打破古代为黄金世界的观念。古代的神话中人物"人化"之极，于是古代成了黄金世界。其实古代很快乐的观念为春秋以前的人所没有；所谓"王"，只有贵的意思，并无好的意思。自从战国时一班政治家出来，要依托了古王去压服今王，极力把"王功"与"圣道"合在一起，于是大家看古王的道德功业真是高到极顶，好到极处。于是异于征诛的禅让之说出来了，"其仁如天，其知如神"的人也出来了，《尧典》《皋陶谟》等极盛的人治和德化也出来了。从后世看唐、虞，是何等的美善快乐！但我们返看古书，不必说《风》《雅》中怨苦流离的诗尽多，即官撰的《盘庚》《大诰》之类，所谓商、周的贤王亦不过依天托祖的压迫着人民就他们的轨范。要行一件事情，说不出理由，只会说我们的占卜上是如此说的，你们若不照做，先王就要"大罚殛汝"了，我就要"致天之罚于尔躬"了！试问上天和先王能有什么表示？况且你既可以自居为天之元子，他亦可以自说新受天命，改天之元子；所谓"受命""革命"，比了现在的伪造民意还要胡闹。又那时的田亩都是贵族的私产，人民只是奴隶，终年服劳不必说，加以不歇的征战，死亡的恐怖永远笼罩着。试问古代的快乐究在哪里？我们要懂得五帝三王的黄金世界，原是战国的学者造出来给君王看样的，庶可不受他们的欺骗。

以上四条为从杂乱的古史中分出信史与非信史的基本观念，我自以为甚不误。惜本期篇幅甚短，不能畅说。

颉刚敬上。十二,六,二十。

程裕新茶号之过去与将来①

　　吾徽自唐宋以来，即以善营商业闻于海内，至有"无徽不成镇"之谚。实则徽人非生而善营商也，徒以徽处万山，耕地甚少，而人烟稠密，不得不趋于商业之一途；又因环境皆山，故产名茶。徽人生长茶山之下，以其自种自制之物，贩运于四方，其势顺而易，故徽人之营商且以营茶商著称者，盖地域造成之也。然而，徽之人能勤俭，耐劳苦，则有足称焉。今日之上海，为远东唯一之巨埠，固中外驰名矣。惟在未互市开埠时，亦仅海滨一县，荒僻之区耳。顾吾乡之人竟于数百年前，度越千里而至此，其坚忍艰卓岂寻常所能及哉？溯吾乡初之上海营茶叶者，为"胡万盛号"，是店自清康熙间，其主人即今日新文学家胡适之博士之亲属，历二百余年，至光绪间而闭歇，想老于上海者当尤记忆。自是及今，在沪埠茶叶界言牌号最老者，首当推吾乡程氏矣。程氏初至沪者为有相公，其时约当清乾嘉间，首创茶号于外咸瓜街，传其孙汝均公，复于道光十八年（1838）增设茶店于大东门外大街之里咸瓜街口，是为裕新牌号创立之始，殆公晚年共有三店。而公生三子，乃各授一店。裕新店归次子光祖公，今雨生苣生昆季，即光祖公之曾孙，于汝均公为五世，若溯有相公之创老店，则已七世业茶矣。

　　凡一商店之盛衰，其原因虽多，而经理之称职与否尤有关系。今裕新店有此悠久之历史，则经理之得人可知。惟自同治以前，其名氏已难稽考，但

---

　　① 此文选自上海程裕新茶号编辑的广告书《茶叶分类品目》。出版时间为民国十八年（1929）。该书由上庄胡从收藏。

知光祖公于咸丰间尝自管理耳。迨同治以后，则胡守身、程尚言、叶象贤等递为经理，在职自数年至十数年或二十余年不等，数人虽少赫赫之成绩，然皆谨守绳墨勤慎，从公俾基址，日臻巩固其勚劳，固不可没也。叶氏逝后，乃由程君右泉、胡君明卿同任经理职务，时在民国成立前一年，迄今盖十九载矣。二君受事之初，正当年富力强，乃朝夕孜孜同心协作，所以研究货品，扩拓营业者罔遗余力。而是时上海商业之进步，亦一日千里，故数年以后成效大著，销路日增，远及南北各埠，贸易年额竟超过从前倍蓰。爰于民国九年，将中华路沙场街旧式栈屋拆卸，建造三层楼房，添设分号，借资推广。而于贮茶之器，则采用机制彩花铁罐，各式咸备，装潢雅致，一革旧时夤陋之习。越三载，更设裕兴隆茶行于店内，由是，供求采运愈增便利。本年秋，为应北市顾客需求起见，赁屋于英租界六马路浙江路口，设程裕新第三分号。开幕之际，并特别新制博士茶、甘露茶等多种，芬芳洁净，适口卫生，皆两经理所惨淡经营者计。近数年来，由南市而北市，自一店而分为三四，信誉之继长增高，营业之日新月异，究厥由来，端赖货品之精良与交易之诚实，固非无因而幸致也。

裕新出品，先后屡邀各处赛会褒奖，获有奖章甚多。各赛会审查员均系专家，评判至为公允。裕新有此成绩，固系程、胡二经理研究改良之结果，而诸同仁多至四五十人，亦皆群策群力，各效其用，如身之使臂，臂之使指。居停方面，亦能完全倚畀，无少牵制，劳资合作莫不以发扬国产、研精货品为主旨，是以出品芳洁，独出冠时，其营业之蒸蒸日上，良有以也。

裕新以往之事实，略如上述。至于其将来如何，计划在二君及同仁等，或已夙夜筹谋，早具成竹，惟须待事实之表演，此时固非不佞所及知也。所可知者，以裕新今日之地位，与二君勇往之毅力、牺牲之精神，前途希望当自无量。他日或更由本埠以扩至外埠，由国内以扩至国外，为徽商茶叶放一异彩，亦未可知，不佞惟日夕祝其成功耳。属稿至此，姑暂时搁笔，俟裕新举行百年纪念时，当再与读者诸君相见焉。

《上川明经胡氏宗谱·拾遗》①

（摘录）

　　吾族自十三世以前经商者颇少，其后则文谏公于闽，兆孔公于上海，汉三先生于广，其商业皆琨耀一时。逮道咸间端斋公起，遂以开文墨业名天下，同时族人列肆上海者，又有万字招十三肆，皆兆孔公派也；鼎字招九肆，皆志俊公派也，而余派亦称是。同光之际，则上海有贞海公之鼎茂，玉庭公之万生瑞，贞春公之松茂；南京有方楷公之恒有；三溪有先大父荫林公之景隆，跗萼相衔，业并素封，故族遂以善贾名，然迩来亦少陵夷矣。向所著者今或似落落晨星，后起亦眇，第上海瑞生和耳，当商业发达之日而吾族反退逊于前，此则何欤？故著兴替之概，愿与族人共勉之。又吾族旅食者以上海一带为最多，率常数百人。闻始商上海者即兆孔公，然则今沪地族侨宜祀公为哥伦布矣。

　　近颁学制，凡图画、医药之事皆列学科，而谱中《学林》一门则于族人之善此者，犹未阑入。盖以从前医画范围小与今异，且《学林》所列率有籍于官，故不敢以此乱其例也。惟将来教育普及，图画、医药之术定阶学堂，后之续修自不妨著录，今则姑就所见闻者笔之于此。康雍乾间逸庄先生既以绩学著，而旧谱又言兆仲公亦工医，著有《心录稿》，今其书已佚。兆侃公则工画，盖先生诸昆从其，各自竞以学，如此猗欤盛哉，后族中有半塘公亦以画名。医则又有兆璠公、锡璧公见旧谱，此外故老无征，不知擅其学者复有

---

　　①《上川明经胡氏宗谱》，由胡祥木于清宣统三年（1911）纂修而成，分三卷计八册。2005年6月，由《上庄村志》编委会重新影印，分上下卷。

几人。晚近以来则心斋先生亦知医，然非专门。专于医者，韵生、月如、禹臣数人而已。画则尤不数靓，今惟国宾兄雅喜撇兰，间作他画亦露苍劲。而元首公派又有稚岩者旅休宁，闻其状花卉羽毛之属特工，请润笔者相错，然予故未见其画殊不能品骘也。其他艺术如形家则以尔遵公为最，且后裔世其学，其曾孙从先公又兼通星家，言能占风雨、筮时日焉。余若德方、德茂二公并画山先生，与近之、金正等均亦喜讲青乌，而予僚婿逊之更擅其术，自言读堪舆书可百余部，云又泽敷族祖能推命，盖族中此学尤夥，然大都自郐以下矣。又予季父芹之公特喜姑布子卿之术，予则谓自医、画以下各艺，类属荒渺无裨世用，适足长迷信之风，后之子姓虽不学可也。

吾邑自汪节以勇力著于唐，后其风颇盛，秀水高孝本《绩溪杂感诗》中乃详著而痛斥之，未知彼时吾族亦尔否，然"拳勇"二字始于《诗经》，韩退之文亦有勾卒嬴越之术，是古人未尝不重此，特视习之者如何耳。父老数言，吾族在乾嘉道间颇有以斯技名者，若庭三、德珵、德喜、采章、灶有、仁德、德炳、观旺诸公尤著也。闻德珵力能举阶石，而观旺挥拳所向，墙堵为穿，其勇鸷盖出天授，德炳公则予及见之，恂恂如不能言，见者莫知为"拳勇"云。

予曾祖景棠公雅重士类，有知人鉴。道光中，公尝自吴贸茶返，会旌德吕文节公贤基以假归自京师，偶公舟一见如旧，公语人曰："今天下虽无事，然如吕君者，其必以忠义著矣。"文节故清素，既归，几不能家，时公已营别业三溪，近其居，凡器用财贿之属相通也，已而文节命其季贤诚与荫林公申婚约焉，曰胡公长者其援系之，盖其见重如此。然文节后以粤寇之难竟授命舒城，公前所称忠义之言果验。

罗愿《新安志》载，绩溪县为乡十而县西得其三，为里二十有六而县西得其九。《萧山县志》谓元初改乡为都，改里为图，于是旧乡里名遂不复称。今惟僧道醮疏中尚沿袭用之，盖亦饩羊之仅存者。然其名吾村以修仁乡守节里是则未免循名而失实，不可不辨。盖尝考之县西三乡，新华乡当得今四都与下五都之地，杨山乡当为今上五都与六都之地，而修仁乡则为吾七、八两都，罗志于兴福院属之守节里，是守节为今七都地，明甚。第未卜吾村于常溪、归善两里何属耳？然予谓虽无实据，而吾村濒次常水即以常溪名于古，当无不合者。自康熙以来县府各志于唐宋乡里名称均未确证，今附此条知考古者所不能废也。

杨林桥之侧有庙，额曰"溪口南团社"，为右屏先生所书，盖以祀社也。"社"之名其来最古，然有二义。《管子》方六里名之曰"社"。又《史记·孔子世家》索隐曰二十五家为"社"。大率"社"即乡里之名号。而里社有祀则自《汉书》高祖祷丰松榆社始，今吾乡一带一村必有一社庙，族众常于三元中和小年诸节及生日咸诣享祀，然"南团"之名则不知何自取义□[1]。子和族祖谓古社皆为坛以祀，予按韩退之文犹言社祭土句龙佐享，其位所不屋而坛。是则唐时里社尚以坛祀，不知何时乃改屋也。

杨林桥盖创于明代而重修于康熙之季，尔璧先生有《重修杨林桥记》，今碑刻犹勒社庙。后其文规摹《醉翁亭记》，颇失之优孟，故考文者向未著录。又旧传桥下有龙潭，往时歙东祷雨者皆于此取水云。

吾村旧传有朱氏、杨氏、邓氏数族递嬗居此。光绪初年邓氏子姓尚有存者，故老又传邓氏有香火堂在十字街一带，而今则亡矣。子和先生尝得《纲鉴》残本，上题天启二年邓莒之藏，盖邓之族在明时犹有能读书者。若朱、杨二姓闻尤先邓居此，其时代已不可考，然志乘于此数姓均鲜著列，想聚处固未蕃硕欤。

吾族在嘉道时，人可五六千，居户鳞次，东连下碓、杨林，南西尽常溪，北濒后岸。吾家向亦居下碓，洎楚玉公乃迁祠巷老宅，然居下碓者维时尚多。自道光丁酉、丁未叠发大水，户口漂殁，继经粤寇，族人逃亡者十之七八，居室亦大半遭毁，迩来虽生养经营四五十年于兹，而四郊犹多残址，远不如嘉道时矣。

[1] 此处字迹模糊，无法辨识，故以"□"代替。文中字迹难以辨识之处均用"□"表示，下同，不再另行出注，特此说明。

《上川明经胡氏宗谱》后序

　　桐城方存之有言："士读圣贤书，所学何事？达而在上，则先忧后乐，胞与天下。"固宜。若侧草茅，亦当植燧弛庆，播芳风于乡族。其论茗柯有实理，识者韪之。予不敏少承先人敝帚，□嬴图史，颇闻昔贤绪余。私窃欲有建立，遭世不偶，鹿鹿弁幅间，罔所阶进。既更事故，奔走尘埃，益选软无艺，每独居深念懔懔内恶，未尝不顿责以之，庚子玄冬务隙得乾隆谱逸本，展读再四望古遥集，以为此固步趋欧苏者之初桃也。时予庠叔等素悃宗府典籍遭劫，茫汹罔追轶轨，予则大愚，日月更久帝虎丛滋。矧世变滂多，益慨然思采辑文献，握椠寿梨礼之来哲。而是时所司豢安、莫之省者。久之、逊之等首祠务，稍滕口赘续事。因卨言以谋支庶，舆论大同，于是遂咨书甫兄，考落其事简，纂修属予，而自与朗山师等分任系表，矜练年岁克底厥成，顾逊之则已捐馆舍矣。嗟夫，人事逆数若此士之抱所学而欲自立者，其亦克日就辰哉？是役也，诸父昆靡不左右其间，而处繁理剧，料量辜校，衡卿之力为犹多，实匡予不逮，予不敢轩自表襮，特私幸此举叙宗盟，笃族类于方氏之旨，故庶几其有合也。故援管识其端崖至发凡起例，予已笔之以弁各门，今则第仿兰台例，为叙传于后。于赫王言，有贲其光，载扬载显，厥为家祥，叙诰敕一。□然忾然，不违颜呬，霁月光风，锡我繁祉，叙遗像二。二体三长，成一家言，芳轨可循，庸备辀轩，叙列传三。巨为栋梁，细亦梴樘，佩授鸣珂，祀在里社，叙仕官四。世变日新，举殖滋重，弗章弗传，孰美孰盛，叙学林五。刊臻兑途，惠我乡党，溯懿躅与芳踪，实景行而高仰，叙善行六。

贞媛怀清，冰蘗在躬，其洁白艰苦，盖罔或不同，叙列女七。书契有作，事故是详，敷榷彬灿，用永□于无疆，叙文苑八。朕朕我祖，有唐之苗，受氏明经，惟子子孙孙衍于椒聊，叙统系九。胥宇相度，笃公刘则然稼穑诗书基万万年，叙本系十。黄河九曲，实肇昆仑，虽派别支分，则莫不亲，叙分系十一。郁郁葱葱，佳气俶异，是宅是墓，质剂可记，叙宅墓十二。衡运规旋，厥有宪章，用范用闲，家用平康，叙规训十三。展山作，经笔削，旧史郭公夏五，阙文偻指，叙存旧十四。丛脞之记，笠泽所出，历有归余，其义则一，叙拾遗十五。

宣统辛亥年（1911）重九节裔孙祥木顿首拜撰并书

《余川越国汪氏族谱》后序①

曩者种族之说波靡通国，洎乎改玉，遂乃事半功倍。不战屈人，理固然矣。顾国体虽更，旧染犹在，抟沙之喻，积为丛诟。窃谓宜仍务此以策民族，庶几药瘥国而厉群心。尝欲取周官小史乡族众职与今人类学并自治制而衷之，宏畅厥旨，用饫国人。以兹事体大，又方克日竞辰，冀稍树立未暇也。闲尝渊然以思，知隋唐而上，谱乘隶官，表在宗盟，中苞政见。今前轨未轶，果获枋者缘此为鹄，责以员程，则类族辨物之义，当不仅属诸空言。盱衡既久，良用淬厉。乃岁月不居，潘岳二毛之年忽然竞及，弁幅碌碌，感念如何。甲寅冬，余村汪氏集族议谱事，以旧帙鲜存，名因实创。明年秋，汪子卓侯受生暨诸彦遂折简延予编纂，辞不获命，爰为商榷义例，是正讹脱，挚叙祖典。寒暑一易，骎骎告成，厘卷二十，首末乃弗与焉。珥笔以还，遑敢表襮，特黻饰扬厉或且庶几矣。自维昔尝一谱本宗，今又承乏汪氏因缘编订桂籍竹素，宁非厚幸。然视向怀，只成弩末，心瘥舌敝。罔关志事，命之既只，夫复何说！矧睠国人每况斯下，群生芸芸，匪群惟党，离心离德，下上一辙，环伺抵隙，陆沉将朕，吾侪小人其又何忼耶？玄冬锡竣，杂书滕简，比于述怀，若夫汪氏世德诸名公盖已侈侘，即编辑大凡予于各小序中亦既详之矣，兹咸弗赘。

民国五年（1916）十一月吉旦同里后学胡祥木董人撰书

①《余川越国汪氏族谱》由胡祥木于民国五年（1916）纂修。2003年11月，上庄镇余川村村委会筹资重新影印。

018

《新安柯氏宗谱》序[①]

抑知社会组织东西迥异，吾国社会源自宗法，濡染既久，习成民性，若必削足适履，则堤防一溃祸将胡底。今民德日浇，阋墙操戈，每况斯下，其明验也。夫橘变于淮，雀化于水，物因地变，政亦宜然。矧君之宗之，诏自诗人，是知吾国宗权实□君主，今昔一辙，自非因势利导，取旧家族之法制，参以新文化之精神，不足以蕲上理。予夙持此旨，因欲辑成《中国民俗史》，并取周官小史与乡族诸职，及任昉《家诫》蓝田《乡约》之胜，下逮各国地方制度，斟酌古今，贡诸当道，籍备采择。然碌碌半生，苦少余暇，握管编纂，仅成本族暨汪氏、叶氏诸谱。私念谱牒者，固小史之遗，且亦古惇史间史之胜也。苟得其道，叙人伦，奖民德，未尝不可为社会政策之一助。用是，怀铅握椠，再三不倦。壬戌之夏，柯氏诸贤复以辑谱见属，盖歙绩三族联合同修者。族类既蕃，事故乃赜，旧帙散轶，文献难征，草创之劳，倍于庶姓。四易寒暑，乃得告成。义法悉准先民，纆栝取规时势。此一编也，觊即柯氏，陶范乡族之资乎。自念年过四旬，汔少成就，学惭负腹，热每因人以视柯氏诸贤，成此不朽之业，其树立为何如也。使国人尽如柯氏胜族，辨物树规，取式籀绎宗法，淬历乡间，则社会之进化必不难与西方诸先进齐驱并驾。孟子所诏，人人亲其亲，长其长，而天下平者，此物此志也。剞劂将竟，爰揭麈夙志于此，冀与当世哲士共商榷焉。

民国十五年（1926）四月下浣绩溪后学胡祥木敬撰并书

[①]《新安柯氏宗谱》由胡祥木于民国十五年（1926）纂修。该"序"节选自刘伯山编著《徽州谱牒》第一辑，广西师范大学出版社2018年版。

《坦川洪氏宗谱》序①

　　昔者君之宗之，载咏诗人，夫至以宗俪君，则其重视宗之威权，宁有伦拟。先哲知其然也，乃制为宗法、庙飨、谱牒、燕毛、乡约等，以范围乡族，岁历千百，损益可知。是故今日救时之策，当取旧宪，酌以新潮，庶因势利导治功可蕲。若必攻错他山，则在彼将变橘为枳。在我为削足适履，恐利未形而害已先著矣。余夙持此旨，尝欲编《古代民俗史》，演绎国情，藉备研究，只以奔走尘坌，未遑授简，十余年来，惟数辑谱乘，始自本族，继修余川汪氏，金川叶氏及瑞川与歙之竹溪谷川诸柯氏各谱，以为纵未怀铅握椠克酬夙愿，而借谱牒之修或亦足伸吾说于万一以是殚智竭虑，不惮再三。乙丑季，坦川洪氏诸贤，从事谱系，复折简延予编纂，辞不获命，爰为网罗典籍，参考见闻，斟酌义例，阅时一载有半，遂告成编。夫谱牒之作，正家于不言之化，协于不谋之合，定于不争之分，颂而容之于德之成风，而声之于德之致休之，以其所已能董之，以其所未及其关系家族者至巨，往哲论之綦详，若笃宗盟，敦亲谊，明族类。盖尤彰彰较著者，今洪氏诸贤，亟亟于此，固知所本务矣。以视予之粟六半生，略无成就，学惭负腹，热每因人，其相去为何如也。使国内士夫尽如洪氏，则类族辨物，表正乡间，陶淑社会，其收效之宏，必有非舍己芸人佟谈欧化者所能企及。邹峄氏所谓人人亲其亲，长其长而天下平者，此物此志也。方今区宇蜩螗，党系庞杂，国是莫定，陆沈

---

　　①《坦川洪氏宗谱》由胡祥木于民国十六年（1927）纂修，共六册。本序节选自绩溪县坦头村洪细建收藏版本。

将及，对此茫茫，真觉百端交集，适剞劂将竟，例需导言，爰书管蠡之见于此，冀与洪氏诸贤暨当世哲士共商榷。

　　　　　时民国纪元第十六年(1927)，岁星在丁卯巧节后二日
前绩溪县佐治员、县署第二科科长、清代优行廪膳生、上川后学胡祥木盥手敬撰

赠柯君临久序①

柯君临久，歙南竹溪人，家世以学业显其世，大父寅甫公、从父小泉公皆登乙榜，有声嘉道咸同间。

君弱冠失怙，因辍学，然雅嗜书史，遇断简零篇，靡不掇拾保存，坐是积书甚多，暇则沉浸其间，久之学乃大进，书法亦具轨范，隶学籍者或未逮焉。尝挟策游江淮间数年而归，后一意服务桑梓，以改进社会自任。

先是族人多因缘祠产为利，祠宇岁久失修无过问者，君谋于族众，以祠产所入辗转生息，积二十余年累成巨款，因得葺祠宇、备器物、修祧典，不足则征捐与族之贾外者，糜资虽多未尝科及丁口，族众德焉。

柯氏谱系久未修，其同宗有倡赓续之议者，君因悉心提挈，俾底于成，而于竹溪本族世系，查辑校核尤不辞劳瘁；尝筹设继述小学校于村内，捐产、款作常费，因获膺省政府一等银质嘉祥章之褒，复自任校长，继续维持至十数年，造就后进甚夥；村后水岭为歙、绩孔道，崎岖荦确，合区建议甃石，公推君任其事，岭路以平；又修复横溪桥，其间董役输资者虽多，然惟君始终厥事，以是才望渐著，歙令祝公檄委为区董；其后教育界亦以学务委员推之，君弥自策励，克循厥职；壬戌水灾，襄办赈务，懋著成积，吕省长亲书"善与人同"额旌其劳，其见重当道如此；居恒解纷排难，济弱扶倾，罔遗余力；又尝组织家族自治会，手订章程，纳诸轨物；生平遇事无论洪纤，率精心结撰，反复思维，务求周备，不厌烦琐，盖君知则无不为，为则无不善。

---

① 选录自刘伯山编著《徽州谱牒》第一辑中的胡祥木纂修《新安柯氏宗谱》，广西师范大学出版社2018年版。

固所谓具特拔之材，而又济以绵密之精力者，虽未得凭藉俾充分发展其抱负，使社会同享幸福，然乡族间沾溉嘉惠者固已靡既矣！

予承乏柯氏谱事，与君周旋颇久，因以赠言见督，自维谫塞，无裨于君，惟摭述君之素行，因既往以策将来，冀君宏此壮猷，他日更有成就耳。若夫厄言泛语，无当大方，咸不敢以荧君听，恐渎君也。

赠见如、云峰两柯君序①

人特患学不裕、行不修耳。苟学行优矣，则无适不可。在国者，重一国；在乡者，孚一乡。固不必得尺寸之阶，而后始能有所为也。

见如、云峰两柯君世居歙东之谷川。谷川地隘人繁，僻在万山间，文化质朴，风气犷悍，率跅□不羁，嚣竞嫖姚。盖有难与言者顾虽若是，而事无洪纤，必就质于两君，往往觅两君者踵趾相错。两君或他出，虽有甚□者亦难得其一盼，或转示鄙夷不屑状。惟两君一言则俯首弭耳，受命惟谨，大庭广座间，两君颐指甲，则甲趋而左，气使乙，则乙趋而右，虽桀骜不驯之侪无枝梧者。噫！两君何以得此于乡人哉?！两君皆韦布士耳，笔耕墨织，初非有豪富显宦以为凭借，而竟能得乡人归向至于如此，然则两君之学行从中可知矣。两君幼习举业，于经史则通其大义，于文字则崇重实用，不尚雕虫末技，惟见如兼通丛辰、星命、樗里诸术，则以诸术在乡间利用尤溥也。其生平皆崇俭朴，敦内行，务睦姻，解纷排难，好善亟公，不遗余力。尝与同志经坦中阁亭路绵亘数里，又倡修谱乘，奔走联合，躬自督率，后先数载未尝少懈。云峰且更有重构支祠之役，盖皆为人所难为者，其得乡人信仰，岂徒然耶。始，科举时，云峰初受知于毓小岑学使隆补县学生员，见如则数奇不偶，屡困场屋，及科举制废，失进身阶，念终难襮其才于世，居恒咄叱，形诸词咏，其意盖以为僻在乡间，非先有尺寸阶为凭借不可也。庸讵知实至者

① 选录自刘伯山编著《徽州谱牒》第一辑中的胡祥木纂修《新安柯氏宗谱》，广西师范大学出版社2018年版。

名自归，今乃得一乡倾倒如此耶，甚矣。

人之不可不励学行也，顾学行之名虽一，而学行之旨则殊，今与古，盖远不相侔矣。新潮所趋，挟雷霆万钧之力，电掣风驰，无远弗届。谷川虽属僻壤，势不能自外于斯。世波之靡也，盖久暂间耳，与其补救于事后，孰若擘画于几先。语云：物竞天择，适者生存。两君曾亦思适之之方耶，以两君重于一乡如此，苟有所为，必事半功倍，予殊不能不重有望于两君也。予谬为两君所推，延主谱事，今铅椠将竟，行且判袂，故贡其区区以自附，于古人临别赠言之义，若夫适之之方，则两君智者，固不待予详言矣。

荻岭游记①

予少侍大父时，每闻大父言避兵荻岭事，凡如何扼守，如何交杀，以及露宿风餐，莫不绘影绘声、为之神往。以此，恒欲游荻岭，凭吊昔年遗迹，然而碌碌半生，奔走衣食，未果也。及承乏柯氏谱事橐笔谷川，始知谷川地近荻岭，其居岭者亦出谷川族。枨触旧怀，遂动游兴。壬戌之冬，柯见如、云峰两君乃导予往游，于时雪后初霁，寒威袭人，微风拂面，如被针砭。予等溯布射水而上，可六七里至双溪口，其地有两水汇流，故名。两水者，俗所谓大源、小源是也。小源出绩邑之茶坞，大源乃布射水正源，出下洋山。《歙志》则谓源出黄蘗山，盖下洋系黄蘗分支，言黄蘗所以统下洋也。予等循大源前进，傍山沿溪，纡曲盘旋，昔人所谓"山重水复、路转峰回"者，殆不啻为此处写景焉。如是者又七八里，抵瀛堂庵，地忽豁敞，庵前有平坦可十亩许，内供诸佛，金碧庄严，闻系来高上人住持时所募造，构筑亦幽雅，惜香火已稍替，仅一客僧住此煮茗款予等，因少憩焉。出庵右行，复循大源迤逦约两里，始抵荻岭。是地又名岱岭，居民多在山腰，有三十余家，皆柯嗣有公后裔。公于嘉庆壬戌（1802）自谷川移此，迄今仅阅两甲子，而支丁男妇已有百人，其蕃殖之速，实所罕见。居民睹予等至，争相款接，情意惓惓。叩以避兵时事，则东鳞西爪，所言往往简略。缘故老凋落，今存者大都未经兵燹，仅以耳食所得贡诸予等，故诸然不详。但言当洪杨时，绩邑七、

---

① 选录自刘伯山编著《徽州谱牒》第一辑中的胡祥木纂修《新安柯氏宗谱》，广西师范大学出版社2018年版。

八都人扶老携幼麋集是地者居恒不下数千人，茅舍草棚弥望皆是，绵亘三载，洪杨军卒未攻进，以此保全甚夥。盖尔时入山别无他径，只君等所行一路，既极狭隘，复傍峻崖，寇难如墙而入，虽众无所用，居人则择险扼守，悬高临下，易于瞭望，寇至则投石发枪，往往聚族歼旃，故寇虽屡次猛攻，终不得逞。又是时，获岭有忠禄公者，与辣坑江某皆善用抬枪，发无不中，累获俘馘，其终获保全，虽曰地利亦由人力也，予为嗟叹者久之。自双溪口以进，通称源内，多产茗荈，味醇馥冠于诸山，又饶松杉木材，谷川人多利赖焉，其山居者衣食于此更无论矣。见如又言，大源发源处有飞潊数丈，似挂白练，布射之名，盖取诸此。其下有龙潭澄深无底，旧时多有诣此祈雨者。相距不远，盍贾余勇更往一游乎？予曰日云暮矣，归路尚遥，姑留此俾作有余不尽之思，不亦可乎？予等三人遂联袂偕归，及抵谷川则暝色苍苍、炊烟缕缕矣。夜阑回忆，犹觉历历在目，爰记其概略如此，自念三十年宿愿一旦克偿，忻幸何似，唯龙潭未至，游兴中馁，未免为山灵所笑耳。

环秀桥记①

　　常溪源出黄蘗山，合上金山、石鹤山诸水，东流三十里，汇昆、卢二水，是为上溪。迳歙更与扬之水汇，南流至临溪，纳登水，流数十里入练江，故常溪实浙江远源。予家上庄与余村皆面常溪居。余村属上游，于溪尤近，溪水清激，抱村而流，村人因缘溪筑长堤障水患。堤畔旧有三桥，其东桥曰环秀，则垒石为之，盖权舆有明，而重修于康熙间者。故老言，曩时溪南亦衡宇相望，今汪氏宗祠与燃藜阁犹在焉。故逾溪往来者镇日趾踵相错，数桥所以便行旅也。道光丁酉（1837）蛟出常溪中，溪水溃决，淹没田庐无算，于是环秀桥随波崩圮，余数桥更罔论矣。其后，村人迭修复堤西各桥，惟环秀桥则以费繁工大未筑。而修复之桥类植木水中，编桴架其上或贯以巨筏，然水稍涨辄逐流去。每春夏霖潦，行者往往临流叹，村人患焉。方是时，吾乡承檿枪之余，民力凋敝，余村尤甚。以故村之人虽恒苦厉揭，顾无有议建桥者。汪君以德，村之好义士也，商于沪，以慷慨义侠闻，悯村人之病涉也，慨然以筑桥己任，且曰"环秀桥之在吾村，非特利济行人，抑亦堪舆家所称之水口也"。而谓"可任其坍圮耶？"因解装出千余金倡议建造，举其事属族人印清、开泰二君，已而族众闻风起，咸愿服工助役。君弟锡兆亦不辞况瘁，继为董理。于是版干畚筑，艾猎虑其事，大下小上，敬仲作其功，地坊理孙，匠人因其势，经始光绪丁酉（1897），越三年工粗竣，后十四年复以石墁桥

---

　　① 选录自民国五年（1916）胡祥木纂修《余川越国汪氏族谱》，2003年绩溪上庄镇余川村村委会影印版。

上，桥遂告成。凡修八丈，广一丈一寻，以其广为之崇，盖修广视诸旧，崇则有加焉。又于桥北建武圣庙，庙固旧址，而轮奂过之。通二役之费可二千余缗，率君赀为多。他如爱日堂与灶发、以茂、铁舫等亦伙助有差。当墁石时，君已前没矣。令子惕予承先志捐巨帑，遂得竟役。盖君虽未观成，然君之好行其德型于子弟与其族人，鼓舞同心，如此固卓乎可风也已。桥既成，城平甃洁，既坚且固，霖潦冈虞，于是村人咸额手相庆，莫不啧啧颂君首善与同事诸人之造福族党焉。予维古者雨毕除道、水涸成梁，其政皆有司存，周室中微，此职遂隳，故子产济人溱洧虽见讥孟子，顾犹以惠许之，今汪君不待程督，嗜义若渴，假邹峄氏复起，其赞美宁更有涯欤?!予生也晚，固未获见君，然里闬毗近，耳盛德久矣，其族人更不忍君之德意久而就湮，属予言镌诸石，爰纪崖略，讯之将来。

余川汪氏文会记①

　　汪氏文会在常溪之南，汪祠之左，俶落已弗可考。尝毁洪杨之难，洎光绪中重营于汪君印清、耀山等。乃者族人惕予感新学之潮流，方议捐帑立校于此，属其事于卓侯、印潭二君。遂辟樊门、涂塈茨踵事增华焉。岁乙卯，予承乏汪氏谱局橐笔，居是间，前后且一稔。私喜景物清芊，眇尘嚣之扰，以为吾乡可藏修息游者，计当无逾于此。樊门之畔，周以短垣，有地三数弓，杂植丛篁嘉卉，又有松柏各一，敷华覆荫，恍非人寰。庭前横石磴，置盆花数本，自成馨逸。其堂曰"怀新"，盖本陶诗意，予所署也。堂之后蹑历崇墀是为燃藜阁。阁前隙地种桃、榴、玉簪等秾绿掩映，花时馥郁辄触鼻。观其上有楼，纵横丈许，每登临遥瞩，四塞层峦，远岫或博或锐，逦迤相属，拱峙目前，林表蓊勃，山椒暗霭，下瞰溪流，水木明瑟，又桑禾遍野，青翠无际，隔岸庐舍如栉，熙来攘往，历历如绘，俯仰骋望，乐乃无艺，名之曰"荡胸"，盖纪实也。卓侯尝谓予将大集图书实其中，然则管领百城，吐纳万象，琅环福地不是过矣。阁后小轩即予下榻处，取右军语颜以"且住"，亦以志一时之踪迹焉。堂与阁咸面东北，与祠同，独轩面西南，盖背阁故也。阁左偏有地一畦，卓侯拟筑垣缭之，树艺花木。其前又有三楹面东南，在堂之左，广轮袤丈，窈若壶中，遂榜曰"小有天"。左连小室，则庖湢在焉。计全地才亩许，而堂焉、阁焉、楼焉、轩焉，微隙之壤，松焉、柏焉、丛篁嘉卉焉、桃榴玉簪焉，亦既略备矣。当昔科举盛时，吾乡右族多有所谓文会斋舍，

　　① 选录自民国五年（1916）胡祥木纂修《余川越国汪氏族谱》，2003年绩溪上庄镇余川村村委会影印版。

广隘或与燃藜异，要其奖学饩士所以诱掖后进者。固一自学制改革，此举寝隳，向之文会遂终岁扃阖，巢燕雀、窟虫蛇，所在而是。独惕予蕲向学殖，首发宏议，引觉牖为己任，又得卓侯、印潭主其事，以文会之久阒行濒荒陊也，遂从而张之，以为校址，期与族人踊跃观成焉。盖匪特族人士之幸，抑亦文会之幸矣。予既久留是间，悦其景物，且喜汪氏将秉畴昔之制，津逮来者，以无负此胜区也，于是乎书。

记柯氏田中山墓地讼事①

　　徽俗多信风水，以为人世吉凶祸福莫不由此，是争夺之心因之以起，往往构成讼事焉。以吾所闻各大姓远祖墓地率皆有争讼之历史，柯氏田中山讼案特其小焉者耳。田中山位置在六都庄岱上黄姓所居旁，下为平田，上则山阜陂陁，故曰田中山。柯氏葬远祖友康公、承孙公等于此，并叠购毗近山地兴植荫木。墓地土名任冲。在鱼鳞册系首字号，历管五六百年，且四至均勒界碑、畛域本极明晰，惟与瑞川远隔十数里，年仅清明时一往，故居民每起觊觎，此讼案之由来也。先是同治十年（1871）有庄岱上人黄正起者，于墓前高砌墙垣，墓后开掘深坑，比经瑞川族人柯根菊等具词控诉，县令杨公莅墓勘实，传讯黄正起，判令恢复原状，并给示保护墓地，严禁侵害，事遂以解。

　　及光绪庚寅（1890），正起族人有黄金台者为绩邑庠生，擅将墓碣拆毁六块，并毁墓西三界石，其荫木在西者亦被砍十余株，且于其间植桑种豆若己有者，然柯姓以距离远固犹未知也。辛卯先清明节一日，柯氏循例省墓，族人睹状大骇，立将所植桑豆摧毁无遗，继侦知金台所为，众势汹汹，皆欲得而甘心。金台则谓所垦者均祖遗己业，相持不下，旋由石鸣珂等居间调停，议令金台售业于居间人，然后转售与柯姓，柯姓佥谓业原我有，倘因被占而即然须价买，后此将更启侵占之端，贻累何穷？于是调停遂无效。三月十六日，柯族赴县呈控，越十日，金台亦具词辩诉。时刘栋臣明府传梁署绩溪县

---

　　① 选录自刘伯山编著《徽州谱牒》第一辑中的胡祥木纂修《新安柯氏宗谱》，广西师范大学出版社2018年版。

事，爰传集两造开庭研讯，柯氏呈案者系同治五年（1866）照录顺治十二年（1655）、康熙五十七年（1718）之税册，内载首字二百二十七号山税一亩四分六厘，又二百七十六号山税一亩五分，两共山税二钱九分六厘。其一亩五分之税，土名大坞口，系万历四十一年买收九甲黄奇寿户者，原契尚存。此契由黄奇寿同任希祥出名，于万历四十年（1612）正月十二日卖与七都程福，四十一年八月初二日再由程福将原契转卖与柯三汝。金台仅呈道光十二年（1832）所立税册内载首字二百七十二号地税二亩五分，连同东西两边山地共税五亩八分三厘八七五丝。故较双方证据，本可了然，矧更有同治十年（1871）旧卷可以覆核，顾刘明府已先从左右之言，竟谓两造均无执业确据，供词各执，非勘不明，遂檄委吴谷生典史曾赀莅墓勘实，具报再核。是年夏，吴典史至墓勘得毁石木属实，并照柯姓旧标界址绳量：东长六十三步半，西长六十九步，下广二十五步，上广二十二步，尖六步，角广四步，共积一千六百七十步零八分。其西边水纹至山塝小路即争讼处，东长四十八步，西长四十一步，广六丈，计积二百六十七步。据情详县，刘明府谕饬准收书依量折算，嗣据覆称，算得柯界面积计山地六亩九分六厘，其争讼处所计山地一亩一分一厘二毛二丝，照例每山一亩折田粮二分零二毛，该处共折额田二分二厘四毛五丝云云，刘令以勘丈与双方所称税则均不甚符，犹豫莫决。六月，刘以他调去职，继任者为尹少卿明府允照。是时，柯氏以黄氏县城宗人甚夥，且有劣绅干旋，难保不上下其手，爰同谷川、竹溪诸族联名赴府署呈诉，知府事者为满洲春笑如岫尚未履任，由六安刺史刘湘笙摄篆，因批饬绩溪县速集人证于半月内断结具报，此八月十八日事也。是月下旬尹明府迭次集讯，卒以劣绅程全等祖护金台，苍黄反覆，无从判决，乃具上其事于府，柯氏亦投府催讯。十月十五日，刘太守初次庭审，以两造所供祖冢距黄姓开垦处远近大相讹舛，应候行查原勘之吴典史据实申覆再核，一面即札查吴曾赀，究竟该处距离若干丈，柯墓有无损坏，是否露见棺椁云云，于是吴氏复登墓勘量，旋将柯墓与开垦处中隔水纹一道，墓距水纹计八丈，垦处至水纹计五丈五尺，墓门确实损坏，微露砖椁等语申覆。二十四日，刘太守二次庭讯时，黄金台知已情见势绌，乃诬为近支绝嗣之产，其毁界、毁碣等事则谓系雇工黄瑞文、黄俊臣所为，顾犹指摘柯姓谓纳税与现管不符，太守以黄金台借口税则狡辩，实属刁强，着发府学看管。札行绩邑勒提雇工黄瑞文、黄俊臣解府讯办，旋据县覆称该雇工等查无此人，无从提解，刘太守得覆后，遂于十一月初十夜第三次开庭审理，斯时黄金台气已中馁，愿代柯墓新造界石、墓碣修整订立，刘太守乃援笔判云：案经节次查讯，黄金台并无确据呈查，仅以税谱混抵，且未完粮，何足为据？辄擅开垦致将柯姓祖墓损坏坟面石六块，勘有一洞露见砖椁，又将西至水纹以外界石起毁，迭经饬委查复，均有实在情形，痕迹俱在。乃黄金台继供雇工黄瑞文、黄俊臣恐有误挖情事，因复饬差守提后，兹据该县申称遵传黄瑞文等并无其人，讯据黄金台供居江西馆系狡诈恃衿藐视，本应照例立予详情革究，且控词失实，亦干法议。惟念俯首无辞，尚非始终狡执，况愿造界石、坟石赔还柯姓，一再呈求交委修整，仍在原挖处所照旧订立，以全体面，姑从宽严加申斥，免予深究，着即亲书切结，饬差押回，赶造新石交委修整，如敢违抗，定行提案详办。至柯桂芬等业粮尚属相符，惟供离坟丈尺不无参差，应以此次订界为规，原归柯姓执管，永杜争端，着先具遵依，俟县申覆到日具结完案，均各遵照毋违。此一场讼争遂告终结矣。

方初讯时，太守亦颇以税则为疑，如金台所指摘者，柯氏则谓所纳系田粮额，若据推收书每亩山折粮二分二毛之例，当得山地十三亩零，今实管不及七亩具见遗脱犹多云。时同知王杉圆通守寿、歙令张玉甫明府树建官徽久，谙习徽事，因言税则非特山与田地不同，即山与山间亦多歧异，有应声之山，有锣声之山，有戴石之山，有砂山，有土山，各种税则不一，各县科算亦不一，又绩邑久未清丈，陵谷变迁更难责以吻合，固无宁取决于旧管之为得也。所言允属持平，故太守遂判决如右（上）。及今考之，当时柯姓呈案之税，实尚有脱漏，按嘉庆谱于田中山墓图后尚载有首字四百六十四号新丈地一百五十三步，计税银六分九厘五毫，东南至塘，西至山，北至地。又首字四百六十五号计税五分五厘，东北至地，西至降，南至田，两共税银一钱二分四厘五毫，不知何以未入税册？又不知呈案时何以未曾列举？岂犹未获嘉庆谱耶？

古人已往，惜无从更质之矣。是役初起时，柯氏族人深以迁延岁月为虑，盖相持经久，非特资斧浩繁、牺牲重大，尤恐斯业逼近黄氏，彼实时时可以逞志，固无如何也。会竹溪族受丹观察铭以管榷屯溪茶税，方里居为之发纵指示，故遂举重若轻，仅阅九月而毕事，然所费亦不赀矣。初赴绩呈诉者为瑞川族生员干、监生仁玮，耆民仁景、让迪；及诉于府乃加入谷川族生员桂芬、监生庭荣，耆民佛佑、银泰、六妹，竹溪族宝璜、顺安、茂富，共十二人。例得备书，其后复由受丹观察、心鉴醮使钰、苏门广文福厚等暨三族支丁联名呈府请示保护。光绪丙申（1896）五月春笑如太守岫乃颁严禁盗砍侵占之示，原文具详墓图中，盖距讼结时已五载云。

坦头洪氏村居记①

坦川又名坦头，在绩邑之西，翚岭之北，隶属绩邑之六都。芦山踞其北，芦水迳其西。洪氏与汪氏、唐氏世居其焉，固一大村落也。唐宋之际，其地为杨山乡修仁里，无以坦川称者。顾坦川之名，亦必昉自唐宋时。盖洪、汪诸氏肇迁卜宅均在北宋，名从主人当不以古今变易也，或谓坦川即昔凤凰旧址，其说本于汪明经宪度。明经故系土著，且生当明季，其说必谅有征。故老每谓旧时有沈、朱、倪、冯诸姓聚居于此，意者沈、倪居此时，谓为凤凰村，及洪、汪递迁始，易以坦川名之耶。今村西尚有亭曰"凤凰"，村南里闬有"凤凰集止"匾额，皆所以征故迹示来兹也。至坦川名义，或谓因后村坦而起。然江宁汪梅村氏则谓徽路至此始渐平坦，因有坦头之称。两说虽未详孰是，要当以汪说为优矣。村之四塞皆有里门，颇具中古遗风。此外如西南之大本社，东北之太尉庙，亦皆合村公筑，为岁时祭赛之所。社旁旧尚有观音阁、文昌阁、真武阁等。自洪杨一炬，久未规复。村有二水，一西流，一东流。西流者即芦水，迳大本社前入浙江。东流者迳太尉庙旁入扬之江，皆为村之水口。故芦水夹坝，旧时植杨颇多。明季汪明经宪度及洪廷仪、廷俊、应卿等复为补苴罅漏，惜近世人多忽视，已非曩昔森蔚之象矣。村南北相距颇延袤，东西则较狭。村内各姓均有宗祠，洪氏祠在村之中心，背东面西。汪、唐诸祠亦然。居户鳞次栉比，也多西向，其向南者亦有之，若面向东北

---

① 选录自民国十六年（1927）胡祥木纂修《坦川洪氏宗谱》。原件由绩溪县坦头村洪细建提供。

则绝无而仅有焉！故老相传，洪氏卜迁时，先居村南，所谓洪家街者是也。今则洪氏子姓已布于村之四隅，而以洪祠毗近及北部为最多。户口虽亚于汪氏，而生计之裕则远非同村诸姓所及。子弟亦有向学者，倘即所谓人杰，由于地灵者耶！我观坦川龙脉来自芦山，陂陁冈阜，蜿蜒环拱。望君拥卫于东，银屏奠列于南，五龙森峙于西，金鸡秀耸于北。水萦聚孕异挺奇，以故居此者代有闻人。考诸简册，宋代则秀毓于汪氏，一门三代七进士，簪笏满床，彪炳志乘。明代则灵钟于冯氏，寓安副宪以政绩播于闽浙，亦煊赫一时。自是以来，馨华闵寂，历数百载也。夫地气郁则必宣，而四时之运，成功者退。彼汪冯两氏，既已擅美于前，则他日秀气所钟舍洪氏，其将谁属耶？走笔至此，固不禁为洪氏额手称庆矣。始予年十六七时负笈坦川，其后复尝设帐斯地，与邦人君子周旋滋久，故于此邦风物颇闻星略，因记其历史位置于右，以谂将来。

民国十六年(1927)巧月[①]

前绩溪县佐治员、县署第二科科长、清代优行廪膳生、上川姻后学胡祥木撰

---

　① 巧月：即农历七月。

竹溪继述小学校记[①]

竹溪去予家百里而遥，乙丑之春，予承乏柯氏谱局，始履其地，谒柯临久先生于继述学校，遂假馆校中。校址旧名"春晖书屋"，即昔年小泉太仆、受丹观察诸公读书之所，至先生始创设斯校焉。

先是有簣山公者，于先生为从祖行，尝慨村中风气犷犷，暨其侄佳耀先后有兴学志，未遂而逝。于时政府虽厉兴教育，顾内地士夫多不慊于学校，以此私立者綦甚少，独先生毅然引为己任。

簣山公配黄孺人暨佳耀公配吴孺人月桂者，均系出名门，识大体，既谂先生忠实，足资倚畀，遂奉遗命，以其家旧有西村荒熟田地山场六十余亩悉捐作学产，而以建设事属先生。会耀妾旋氏方苦债负，耀丧亦未办，先生以两孺人所为，功在合族，谊当少申酬答。乃倾囊出洋银四百元归诸两孺人，俾丧费、债负得次第清理，闻者两称之。是后先生遂一意校务，且亦捐西村荒熟田四亩有奇入校，经营擘画不遗余力。念校舍特建匪易，故赁屋教授，命名曰"继述小学校"，盖上承簣山公等之志事，且以太仆兄弟励后人也。校

---

① 该文选录自刘伯山编著《徽州谱牒》第一辑中的胡祥木纂修《新安柯氏宗谱》，广西师范大学出版社2018年版。继述学校自1910年创立，一直延续到1949年解放（后转村办），前后历经40年。柯临久先生（又名柯日昌）亲任校长30余载，其4个儿子即尚惠、尚慈、尚功、尚勤均毕业于该小学，除大儿子柯尚惠早年外出参加革命外，其他几个儿子还都先后在该校担任过教员。文中提及的太仆兄弟，即指柯钺、柯铭两兄弟，竹溪人，为柯临久堂叔。兄柯钺少有才名，弱冠即得中"朝考亚元"，为曾国藩赏识，是曾的贴心幕僚，可惜英年早逝，曾氏为其墓题"清才正气"四字。弟柯铭为李鸿章所倚重，曾被委以"天津武备学堂总办""南京水师学堂督办"等要职，在当时的"洋务"方面多有建树。

创于宣统庚戌（1910），泊今历十有余载。凡征租息、计出纳、延教员，一切施设均先生躬自捊扯，尝自言半生心血胥耗于此，其劳勘可以概见。顾先生犹孟晋不已，且拟增设高级小学，而迩来族人向风慕化，亦间有捐款者，想是举不难再观厥成也。

予惟恒人之情，往往骛近利而忽远图，言裕后者率重货财而轻教育，彼于似续尚尔，又安望其捐金钱、田产以兴一村一族之教育乎！故非高瞻远瞩、热心公益而又家可中资者，不足以办此。曩者世人尝盛传叶澄衷氏兴学事，叶氏固足重，第彼身处通衢，所受激刺较深，耳濡目染，事尚不难，若在遐陬僻壤、风气塞陋之区，出资产、兴学校，且独力维持至十余年，如先生之与黄、吴两孺人者，岂易得耶？

先生慎密质朴，笃于公共事业，尝因襄赈水灾事，得吕省长调元"善与人同"褒额，又尝组织自治会，其服务桑梓盖惓惓靡已，兴学特其一端耳。惟前徽虽就，来轸方遒，先生之继述于先者，不能不望人之继述于后，予故不辞谫陋，略叙颠末以讯柯氏族人。

记柯大统事[①]

予读史……当元中叶以后，华人备受苛政痛苦，于是黎离之感益深，夷夏之界益辨，知非革命不可，故虽遐陬僻壤山泽田野间，往往有辍耕太息，揭竿思逞者，如柯大统即其人焉。

大统者，绩邑修仁乡后岸村人，生而伟岸，有勇力，武断一乡，睹频年灾劫，民不聊生，阴散财，结纳闾里豪杰，且为远近逋逃薮，长吏无敢孰何者。是时方国珍已起兵台州，而集庆路花山贼声势亦盛，歙绩间则有汪干十、汪四、俞明山等啸聚。各处官兵疲于奔命，大统以为有机会可乘，即与其党投袂而起，庀器械，具粮糒，练徒卒，分掠绩旌两城，期更大举出兵，以次略取邻近郡县，冀与江淮群雄遥相应援。风声所播，群不逞之徒归之如市。徽州路总管马斯忽勒闻耗，自将千户兵卒屯绩婴城拒守，且飞檄行中书省乞援，无何大兵四集乃进迫大统于羣北。大统扼守各隘，山路险仄，马斯忽勒兵屡攻不利。会歙东龙川有汪庆者，侦知柞坑、黄坑间有山径通绩之修仁乡，因诣马斯忽勒，自陈，马即檄为前导，潜师进袭，大统猝不及备，遂孑身遁去，不知所终。此元至正庚寅年事也。先是后岸柯氏居人颇繁，及大统败，多遭株累，撄法纲，孑遗者亦走避他处。村落竟夷为墟莽焉。然自是不数载，江淮蕲黄间群雄并起，迨明太祖出而元祚遂即倾覆矣。

小史氏曰：始予阅柯氏谱牒，于大统前后数世，每载有被掠掔走散等语，

---

① 选录自刘伯山编著《徽州谱牒》第一辑中的胡祥木纂修《新安柯氏宗谱》，广西师范大学出版社2018年版。

x

惜简略弗详。至谷川故老传闻，虽多道及大统事，又谓大统有军师，能前知云云。然大都荒诞支离类《齐东野语》，殊不值识者一噱。惟道光《歙县志》"拾遗"内转引《龙川汪氏谱》略叙大统事，尚可征信。夫大统所为固曩时所唾弃，甚或视与椎埋恶少等，不知成王败寇亦幸与不幸之间耳。幸则为明太祖，不幸则为柯大统，其行事固无所轩轾也。矧谷川卜迁之由，实基于大统柯氏，数祖典者，尤不可不知其人，兹故约述其生平如右，俾共知昔日有此草莽之枭雄焉。

铁跳蚤

清以吏覆其国。是言也，盖已为全世界所公认矣。上焉者吾固不及知，而州县官吏，自吾有生以来，其黠猾恣睢贪墨刻深①者，不可以亿计。否则，亦颠顸阘茸②之侪耳。每怪一行入仕，何遽堕落如是？及刺其故，乃知长官无论才不才，顾上怵大计③，下怯清议，其间以职务自励者，犹可得其软半，官亲与僚从，或得十一于千百焉。至于奸胥恶隶，则肆其杅吻欲壑，惟日不足④。其他固不遑计及矣。第长官职务实赖若辈以办。于是城狐社鼠⑤，五蠹六虿⑥，伎俩百出。虽官之自好者，久亦习与俱化，甚且因而为利焉。此唐人所以目令尹为畜生道也。予非好为苛论，盖予于所闻歙邑"铁跳蚤"事，不觉为之扼腕裂眦，而知官吏之黑暗，真有不可究诘者。今者共和虽建，而官国之徽号又早腾于人口。前车既逝，来轸方遒。故叙次其事，以饷读者。长夜削简，觉寒漏声沉，孤檠焰碧，暗风疏雨，犹似有两行狰狞面目、一部皮肉鼓吹，萦绕于吾之耳目焉。

吾家寄尘《虞初近志》一书，颇多载近世轶事，中有吾徽三多、王祐诬攀程某之狱，惜语焉未详。程字颂南，故诸生，歙之舍头村人。精于医，以

---

① 刻深：刻薄。
② 阘茸：庸碌低劣。
③ 大计：官吏每三年一次的考绩。
④ 惟日不足：只觉时日不够。
⑤ 城狐社鼠：比喻依仗别人的势力胡作非为的坏人，一时难以驱除的小人。
⑥ 五虿六蠹：应为"五蠹六虿"。

术鸣同光间，盖徽人至今言医者，尤首屈程，以是家积饶裕。王祐者，县刑胥；而三多，则捕役也。二人久涎程资，计议授剧盗指，入程名爰书中，令故糊涂虫，任所为。故程几罹不测。卒赖鲍某为申救，得平反。是役也，胥役置重典，令亦畏罪自尽；自太守以下，降谪有差。徽之大狱，群以是为称首焉。不意越数十年，而程之孙钊甫复受"铁跳蚤"之害。骫法^①滥权，前后一辙。然钊甫卒捐躯于酷吏奸胥之手矣。哀哉！

钊甫亦诸生，承家学，能世其悬壶业。为人谨愿^②，恂恂若不能言。歙邑故多山，其北东乡尤万山稠叠。樵人往往于冬令农隙，聚队入山，伐木析薪^③，镵解斧斯，垛其薪于山阳之麓，既干而后荷以归，供终岁需焉。士族与行商者，或佣人为之。故居是乡者，家有积薪，不假外市。凡市薪者，非无葱郁之山，即游手之民也。钊甫席余荫，小有山林。隆冬之际，循例樵苏。

邻村有王金法者，窭人子也，狡猾亡^④赖。瞰钊甫长厚，且谂其不恒入山，抵隙窃舁其薪，而货诸人。钊甫微有所闻，往视薪，则已亡矣。乃展转侦诇，具得金法偷状，掩袭所居，有剩薪十担存焉。钊甫识为己物，顾金法不服，持械御人。钊甫知事急，遣邀禁山会会长评议。禁山会者，村人私结之团体。本古人守望相助意，以保护森林之发达者也。会长既至，颇不直^⑤金法。以不欲树怨，议归剩薪于钊甫，而限偿其余。金法屈公议，俯首唯俞。于是，众人固以为事且解矣。

方事之殷也，村人围而观者如堵墙。有汪林桂者，亦与焉。林桂，虎冠^⑥俦辈，即市薪于金法者也。钊甫瞥睹林桂，良不慊，语稍侵之。林桂虽无如何，顾衔恨次^⑦骨，退而谓金法曰："若胡愦愦，宁以贼自承耶？"金法亟问

① 骫法：曲法。
② 谨愿：诚实。
③ 伐木析薪：砍柴刈草。
④ 亡：同"无"。
⑤ 不直：不信任。
⑥ 虎冠：喻指凶恶残暴之人。
⑦ 次：至也。

计。林桂诩然曰："竖子诚不足与谋！若宁不知吾姻家有亲串[1]江生达先生者乎？江先生句当[2]县署公事，长官宠信有加。是区区者，诚得先生一言，穷秀才不足虑也！"于是金法大喜，昕夕[3]合谋报复之策。会届偿薪期，钊甫遣索其家，不应。已遇金法于途，金法反唇相稽，作申申詈，钊甫呵之，遽施其野蛮手段，而鸡肋之骨，遂致饱受老拳矣。

钊甫念薪之被窃而己之受殴也。则怒发上指，以为人世大辱，至斯已极，将据情控县。而禁会中人闻是事，尤大愤，金怂恿曰："讼则终凶，固知君懦弱且贫，非可健讼者。顾此獠得志，村人宁复有高枕时耶？君请先发，吾辈当以会之名义，作君后盾。堂上意虽不可知，第曲直判然，无忧不济也！"于是，径诣县吁诉。故事，歙县凡诉讼者，胥役规费倍蓰他邑，而尤以差房为最。钊甫措大眼孔，殊不能餍若辈望。且知钊甫所讼，固祖于江胥者，迟之又久，竟不执行。钊甫负气而来，意理直词壮，不难得秦镜榜檠，一伸其枉。及睹此状，心良沮丧，愤火中烧。计惟遄反贷金，为再接再厉之举。然冤禽有恨，画虎无功。唤尽奈何，迸出千行苦泪，归来踯躅，平添百结愁肠。盖斯时，钊甫胸臆之感触，固非作者区区不律所能曲为形容也。

钊甫既归，摒挡未竟，忽闻隶役持符至。私念曩者多方抑勒，今乃不速而至耶？抑为长官觉察，驱策以来耶？一时脑海思潮起落千丈，顾心颇自喜。以为从此当可一判曲直矣。比役至，出符相示，乃知林桂与金法比，捏词诬讦，而符票则出自捕厅者。钊甫初不意与己所逆意，径庭若此。阅之再三，瞠目结舌，百忿填膺，顿颠于几。因具讯端倪，而数役冷语庾词，言尤无状。且大索酒馔资斧，俵张假扰，势甚汹汹。清例，典史职权不外缉捕。至青衿有罪状者，须由儒学传集。于是钊甫念己之枉屈，与典史之滥权，数役之凌侮也。乃留符檄，遣隶役焉。诸役益大哗，遽蜂拥钊甫，欲捉将官里去。时

---

① 亲串：亲戚。

② 句当：掌管。

③ 昕夕：朝暮。谓终日。

聚观者，类禁山会人。见役无状，同声呵斥。役亦以村众麕集，恨恨而罢。然符檄固早为弋人所篡矣。

钊甫性木强，不能鲫溜，又讷于口，啬于才，遇急难辄负手直视，罔所擘画。自经此案，居恒咄咄书空，喃喃呓语。念身列胶庠，束修自好。横婴摧辱，饮恨靡穷。而家故不丰，辩诉匪易。寻思至再，如醉如痴。钊甫有从父杏荪者，故作市隐于歙南之南源口。闻是事，特还探视。既询得巅末，见钊甫愤怼状，乃晓之曰："谚有之，衙门向南开，无钱莫进来；又曰，阎王易见，小鬼难当。矧[①]今日强权世界中，牛鬼蛇神唯蒙古儿之是务，宁复有泾渭分耶？以吾一日长，目击戴盆冤、倾家产于官厅者，偻指难罄。且若祖事，近在咫尺，每一念及，犹令人不寒而栗。若宁亦忘之耶？若虽被窃受欺，然固愈于覆家丧命者矣。不如其已也。"钊甫默然。因又曰："吾闻县胥江生达，号'铁跳蚤'者，与林桂颇有瓜葛谊，今观捕厅此举，彼二人之得奥援于此，彰彰甚著。苟不度财量力，惩前毖后者，行将索汝于枯鱼之肆矣。"反覆晓譬，悚语危言，泪随声下。盖杏荪练达世情，谙悉官事，故虽知钊甫满腔抑郁，不得不为解释之词。且拟力作调停，罢息争讼。而孰知老奸巨憝之胥吏，固磨厉以须[②]，方出其罗钳吉网[③]伺机以发耶！

钊甫自闻从父言，心弥于邑。顾资匮力竭，亦惟付之无可如何而已。居久之，钊甫以购物至城，瞥遇前役。役固早受江胥指，于是潜集徒党，狙袭于衢。狼戾鸱张，旁敲侧击。钊甫遂血流被面，惨无人状。已共挟钊甫至捕厅，儽然若重囚。时钊甫愤极，懵无所省。有间张目视，箕踞坐堂皇者，典史也。卒起问曰："吾顾何罪而至此？宁不为斯文留？……"言至此，已颤不成声。典史掀髯狞笑曰："固知恶贼恃青衿为护符，然若亦自忖，罪固难擢

---

① 矧：况；况且。

② 磨厉以须：谓磨刀以待。比喻作好准备，等待时机。

③ 罗钳吉网：唐天宝初，李林甫为相，任酷吏吉温、罗希奭为御史。罗钳吉网比喻酷吏朋比为奸，陷害无辜。

发[1]耶！毋狡猾，盍速将鸠占鲸吞、蠹官殴役罪状供明。不然，三木具在，不尔逭也。"钊甫知己已入瓮，因历申事之崖略。且戟指大言曰："金法事，吾固诉之邑侯矣。若鹘突如此，得非受江生达唆使，吃糍亦醉[2]者乎？虽然，天网恢恢，会看汝横行有几时耳！"不顾而唾。典史大怒，骤投袂起，手一骨朵就钊甫猛挟。钊甫重负伤，奄奄一息。乃叱黑衣隶舁入局室，反关加键，饲以草具[3]，借以蔽苫[4]。盖自是而后，钊甫遂陷身阱窟，已不啻日处犴狴乡矣！当此之时，见吏则举头抢地；背人则搔首呼天，短叹长吁，椎心顿足。而且溯心头之往事，攒眉际之新愁。风雨沉沉，觉冥府无兹黑暗；庭阶寂寂，知幽怀难遣黄昏。午夜梦回，忍听古砌虫声，同赍凄楚；子规唤彻，剩有遥天鹃泪，相对悲啼。时则民居之近捕衙者，往往于天阴夜静，辄闻钊甫引吭疾叫，大呼冤枉者再。声凄以恻，如泣如诉，哀感顽艳，佥为之泪下。有知其事者，莫不曰：此固江生达之发纵，而四爷为之功狗也。然而亦煞恶作剧矣。

钊甫肤受之诉被格，而林桂等讼竟发行，且一发而逮钊甫。此固微江生达不克臻此，第生达历史，不佞尚未详叙。虽读者于蛛丝马迹间，固可得其仿佛。然个中黑幕，苟不揭出，大书特书，何足钩沉索隐，定其罪状耶？生达世为胥魁，自其父时，已以豪夺巧取称素封。及生达尤桀黠[5]。凡诸舞文翫法、罗织嫁祸、因缘作奸，属蠹胥伎俩，生达莫不能之，以是得摄数曹，翘楚等辈；又便佞捷给，善伺意旨，遂内得长官信用，外结绅衿系援。不肖官绅，或欲互交通为狼狈者，莫不胥借生达为之媒介，蝇营狗苟，倚若指臂。用事寝久，更持其短长。以故，恣攮枋柄，擅行威福。官弗过问，即请求，类曲意报可。然官长亦往往因生达获巨赇，乃更昵就生达，至摄篆者，五日京兆，靡不欲为竭泽渔，以壮宦橐则又皆示意生达，取盈焉。于是生达气焰

----

① 难擢发：即"擢发难数"，比喻罪恶多得像头发那样数也数不清。

② 吃糍亦醉：比喻只要钱财不顾羞耻。

③ 草具：粗劣的饭食。

④ 蔽苫：用席、布等遮盖。

⑤ 桀黠：凶悍狡黠。

熏人，及于四境穷陬僻壤①间，或借其亡赖，寄耳目，招摇讼事。人以其短小精悍而善噬也，谥之曰"铁跳蚤"。闻"铁跳蚤"名者，靡不重足侧目，畏若天神。虽官弗如也。林桂久谄事生达，衅既启，遂同金法走谋其家。金法虽稔知其能，顾犹以窃薪议偿，事实彰彰为疑。生达曰："嘻！若何一骎至此耶！吾不知官厅中，何者为善恶？为曲直？第知，顺我者其人为善而理则直，忤我者即反是耳！充吾之力，扬之当令升天，抑之可使入地。纵如山铁案，颠倒亦殊易易！何况若固戈戈偷窃事耶？"因画策行赇，诪张为幻②。使林桂讼钊甫于典史，以侵占传其词，而金法证之。且曰："捕厅固易与者。设崽子崛强，则吾当白于县，更求肆志焉！"皋牢③既具，钊甫遂被格被逮，历受恒河千万劫矣！

越数日，钊甫被幽之耗传于家。其妻使人侦之信，昼号夜哭，计无复之。会杏荪已应某姓招至休宁诊疾。其妻因谋禁山会长家，作秦庭请。会长慰藉之，且曰："微汝来，吾辈亦不忍袖手也。"于是集会员数人，走县具呈环叩。知县览词恚曰："彼讼程钊甫者，曾未一涉若辈。何乃突如其来，遽为左右之袒？此非选事，直恃众挟官长耳？若曹私结盟会，在令甲中罪已不辜。犹复悯无所畏，来庭辩护。将谓孤雏不足吓腐鼠耶！"言已，拍案大叱，声色俱厉。群隶交吼，杂以竹杖声、铁索声，响彻堂壁；护勇又数持鞲鞂似搏人状。会员类山僻老农，胆小如鼠。猝睹变相，如入罗刹国中。惶遽股栗，汗出如沈，至毂觫无人色。虽往时甚口者，亦期期不能作一词。最后，有叶德材抖擞陈柴事缘起，且为钊甫白。会众乘间附和。然语音傔池。象胥之吏，又传以过失而后传达。知县遽变色，立飞签下，"笞一百"。会众至此遂三缄其口④，形若木鸡矣。少选，知县更令笃老者前，曰："若发如此种种，尚不更

----

① 穷陬僻壤：荒远偏僻的地方。
② 诪张为幻：欺诳诈惑。
③ 皋牢：牢笼。
④ 三缄其口：形容说话极为谨慎，不轻易开口。

世故？而强溷乃公事耶！吾知若辈均良善之氓①，不过受程姓要挟，迫而出此耳。吾悯若，姑恕若。若且去休，毋再以身尝试也！"会众诺诺，踉跄而出。时杏荪已至。自休宁闻是事，知知县亦有欲炙之色。乃诉之教官，兼上控于府。教官陈某长厚士也，心知钊甫冤，顾忌僚谊，不敢发。知府事者，时为静海刘汝骧，自三馆出守，颇著风骨。既得杏荪呈，即饬县禀覆。然一纸官样文章，竟不得其要领。杏荪鉴会员事，亦有戒心。荏苒因循，终亦束是案于高阁，而沉沦九渊之钊甫遂经旬累月，无复有向官署问津者矣。

捕署之西，偏有一室焉，禁钊甫之所也。其室绮罤相错，方广裁可抱膝，欠伸便致打头。蛛网罗窗，蜗涎篆壁，尘壒②厚封几案，藓苔铺作氍毹。盖地既湫湿，室尤隘陋。且重檐幂覆，终岁不见日光；暗淡阴惨之象，令人目眙毛戴③。钊甫镇日枯坐其中，席棘饴荼，百端交集。每念以斯文受侮市井，阶以官厅厉，横被禁锢亡等之辱，没齿难湔。静言往事，肠如涫汤，气若结辖，恨无地孔可入。及漏永思深，卧咠泣交项腹，至腰肘，如胶维④。典史又禁所亲不与通，唯其妻月一二至，始令相见。则揽裾相对钊甫积忧伤肌，积毁销骨；久遂槁项垢面至无人状。及闻会众与杏荪申诉咸不得当，益愤懑大咤，握拳透爪，嚼龈出血；目炯炯若突，枨触既深，精神遂瞀乱。歌哭靡常，语无伦次；遇堂讯特尤甚。典史审钊甫实被神经疾，商诸县，将释焉。知县曰："吾闻为浮屠者，必合其尖。子宁欲食人之言，作中道废耶？且若病伪耳，慎毋堕其玄中！"竟寝其议。居无何，钊甫疾大作，举措弥戾，或遗于庭，狼藉无所不至。典史患之，移解儒学。陈教官哂曰："若今日乃知有儒学耶？"拒弗纳。其后钊甫益憔悴，更得咯红症，血花乱坠，日辄数发。以是绵惙，杖

---

① 氓：古代称百姓。

② 尘壒：飞扬的灰土。

③ 毛戴：寒毛竖立。

④ 胶维：贾谊《新书》"闻父辱状，是立咠泣沾衿，卧咠泣交项，肠至腰肘如缪维耳，岂能须臾忘哉？"化出。"胶"疑为"缪"之误。

而后起。会岁事阑珊①，典史爰同江生达诣县署，取进止。始令人保释归。逮钊甫既出，虽病魔如故，而神识顿清。然忧愤余生，觉天荆地棘中，已久无生人乐趣；日暮途远，倒行逆施。乃草遗书数纸，分遗亲知。于其归之次日，潜借阿芙蓉接引，径赴芙蓉馆。盖一缕幽魂，固赍②此冤恨而长与之终古矣！

按钊甫受锢计五阅月，庭讯凡四次。每值开庭，窘辱恫吓，风行雷厉，往往有常囚所难堪者。先是生达嚲官厅，欲尽举是山归林桂，为最后之判断。知县等利令智昏，一如所指，盖不啻为胥也，官者！钊甫以偏僝之质，蒙周内之冤，郁郁久居，爰及于难。殁后亲知就吊者，获观遗书，咸扼腕不平。而杏荪书中更要以申雪。因执书泫然曰："酷吏毒焰虽炙手可热，第吾侄既死，吾又奚以生为？判此余年当破家以雪幽愤，安可令长逝者魂魄私恨无穷耶？"乃沥叙冤情，走吁抚臬，并以遗书上，禀入。方待命，会所亲具钊甫事，遍投绅衿。由是东北乡人士皆大愤，亦合词上闻。时诚勋抚皖，浃辰间既得二呈，乃札委少府陆某，莅徽特鞫是案。洎陆至，禁山会员亦来环诉，其言议偿薪及被笞事綦详③。陆故善钩距，已廉知大概。然殊不欲穷究，将媕婀定谳。盖"救官不救民""救生不救死"，此吾国官僚薪传之秘诀也。已而观审者蚁集，群唾骂生达，更及官厅，舆议沸腾。率以王祐狱相次比，陆始瞿然④，知难回护。竟其事，具得长官吏胥诸汇缘朋比状。是时，知府刘汝骥者，亦自检举失察，后先详覆。上峰据情定拟入告，有诏：知府罚俸；知县黜为民；典史论城旦⑤鬼薪⑥；自生达以下，缳首⑦、遣戍有差。案既决，金法寻瘐死狱中。而自钊甫死后，更以申雪破产之强半，茕茕孤寡，门业遂微，

---

① 阑珊：衰残；将尽。
② 赍：怀抱着，带着。
③ 綦详：很详细。
④ 瞿然：很惊讶的样子。
⑤ 城旦：古代刑罚名。一种筑城四年的劳役。
⑥ 鬼薪：一种徒刑。鬼薪从事官府杂役、手工业生产劳动以及其他各种重体力劳动等。
⑦ 缳首：古代刑罚名。绞刑。用绳勒死。

闻者尤盡然①伤之。

董人曰：予观兰台以下，踵事修史者，虽规模司马迁，独于酷史缺然，率不因迁例，私窃怪焉！彼岂以吏之职小权微等诸自郐无讥之列耶？抑知亲民之官，稍有不善，毒痛实倍于大吏。若假虎倚狼者，更无论矣！史职不举，此吏道所以每况愈下，而"长庆""乐府"诸篇所由作也。民国肇建②，庶务鼎新。惟吏治一端，其视清，不过唯之与阿耳。地方控知事之案，长官习为聋聩，敷衍调停，什恒八九。间或委员查办，而利数即在其中。猾吏贪官，有恃无恐。且告密之风，犹长日加益。更不难假手肆毒，藉快报复之私。嗟乎！沧海横流，江河日下，憔悴虐政之生灵，其又何以堪此耶？是篇事迹，盖得之友人吴君道南，吴君，故歙产馆吾绩时，曾为予言之如此。惜予善忘，案中诸重要人姓氏已难备举；又文笔尪弱③，不能如夏后铸鼎，使若辈穷形尽态都现毫端。此则殊令人恨恨耳！然天下事之类此者何限？尚得有心人，尽为搜辑，比附排纂。是以稗官之斧钺，作宦海之针砭。匪特存史公酷吏编传之微意，即吏治或亦因此有豸欤?!

---

① 盡然：悲伤痛苦。
② 肇建：创建；始创。
③ 尪弱：本义为瘦弱；衰弱。这里是文笔纤弱的特点。

胡近仁诗词篇

交游应酬诗①

秋夜同适之话旧

帘前新月影婆娑，握手依依笑语和。

数齿②可堪怜我长，抚心殊觉让君多。

别来旧雨③饶豪气，醉后新诗共浩歌。

剪烛西窗④浑乐事，等闲休问夜如何。

赠适之

妙龄意气出尘埃，跌宕⑤昂藏⑥众共推。

---

① 胡近仁曾著《奈何天居士吟草》，未刊遗失。此节选录的"应酬诗"为胡近仁未整理成册的手稿。由胡从收藏。

② 齿：因幼马每岁生一齿，故以齿计算牛马的岁数，亦指人的年龄。

③ 旧雨：唐杜甫《秋述》有"常时车马之客，旧雨来，今雨不来"。谓过去宾客遇雨也来，而今遇雨却不来了。后以"旧雨"作为老友的代称。

④ 剪烛西窗：原指思念远方妻子，盼望相聚夜语；后泛指亲友聚谈。

⑤ 跌宕：这里指性格洒脱，不拘束。

⑥ 昂藏：仪表雄伟，气度不凡的样子。

万里乘风宗悫志①，千言倚马谪仙②才。

牢骚遮莫③怜同病，臭味④何须论异苔⑤。

大地茫茫谁与语，相逢且进掌中杯。

题适之诗稿

与君交最久，羡君质独美。

南州⑥万顷⑦陂，吾家一千里。

况乃游沪校，科学探妙理。

所造既如此，时辈安复比。

我今读君诗，戁恧⑧不能已。

君本善科学，诗歌特余技。

展卷吟再三，俊拔⑨殊可喜。

君诗如长庆⑩，造语多旖旎。

又如老学庵⑪，爱国情靡已。

---

① 宗悫(què)志：见《宋书·宗悫传》："宗悫，字元干，南阳人也。叔父炳，高尚不仕。悫年少时，炳问其志，悫曰：'愿乘长风破万里浪。'"

② 谪仙：受了处罚降到人间的神仙。古人用以称誉才学优异的人。后专指李白。

③ 遮莫：亦作"遮末"。尽管；任凭。

④ 臭(xiù)味：气味。

⑤ 异苔：见晋郭璞《赠温峤》诗："人亦有言，松竹同林。及余臭味，异苔同岑。"比喻朋友志同道合。

⑥ 南州：泛指南方地区。

⑦ 万顷：百亩为一顷。常用以形容面积广阔。

⑧ 戁(nǎn)恧(nǜ)：惭愧的样子。

⑨ 俊拔：卓异出众。

⑩ 长庆："长庆体"，又名"元白体"。指唐代诗人元稹、白居易的诗风。常以叙事风情婉转、语言摇荡多姿、平仄转韵的七言长篇歌行为代表。

⑪ 老学庵：指南宋著名文学家、史学家、爱国诗人陆游。

一读一击节，再读频徙倚①。

君年刚十七，所就已如是。

会当破壁飞②，勉哉从此始。

适之暑假归，过从甚乐。别后有怀，邮寄三十韵

第一南金品，无双江夏谣③。

朋侪推巨擘，友谊订垂髫④。

阔别萦长忆，相逢论久要。

终军⑤豪意气，卫玠⑥美风标。

海澨归来远，文场跌宕翘。

剧谈多沉澀，凭乐昏数朝。

门为迎宾扫，灯缘话旧挑。

交深先赠纻⑦，学富却询荛⑧。

抗手词锋霅⑨，惊心险语器。

---

① 徙(xǐ)倚：徘徊，流连不去的意思。出自《楚辞·远游》："步徙倚而遥思兮，怊惝恍而乖怀。"

② 破壁飞：传说南朝梁张僧繇画龙点睛，而后龙震破屋壁，脱身飞去。

③ 江夏谣：指黄香(约68—122)，江夏安陆(今湖北云梦)人。东汉时期官员、孝子，"二十四孝"中"扇枕温衾"故事的主角。黄香年方九岁时，便知事亲之理，名播京师，号曰"天下无双，江夏黄香"。这里用以赞比胡适。

④ 垂髫(tiáo)：古时儿童不束发，头发下垂，因以指儿童。

⑤ 终军：(约前140—前112)，字子云，济南人。西汉著名政治家、外交家。战前"请缨"的典故，就是出自他出使南越的故事。

⑥ 卫玠：中国古代四大美男子之一。晋朝著名玄学家、官员。

⑦ 赠纻："缟纻赠"，借指朋友结交。纻，指苎麻纤维织的布。

⑧ 询荛：询于刍荛(ráo)，说明能向草野鄙陋之人请教的不耻下问的精神。刍荛，指割草打柴的人。

⑨ 霅(zhà)：水流激荡声，或雷电交加的样子。

清言原亹亹①，玄著独超超。

挥尘纵横逼，闻鸡起舞邀。

联诗东野②共，乞巧③柳州④聊。

把臂寻荒径，披襟憩小桥。

形骸征脱略⑤，肝胆诉骚悁。

喜更搜书诵，愁同买酒浇。

盘桓情正永，酬酢⑥兴殊饶。

骊曲凄凄唱，行旌淡澹飘。

那堪胶漆侣，翻鼓木兰桡⑦。

严濑⑧初生浪，钱塘不断潮。

何时仍面会，此去已魂消。

嗟我浑沦落，离君倍寂寥。

屋梁留月回，砧杵挟秋骄。

烟树⑨云千里，蒹葭水一条。

黄怀⑩真渺渺，夜雨乍潇潇。

---

① 亹亹（wěiwěi）：委婉动听。南朝梁钟嵘《诗品》上："词采葱蒨，音韵铿锵，使人味之，亹亹不倦。"《古汉语常用词典》第4版第361页："形容诗文动听，使人不知疲倦。"

② 东野：指唐代诗人孟郊，字东野。

③ 乞巧：指中国传统节日七夕节，又名乞巧节、女儿节。

④ 柳州：指柳宗元，曾迁柳州刺史，故名"柳州"，曾作《乞巧文》。

⑤ 形骸征脱略：征，证明，证验。脱略形骸，不拘形迹，无所顾忌，不受世俗礼法的束缚。

⑥ 酬酢（zuò）：主客互相敬酒。

⑦ 木兰桡（ráo）：木兰舟。

⑧ 严濑（lài）："严陵濑"。严光与汉光武帝刘秀同学，后刘秀做皇帝，他隐居富春山耕钓。后人把他钓鱼的地方叫"严陵濑"。

⑨ 烟树：云烟缭绕的树木、丛林。

⑩ 黄怀：怀里揣着金印。指位居高官。

古砌①蛩②鸣急，空山鹤唳娇。

黄花无奈色，红豆可怜宵。

身世添闲恨，天涯感故僚。

回思知己少，索解复谁招？

遮莫瑶函③速，还期令闻昭。

吟成重惆怅，蘋末度凉飚。

适之邮示感怀五律因和元韵（两首）

（一）

自怜徒老大，书剑两无成④。

剩有愁眉紧，谁为醉颊赪⑤。

击壶⑥余恨事，弹铗⑦起悲声。

身世苍茫甚，栖栖何所营。

（二）

寂寞窗前坐，摊书读未成。

浩歌⑧情转畅，闷饮颊微赪。

雪酿天无色，风吹树有声。

---

① 砌：台阶。

② 蛩（qióng）：古指蟋蟀。

③ 瑶函：这里是对他人书信的美称。

④ 书剑两无成：此句出自唐孟浩然《自洛之越》。字面的意思是文武两方面都没有什么成就。表达作者失意之情。

⑤ 赪（chēng）：红色。

⑥ 击壶：出自唐李白《玉壶吟》："烈士击玉壶，壮心惜暮年。"表达作者渴望建功立业的心情。

⑦ 弹铗：铗，剑把。出自《战国策·齐策四》冯谖（xuān）的故事。表达作者处境窘困而又欲有所干求。

⑧ 浩歌：指唐朝诗人李贺的《浩歌》。李贺才华出众，却命塞时乖；他苦思进取，不甘沉沦，却报国无门。他的失意，是那个时代造成的。他的《浩歌》是对不平命运的放声悲歌！

寒衣兼暖阁①，为语好经营。

柬适之集韦应物②诗句

风雪积深夜③，孤灯案上书④。

徘徊忧且烦⑤，阑干泪盈裾⑥。

顾我邈忡忡⑦，平生少欢娱⑧。

蹉跎二十载⑨，憔悴在田庐⑩。

智乖时亦蹇⑪，遇境即踌躇⑫。

不能奋高飞⑬，闷闷独为愚⑭。

亭亭心中人⑮，乃在西南隅⑯。

---

① 寒衣兼暖阁：见宋刘克庄《冬景》："命仆安排新暖阁，呼童熨帖旧寒衣。"表达了作者恬淡、闲适的心情，也可以从中感受后清高孤傲的情怀。

② 韦应物(约737—约791)，唐代著名诗人。因出任过苏州刺史，世称"韦苏州"。诗风恬淡高远，以善于写景和描写隐逸生活著称。

③ 风雪积深夜：此句见韦应物《答库部韩郎中》。

④ 孤灯案上书：此句见韦应物《答崔都水》。

⑤ 徘徊忧且烦：此句见韦应物《酬李儋》。

⑥ 阑干泪盈裾：此句见韦应物《登蒲塘驿沿路见泉谷村墅忽想京师旧居追怀昔年》。阑干，形容纵横交错。裾，衣服的前后襟。

⑦ 顾我邈忡忡：此句见韦应物《答韩库部(协)》。忡忡，忧愁的样子。

⑧ 平生少欢娱：此句见韦应物《庄严精舍游集》。

⑨ 蹉跎二十载：此句见韦应物《答河南李士巽题香山寺》。

⑩ 憔悴在田庐：此句见韦应物《张彭州前与缑氏冯少府各惠寄一篇，多故未答》。

⑪ 智乖时亦蹇：此句见韦应物《答韩库部(协)》。乖蹇，命运不好。

⑫ 遇境即踌躇：此句见韦应物《再游西山》。

⑬ 不能奋高飞：此句见韦应物《酬元伟过洛阳夜燕》。

⑭ 闷闷独为愚：此句见韦应物《善福精舍答韩司录清都观会宴见忆》。闷闷，愚昧、浑噩貌。

⑮ 亭亭心中人：此句见韦应物《答崔都水》。

⑯ 乃在西南隅：此句见韦应物《庄严精舍游集》。

时事方扰扰①，金丹子何如②。

累月间徽音③，引领岂斯须④。

况惜别离久⑤，悲多欢自疏⑥。

梦远竹窗幽⑦，邈矣不可迁⑧。

不知何日见⑨，高踪罢驰驱⑩。

与子同笑言⑪，烦局一弘舒⑫。

柬适之集黄庭坚⑬诗句六首

（一）

紫燕黄鹂俱好音⑭，少年有功翰墨林⑮。

海南海北梦不到⑯，几日归来两慰心⑰。

---

① 时事方扰扰：此句见韦应物《游西山》。

② 金丹子何如：此句见韦应物《酬阎员外陟》。

③ 累月间徽音：此句见韦应物《夏夜忆卢嵩》。徽，美也。徽音，佳音，嘉讯。

④ 引领岂斯须：此句见韦应物《善福精舍答韩司录清都观会宴见忆》。

⑤ 况惜别离久：此句见韦应物《答令狐侍郎》。

⑥ 悲多欢自疏：此句见韦应物《登蒲塘驿沿路见泉谷村墅忽想京师旧居追怀昔年》。

⑦ 梦远竹窗幽：此句见韦应物《答李博士》。

⑧ 邈矣不可迁：此句见韦应物《善福精舍答韩司录清都观会宴见忆》。

⑨ 不知何日见：此句见韦应物《答僩奴重阳二甥》。

⑩ 高踪罢驰驱：此句见韦应物《善福精舍答韩司录清都观会宴见忆》。

⑪ 与子同笑言：此句见韦应物《酬李儋》。

⑫ 烦局一弘舒：此句见韦应物《庄严精舍游集》。

⑬ 黄庭坚(1045—1105)，字鲁直，自号山谷道人，北宋著名文学家、书法家、江西诗派开山之祖。

⑭ 紫燕黄鹂俱好音：此句见黄庭坚《次韵盖郎中率郭郎中休官二首其一》。

⑮ 少年有功翰墨林：此句见黄庭坚《寄上叔父夷仲三首其一》。翰墨林，笔墨之林，比喻文章汇集之处，犹文坛。

⑯ 海南海北梦不到：此句见黄庭坚《次韵几复和答所寄》。

⑰ 几日归来两慰心：此句见黄庭坚《寄上叔父夷仲三首其二》。

（二）

胶胶扰扰梦神游[①]，颇忆平生马少游[②]。

安得风帆随雪水[③]，明珠论斗煮鸡头[④]。

（三）

万里云天雁断行[⑤]，至今犹梦绕羊肠[⑥]。

更筹报尽不成起[⑦]，遥夜无人月上廊[⑧]。

（四）

还从天际望归舟[⑨]，定是寒儒浪自愁[⑩]。

安得雍容一樽酒[⑪]，忽逢佳士喜同游[⑫]。

（五）

夜雨何时对榻凉[⑬]，坐令合眼梦湖湘[⑭]。

---

① 胶胶扰扰梦神游：此句见黄庭坚《次韵黄斌老晚游池亭二首其二》。

② 颇忆平生马少游：此句见黄庭坚《次韵黄斌老晚游池亭二首其一》。马少游是我国东汉名将伏波将军马援的从弟。他志向淡泊，知足求安，无意功名。他认为优游乡里即足以了此一生。后世把他作为士人不求仕进、知足求安的典型。《后汉书·马援传》中记载了马少游规劝马援的事迹。

③ 安得风帆随雪水：此句见黄庭坚《次韵宋懋宗僦居甘泉坊雪后书怀》。

④ 明珠论斗煮鸡头：此句见黄庭坚《次韵王定国扬州见寄》。鸡头，指鸡头米，在唐诗宋词中，它的形象堪比珍珠。

⑤ 万里云天雁断行：此句见黄庭坚《宜阳别元明用觞字韵》。

⑥ 至今犹梦绕羊肠：此句见黄庭坚《新喻道中寄元明用觞字韵》。

⑦ 更筹报尽不成起：此句见黄庭坚《李大夫招饮》。

⑧ 遥夜无人月上廊：此句见黄庭坚《和仲谋夜中有感》。

⑨ 还从天际望归舟：此句见黄庭坚《次韵马荆州》。

⑩ 定是寒儒浪自愁：此句见黄庭坚《次韵德孺五丈惠贶秋字之句》。

⑪ 安得雍容一樽酒：此句见黄庭坚《郭明甫作西斋于颍尾请予赋诗二首其一》。

⑫ 忽逢佳士喜同游：此句见黄庭坚《次韵黄斌老晚游池亭二首其一》。

⑬ 夜雨何时对榻凉：此句见黄庭坚《和答元明黔南赠别》。

⑭ 坐令合眼梦湖湘：此句见黄庭坚《客自潭府来称明因寺僧作静照堂求予作》。时传适之往汉皋。

百书不如一见面①，不用书来细作行②。

（六）

但知家里俱无恙③，且作人间鹏鹦游④。

何日清扬能觌面⑤，来依绛帐马荆州⑥。

和张子凡⑦知事华阳十咏诗⑧元韵

（一）

石光如镜镜悬山，山下潺湲水一湾。

行入天门便幽邃，却疑身在海云间。

（二）

翠眉墩比谢公墩，苏令⑨当年惠迹存。

双峙远山留胜迹，棠阴⑩犹见古风惇⑪。

（三）

一方石印矗深潭，印现官廉隐示贪。

省识龚黄⑫清如水，寸心俯仰更何惭。

---

① 百书不如一见面：此句见黄庭坚《寄上叔父夷仲三首其二》。

② 不用书来细作行：此句见黄庭坚《新喻道中寄元明用觞字韵》。

③ 但知家里俱无恙：此句见黄庭坚《新喻道中寄元明用觞字韵》。

④ 且作人间鹏鹦游：此句见黄庭坚《次韵黄斌老晚游池亭二首其二》。

⑤ 何日清扬能觌面：此句见黄庭坚《再次韵奉答子由》。觌（dí），见，相见。

⑥ 来依绛帐马荆州：此句见黄庭坚《次韵马荆州》。马荆州，指马少游。

⑦ 张子凡：民国八年至十一年任绩溪县知事的张承鋆，字子凡、止凡或子蕃。

⑧ 华阳十咏诗：华阳，绩溪县的别称。十咏诗写的是绩溪县十景，分别是（一）石镜清辉；（二）翠眉春色；（三）石印回澜；（四）祥云洞天；（五）苍龙瀑布；（六）飞云天池；（七）大屏积雪；（八）文峰雅会；（九）郭山叠翠；（十）大会晴峰。

⑨ 苏令：指苏辙。曾任绩溪县令。

⑩ 棠阴：意思是棠树树荫。比喻惠政或良吏的惠行。

⑪ 惇：敦厚；笃厚。

⑫ 龚黄：出自《汉书》卷八十九《循吏传》，为汉循吏龚遂与黄霸的并称。亦泛指循吏。

（四）

石洞连环别一天，巨灵①劈出不知年。

寻幽步入云深处，似向蟾宫②晤众仙。

（五）

倒挂银河水满池，龙湫③景物擅④神奇。

偶从洞口凝眸望，百丈苍崖碧草滋。

（六）

云石飞来路几千？上渟⑤天水最清涟。

浴沂⑥胜事今犹昨，童冠⑦何当共一湔⑧。

（七）

山头积雪入云端，一片琼瑶⑨照眼寒。

自是天公多厚意，大屏⑩更做玉屏看。

（八）

最好东山卓笔锋，晴岚⑪云树郁重重。

踏青何日陪嘉会，诗酒纵横意兴浓。

---

① 巨灵：神话传说中劈开华山的河神。见干宝《搜神记》。

② 蟾宫：即传说中的月宫，又名广寒宫。

③ 龙湫：上有悬瀑，下有深潭，谓之龙湫。

④ 擅：独揽。

⑤ 渟（tíng）：水积聚而不流动。

⑥ 浴沂（yí）：谓在沂水洗澡。后多用以比喻一种怡然处世的高尚情操。出自《论语·先进》："浴乎沂，风乎舞雩，咏而归。"

⑦ 童冠：指青少年。出自《论语·先进》："莫春者，春服既成，冠者五六人，童子六七人，浴乎沂，风乎舞雩，咏而归。"

⑧ 湔（jiān）："湔，濯也。"语出《三苍》。本意水头，引申为用水头冲洗。

⑨ 琼瑶：美玉。这里比喻雪景晶莹、洁白、美丽。

⑩ 大屏：指绩溪境内的大屏山。

⑪ 晴岚：晴日山中的雾气。

（九）

因山名郡镇天东，绝巘①登临眼界空。

一自雄关②开辟后，遥遥吴越更交通。

（十）

孤峰卓立接天高，保障华阳势最豪。

自古山川称大好，何须归卧北窗陶③。

和胡昧因原韵两首

（一）

每恨浮生性孤僻，居然客里遇钟期④。

山游结伴饶清兴，向晚归来未觉疲。

（二）

梓山泄沓势嵯峨，陟⑤彼层峦感慨多。

万里烽烟何日靖，临风仗剑莫摩挲。

---

① 巘(yǎn)：大山上的小山；也有形状似甑的山的意思。

② 雄关：这里指"江南第一关"。其位于安徽省绩溪县伏岭乡东部，是徽杭古道重要关隘，清凉峰主要通道。关脚岩口亭，书有"径通江浙"四个大字。

③ 归卧北窗陶：指晋陶渊明的隐居生活。出自陶渊明《与子俨等书》："常言五六月中，北窗下卧，通凉风暂至，自谓是羲皇上人。"

④ 钟期：钟子期。比喻知音者。出自《列子·汤问》。

⑤ 陟(zhì)：古字形像两脚交替沿山而上。本意是从低处走向高处。这里指登山。

附胡味因原作

癸酉①清明后二日，兰公县长②约游梓山③，感赋七言两首，录博一粲④，并请诲正。

末学胡味因率稿即日两首

（一）

客里光阴嗟草草，几回孤负踏青期。

使君⑤逸兴超流俗，半日山游未觉疲。

（二）

峰峦复沓⑥更嵯峨，眼底烟云变幻多。

漫道山城春寂寞，临风芳草自摩挲。

---

① 癸酉：这里指民国二十二年，即1933年。

② 兰公县长：指民国二十二年任绩溪县县长的马吉笙。

③ 梓山：即梓潼山，位于绩溪县城东扬之河东岸。明弘治《徽州府志》载："状若楼台，上有白石耸立，又有梓潼庙，故名。"庙早圮。清初，复建文昌祠、魁星楼，于半山之白石坪。后亦圮。

④ 粲：露齿笑。形容笑容灿烂、明悦。出自《荀子·非向》。

⑤ 使君：这里指兰公县长。

⑥ 复沓：重叠堆积的样子。

赠程周卿代吴健臣两首

（一）

龙门①百尺幸瞻韩②，意气纵横眼界宽。

从古天仙都嗜酒，可怜名士不宜官。

王郎拔剑③豪情在，处仲敲壶④夜色阑⑤。

赢得烟霞供笑傲，暮云山畔月团团。

（二）

记曾先后立程门⑥，此日登龙谊更敦。

敢以西宾⑦陪末座，每因东阁⑧接清言⑨。

酒酣慷慨高歌起，墨妙风流慧业存。

知否海疆方事棘，英雄岂合老江村。

---

① 龙门：比喻声望卓著的人的府第。

② 瞻韩：典出《全唐文》李白《与韩荆州书》。唐韩朝宗曾做过荆州长史，喜拔用后进，为时人所重。后因以"瞻韩"为初见面的敬词，意谓久欲相识。

③ 王郎拔剑：出自唐杜甫的诗《短歌行赠王郎司直》："王郎酒酣拔剑斫地歌莫哀！"全诗表达诗人感慨友人王司直空有满腔抱负，却无处可施的悲愤之情。

④ 处仲敲壶：东晋将领、权臣王敦（266—324），字处仲。王敦酒后喜欢咏唱曹操的《步出夏门行》："老骥伏枥，志在千里。烈士暮年，壮心不已。"一边唱，一边用如意击打唾壶，以致壶沿被敲得全是缺口。这里用来形容有志之士的愤慨之情。

⑤ 阑：将尽。

⑥ 立程门：立雪程门，出自《宋史·杨时传》。旧指学生恭敬受教。比喻尊师。

⑦ 西宾：旧时宾位在西，故称。常用为对家塾教师或幕友的敬称。

⑧ 东阁：古代称宰相招致、款待宾客的地方。

⑨ 清言：高雅的言论。

赠韩寿民

莽莽乾坤事已非，韩康市隐①早知几。

研穷肘后书千卷，种出林间杏一围。

寿世寿人垂不朽，名医名士故应稀。

平生尽抱希文志②，漫问何当天下肥③？

赠吴健臣

延陵④清洁旧家风，淡泊襟怀约略同。

数亩草庐宜绝巘⑤，半生笔砚叹飘蓬⑥。

论交相赏酸醎⑦外，入世都尝辛苦中。

最忆车茵⑧齐抗手，谈深每忘夕阳东。

① 韩康市隐：出自西晋医学大家皇甫谧的《高士传》。韩康，东汉名士。后人认为他隐居不仕，不图富贵，坚守诚信，为世间楷模。至今许多药铺都以"韩康遗风""市隐韩康"作为匾额，表明自己卖药童叟不欺。

② 希文志：范仲淹（989—1052），字希文，北宋杰出的思想家、政治家、文学家。他倡导的"先天下之忧而忧，后天下之乐而乐"的思想和仁人志士节操，对后世影响深远。

③ 天下肥：出自《资治通鉴》。"貌虽瘦，天下肥"意为"君瘦民肥"，这是唐玄宗用韩休为相后所发的感叹。指天下太平、安康、富裕。

④ 延陵：本为春秋吴邑，季札（季子）所居之封邑。延陵郡为"吴"姓的郡望。

⑤ 绝巘（yǎn）：极高的山峰。

⑥ 飘蓬：比喻漂泊无定。

⑦ 醎（xián）：同"咸"。

⑧ 车茵：车上垫的席子，车坐垫。

自休回绩留别涵卿子鹤二兄两首

（一）

抵掌①气如虹，天真烂漫同。

衔杯称李相②，察地是杨公③。

尘世掀髯笑，云山具眼④通。

何当重聚首，跋涉共扶筇⑤。

（二）

欲仿韦家会⑥，天涯手共携。

情深阮南北，人自地东西。

竹榻联风雨⑦，萍踪⑧证雪泥⑨。

临歧两无语，落日一鞭低⑩。

① 抵(zhǐ)掌："抵"同"抵"，抵掌而谈。出自《国策·秦策一》。抵掌，击掌，表示高兴，指谈得很融洽。

② 衔杯称李相：衔杯，谓饮酒。李相，李适之，唐天宝年间曾出任左丞相。杜甫曾用"左相日兴费万钱，饮如长鲸吸百川，衔杯乐圣称世贤"来形容他饮酒之豪爽。

③ 杨公：杨筠松(834—900)，唐朝著名地理风水学家。

④ 具眼：指谓有识别事物的眼力，或指有眼力的人。

⑤ 筇(qióng)：竹子的一种，可以做手杖。

⑥ 韦家会：中唐诗人韦应物，在担任苏州刺史期间经常和当地名士聚会，一起谈论诗文。

⑦ 竹榻联风雨：语出"联床风雨"，意思是指朋友或兄弟相聚，倾心交谈。

⑧ 萍踪：浮萍的踪迹。常比喻行踪漂泊无定。

⑨ 雪泥："雪泥鸿爪"。比喻往事遗留的痕迹。

⑩ 落日一鞭低：源自元王实甫《西厢记·长亭送别》："四围山色中，一鞭残照里。"

题杨林山人①西施浣纱图

浣纱复浣纱，越女②溪头立。

日暮归去来，苎萝③风习习。

题杨林山人东篱扶杖图

三径④归来后，含情自咏歌。

杖头钱⑤在否，风味醉乡多。

送方鲲三⑥知事以南归楚两首

（一）

栽就甘棠⑦正郁葱，那堪琴鹤⑧去匆匆。

山城风雨三秋别，书画齑盐⑨一舫同。

---

① 杨林山人：胡国宾（1848—1931），又名祥源，字殿臣，艺名东山老人、杨林山人、黄杨山樵。绩溪上庄人，著名徽墨墨模雕刻大师、徽州木雕艺术大师。绩溪上庄"胡适故居"中的12块著名的兰花饰板，即是他的代表作品之一。

② 越女：这里指西施。

③ 苎萝：山名，在浙江省诸暨市南。相传西施为苎萝山鬻薪者之女。

④ 三径：意为归隐者的家园，或是院子里的小路。

⑤ 杖头钱：《晋书·阮脩传》："常步行，以百钱挂杖头，至酒店，便独酣畅。"后因以称买酒钱。

⑥ 方鲲三：即方以南，民国五年至七年任绩溪县知事。

⑦ 甘棠：木名，即棠梨。常用以称颂循吏的美政和遗爱。

⑧ 琴鹤：琴与鹤。古人常以琴鹤相随，表示清高、廉洁。这里用以赞美方以南知事。

⑨ 齑（jī）盐：调味用的姜蒜或韭菜碎末儿。

白社①从兹图小像，黄门②而后仰明公。

临歧定想犹留憾，未竟丹铅③续志功。

（二）

长亭④东望思如何，愁听阳关⑤送别歌。

千里黄冈归路远，三年石镜⑥治功多。

催科抚字⑦称全考，行谊文章炳不磨。

我欲上书还借寇⑧，上峰高渺欢微波。

续送方知事⑨归楚两首

（一）

万里穹庐早策动，琴堂⑩更复励清勤。

山中父老知循吏⑪，天下英雄识使君。

并世论才曾有几，如公作宰自超群。

---

① 白社：特指某些社团。

② 黄门：指黄门公苏辙，唐宋八大家之一，苏轼的弟弟，也称小苏。1084年，曾任绩溪县县令。

③ 丹铅：指点勘书籍用的朱砂和铅粉。亦借指校订之事。

④ 长亭："十里长亭"的简称。在文人的字词中，这通常是送别地的代名词。

⑤ 阳关：出自王维的《送元二使安西》："劝君更尽一杯酒，西出阳关无故人。"表达依依惜别之情。

⑥ 石镜：绩溪县境内有石镜山。这里借指绩溪县。

⑦ 催科抚字：催科，催办缴纳赋税。抚字，安抚体恤百姓。明江盈科有文名《催科》曰："为令之难，难于催科。催科与抚字，往往相妨，不能相济。"

⑧ 借寇：典出《后汉书·寇恂传》。寇，指寇恂，曾为颍川太守，政绩颇著，后离任。光武初，颍川扰乱，颍民借寇恂一年，以平息战乱。

⑨ 方知事，即方以南，民国五年已任绩溪县知事。

⑩ 琴堂：出自《吕氏春秋·察贤》："宓子贱治单父，弹鸣琴，身不下堂而单父治。"后遂称州、府、县署为琴堂。

⑪ 循吏：最早见于《史记·循吏列传》，后为《汉书》《后汉书》直至《清史稿》承袭。用以称赞那些重农宣教、清正廉洁、所居民富、所去见思的州县级地方官。

此行未合容高卧①，指日终为出岫云②。

（二）

共颂耒阳百里才③，况蒙青眼④特相推。

苦期桥上谋题柱⑤，怕向樽前唱落梅。

无计攀辕⑥空太息⑦，何时撰杖得长陪。

怜他花县⑧新桃李，要仗安仁⑨去后栽。

孔灵汪海帆先生以孔灵十八景诗寄示因题其后三首

（一）

萍水论交赋盍簪，空桑三宿⑩总留情。

何时得遂平生愿，胜地名流共结邻。

（二）

游踪历历溯从前，沧海归来号谪仙。

---

① 高卧：高枕而卧。

② 出岫云：出自晋陶渊明《归去来兮辞》："云无心以出岫，鸟倦飞而知还。"本意是云从山中出来。比喻出仕。

③ 耒阳百里才：百里才，统治一县的人才。古时一县辖地约百里，因以百里为县的代称。出自《三国志·蜀志·庞统传》："先主领荆州，统以从事守耒阳令，在县不治，免官。吴将鲁肃遗先主书曰：'庞士元非百里才也，使处治中、别驾之任，始当展其骥足耳。'"

④ 青眼：眼睛正着看，黑色眼珠在中间。表示对人尊重、重视、赏识或喜爱。与"白眼"相对。出自《晋书·阮籍传》。

⑤ 苦期桥上谋题柱：借用司马相如生平，早年寒窗苦读，及壮虽满腹经纶，仍贫穷未得志。故当其入蜀时，特在桥柱上题："他日不乘高车驷马，不过此桥。"

⑥ 攀辕："攀辕卧辙"。拉住车辕，躺在车道上，不让车走。旧时用作挽留好官的意思。

⑦ 太息：出声叹气。

⑧ 花县：称誉地方官吏善于治事，辖内如花美好。

⑨ 安仁：潘安（247—300），本名潘岳，字安仁，西晋文学家、政治家，被誉为"古代第一美男"，曾出为河阳县县令，颇有政绩，令全县遍植桃花，遂有"河阳一县花"之典故。

⑩ 空桑三宿：出自《后汉书·襄楷传》："浮屠不三宿桑下，不欲久生恩爱，精之至也。"意即僧人不得在同一棵桑树下连宿三个夜晚，否则会因时日既久而生情意，成其牵挂。

难得珂乡①多胜迹，逍遥暮岁兴悠然。

（三）

十八篇中寄咏新，诗中有画画如真。

我来小遂登临兴，不向桃源再问津。

代涵卿挽程母潘淑人

（一）

省识宣文足懿风，忽惊萱②谢北堂③空。

半生辛苦诗吟鹘④，五夜劬劳⑤胆有熊⑥。

白柰不堪簪曲巷⑦，丧鬟忍复诲南宫。

却怜此去多良觌⑧，把袂荆妻臭味同⑨。

（二）

隔纱人去剧凄其，太息休阳失母仪。

智育子生留荻书⑩，因缘儿女识风规⑪。

朅⑫来地下催魂使，应说天中续命兹。

---

① 珂乡：代称别人故乡。见清宣鼎《夜雨秋灯录·麻疯女邱丽玉》。

② 萱：萱草、萱花。中国的母亲花。代表母亲、母爱。

③ 北堂：古指士大夫家主妇居室。后以代称母亲。

④ 吟鹘：源自唐朝诗人李咸用的《独鹘吟》。表现独鹘那种清高孤傲的品格。

⑤ 五夜劬劳：五夜，即五更，指深夜。劬（qú）劳，这里指父母抚养儿女的劳累。

⑥ 胆有熊：熊，熊丸。以熊胆制成的药丸。唐柳仲郢，幼嗜学。其母曾和熊胆丸，使夜咀咽，以苦志提神。见《新唐书·柳仲郢传》。后用为贤母教子的典故。

⑦ 曲巷：偏僻的小巷。

⑧ 觌（dí）：见，相见。

⑨ 把袂荆妻臭味同：把袂（mèi），拉住衣袖，表示亲昵。荆妻，对人称己妻的谦词。臭（xiù）味同，形容人的思想兴趣相同，彼此很投合。

⑩ 荻（dí）书："画荻教子"的典故。出自《宋史·欧阳修传》："家贫，致以荻画地学书。"荻，芦苇。荻书，用芦苇在地上书画，教育儿子读书。后用以称赞母亲教子有方。

⑪ 风规：风度，品格。

⑫ 朅（qiè）：去，离去。

一笑拈花完善果，证成仙佛更奚疑。

奉和山阴沈祺荣悼亡诗元韵

（一）

楚些①声里感交知，酸唱悲吟最系思。

自是潘郎②多悱恻，可怜德耀失丰姿。

风驰尘海留长恨，钿合人间订后期。

为道同哀未同乐，等闲先诵子才词③。

（二）

蓬山④万里隔层波，东望杳冥⑤奈若何。

画阁凄凉刀尺在，妆台零落粉香多。

料应一笑依王母，省识三生证孟婆。

最是神伤怜奉倩⑥，乌丝界⑦出泪声和。

（三）

莲幕⑧归来路渺漫，遗衣挂壁那堪看。

---

① 楚些：《楚辞·招魂》是沿用楚国民间流行的招魂词的形式写成，句尾皆有"些"字。后因以"楚些"指招魂歌，亦泛指楚地的乐调或《楚辞》。

② 潘郎：指晋潘岳，又名潘安。历史上著名的美男子。貌美、多才、善感。

③ 子才词：袁枚，字子才。清乾嘉时期代表诗人、散文家、文学批评家和美食家。这里指他在当"庶吉士"时，为凭吊前辈沈云蜚写唁诗四首，后追录存于《随园诗话》中。

④ 蓬山：蓬莱山。相传为仙人所居。

⑤ 杳冥：这里指渺茫状。

⑥ 奉倩：出自《三国志·魏志·荀恽传》。三国魏荀粲，字奉倩。因妻病逝，痛悼不能已，岁余亦死，年仅二十九岁。后成为悼亡的典实。

⑦ 乌丝界：乌丝栏。版本学用语。谓书籍卷册中，绢纸类有织成或画成之界栏，红色者谓之"朱丝栏"，黑色者谓之"乌丝栏"。

⑧ 莲幕：见《南史·庾杲之传》。南齐王俭在高帝时为卫将军，居宰相职，官高德重，其僚属多硕学名士。时人把他的官署比作莲花池，入王俭幕府为入莲幕。后用以称美大官的幕府。

长留捣麝成尘①恨，空忆熏香熨②体寒。

美满姻缘偏缺陷，淋漓笔墨溯③悲欢。

远游应悔之前误，癸甲辛壬度四干④。

（四）

林下懿风溯昔年，忽占釜臼⑤剧堪怜。

彩鸾六六难同梦，蝴蝶双双独化烟。

来世姻缘城武续⑥，无题诗句玉溪填⑦。

何当女史操彤管⑧，一一芳规付锦笺。

挽三溪王缩天鸣征士之妻

（一）

过眼云烟怕更提，空桑几宿溯三溪。

关心只有蕉园⑨在，炊臼⑩何堪噩梦稽。

---

① 捣麝成尘：出自唐温庭筠的诗《达摩支曲》。

② 熨：用烙铁或熨斗烫平。

③ 溯：意思是逆着水流的方向走，逆水而行，逆流而上。后引申为追求根源或回想。比喻回首往事，探寻渊源。出自《诗·秦风·蒹葭》和《水经注·江水》。

④ 癸甲辛壬度四干：干，天干地支。夏历中用来编排年号和日期用的。"癸甲辛壬"是十天干之四。

⑤ 占釜臼："臼中无釜"。臼，石质的舂米工具；釜，锅。已经没有锅了，只能在石臼中做饭。比喻妻子已死。出自唐段成式《酉阳杂俎·梦》。

⑥ 来世姻缘城武续：韦皋，字城武。见《新唐书·韦皋传》。来世姻缘，是指韦皋与女诗人薛涛的一段感情纠葛。

⑦ 无题诗句玉溪填：玉溪，指晚唐著名诗人李商隐，号玉溪生。其诗构思新奇，风格秾丽。尤其是一些爱情诗和无题诗写得缠绵悱恻，优美动人，广为传颂。

⑧ 彤管：古代女史用以记事的杆身漆朱的笔。

⑨ 蕉园：指代藏书之所。出自钱谦益《和州鲁氏先茔神道碑铭》。

⑩ 炊臼：喻丧妻。见唐段成式《酉阳杂俎·梦》。

（二）

求田问舍贵经营，内助①应垂竹帛名②。

底事忽来青鸟③使，生催德曜赴瑶京④。

（三）

见说临歧⑤去复留，生离死别思悠悠。

檀郎⑥应悔风尘误，孤负深闺事远游。

（四）

遍别姻亲事更奇，心长语重似先知。

前身合是瑶池女⑦，来去分明不用疑。

（五）

难将仙药起沉疴，春尽愁闻薤露⑧歌。

渺渺魂兮招不得，啼残杜宇⑨待如何。

（六）

归来竟失挽车人，旧事思量感慨频。

幸有朝云堪作伴，还期奉倩莫伤神。

---

① 内助：指妻子，或妻子对丈夫的帮助。

② 垂竹帛名：出自名垂竹帛，比喻好名声永远流传。

③ 青鸟：传说中西王母的神鸟。

④ 瑶京：玉京，天帝所居。泛指神仙世界。

⑤ 临歧：指古人送别在岔路口处分手。

⑥ 檀郎：原指"古代第一美男"潘岳，小字檀奴。后因以为妇女对夫婿或所爱慕的男子的美称。见《晋书·潘岳传》。

⑦ 瑶池女：指瑶池女使，传说西王母住在瑶池，以青鸟为使者，向汉武帝传递消息。后用以指传信的使者。

⑧ 薤（xiè）露：《薤露》是西汉无名氏创作的一首挽歌。

⑨ 啼残杜宇：杜宇，传说中古蜀国的开国国王，其死后化为杜鹃鸟。后常以"杜鹃啼血"等来表示哀怨、愁思之意。

感怀咏物诗①

雨花台秋眺

俯仰江天一览间，石城远接垒新环。

千林叶落长干里，百艇舟舣大胜关。

剩有轻烟秋岁月，空余故迹旧河山。

一坏②幸仰孤忠墓，拜罢怆然泪暗潸③。

莫愁湖晓望

微风款款逐招提，草映平陂柳映堤。

小艇采莲栏外过，石城隔岸望中齐。

一湖好景名江左④，万里孤身出水西。

漫道楸枰⑤争数子，胜棋楼⑥畔乱莺啼。

---

① 此节收录的"咏物诗"为胡近仁未整理成册的手稿，由胡从收藏。

② 坏(pī)：同坯，特指土坯。

③ 近仁先生原稿有一稿的尾联是："何堪正学坟前柳，潦倒西风又几湾。"

④ 近仁先生原稿有一稿中这句是"一湖曙色开江左"。

⑤ 楸枰：围棋棋盘(古时多用楸木制作，故名)，引申指围棋。

⑥ 胜棋楼：坐落在南京莫愁湖畔，始建于明洪武初年。相传这里是明太祖朱元璋与大将徐达弈棋的地方。

敬亭山①

十载神游地，今朝倦眼开。

湖山如我待，猿鸟为谁哀。

霁雪悬岩涧，晴云拥径苔。

何当洁樽酒，追捉谪仙来。

谢朓②楼

层楼高耸接晴空，如画江城③一览中。

四方山光常菲幛，片帆云影不惊风。

双桥晓日长虹起，一鉴明湖曲涧通。

凭吊青莲④怀谢处，迹留鸿爪古今同。

夜雨有怀

侵牖⑤细雨湿阶除⑥，太息今吾更不如。

失意事多甘自废，缠腰囊涩觉交疏。

灯前愁绪频抽拨，枕上风声听疾徐。

---

① 敬亭山：安徽宣城的敬亭山。诗仙李白与此山缘分极深厚。据说李白一生到访敬亭山七次，写下九首有关敬亭山的诗。其中最著名的是《独坐敬亭山》。

② 谢朓：(464—499)，南朝齐杰出的山水诗人。与"大谢"谢灵运同族，世称"小谢"。建武二年(495)，出为宣城太守。两年后，复返京为中书郎。唐代李白最敬仰和赞赏谢朓，作品亦受其影响。如著名的《秋登宣城谢朓北楼》。

③ 江城：这里指宣城。

④ 青莲：李白，号"青莲居士"。

⑤ 牖(yǒu)：窗户。

⑥ 阶除：台阶。

难得梦回偏栩栩，此生行乐是华胥①。

贫 女

贫家有女发垂肩，挽得高鬟②也自怜。

时世梳妆谁不爱，可知囊乏买花钱。

插得山花当翠钿，便邀侣伴话鲜妍。

东家幼女才梳髻，十二金钗落鬓边。

感怀四首

（一）

生岁过二十，遭际半无憀③。

自知磨蝎④坐，谁更阿龙超。

有泪随书洒，多愁仗酒浇。

苦怀人未识，独立到中宵⑤。

（二）

世风已浇薄，竞爽岂融融？

公理烟埋尽，群权压制崇。

人真无赖鸟，我号可怜虫。

---

① 华胥："华胥梦"。见《列子·黄帝》："（黄帝）昼寝，而梦游于华胥氏之国。"后用以指理想的安乐和平之境，或作梦境的代称。

② 鬟(huán)，妇女梳的环形发髻。

③ 无憀(liáo)：处于困境，无以为生；无所依赖。

④ 磨蝎：星宿名。旧时迷信星象者，谓生平行事常遭挫折者为遭逢磨蝎。

⑤ 中宵：中夜，半夜。

为问卢梭①氏，如何脱此笼？

（三）

博得冬烘②座，强颜号塾师。

将军真负腹③，学士不宜时。

已是悲途尽，难堪欢路歧。

击壶呼恨恨，此意问谁知。

（四）

数奇④不得意，翘首独凄凉。

七尺躯空负，千秋志未偿。

凭谁填恨海，偏我困名场。

欲把中山酒⑤，高歌问彼苍。

中江书事

高吟居正遣愁篇⑥，走马章台⑦空子筵。

韵格⑧只应怜碧玉⑨，穷通何必问青天。

---

① 卢梭：让-雅克·卢梭(1712—1778)，法国18世纪启蒙思想家、哲学家、教育家、文学家、民主政论家，浪漫主义文学流派的开创者，启蒙运动代表人物之一。

② 冬烘：这里指私塾先生。

③ 将军真负腹：语出"腹负将军"，见《资治通鉴长编》："党太尉进食饱，扪腹叹曰：'我不负汝。'左右曰：'将军不负此腹，此腹负将军，未尝少出智虑也。'"贬义，讥讽人没有谋略。

④ 数奇：命数不好。数，命运，命数。奇，不偶，不好。古代占法，以偶为吉，以奇为凶。

⑤ 中山酒：指中山松醪，为苏东坡在定州所创酿。为示对此酒的喜爱，苏轼作《中山松醪赋》。

⑥ 居正遣愁篇：居正，薛居正，字子平。少好学，有大志。后唐清泰元年，举进士不第，为《遣愁文》以自解，寓意偶傥，识者以为有公辅之量。第二年，登第。

⑦ 走马章台：章台，汉时长安城有章台街，是当时长安妓院集中之处。后人以章台指妓院赌场等场所。后世以"章台走马"指冶游之事。

⑧ 韵格：这里指音韵格律。

⑨ 碧玉："小家碧玉"。指年轻貌美的婢妾或小家女子，与"大家闺秀"相对。

三生杜牧①浑无奈，一曲秋娘②倍黯然。

怅触闲情殊未觉，西风吹起雨如烟。

无　题

一种柔怀百种痴，漫将往事写新诗。

桃花薄晕浑多恨，藕节缠绵不断丝。

几转秋波临去后③，频开笑口再来时。

此情回忆真无那，张祜④相逢只是迟。

虞美人⑤七言排律二十韵

楚宫荒后奇葩在，雾鬓烟鬟恍现身。

化碧似闻缘蜀部，抹黄犹复认虞嫔。

丛生簇就万花谷，错落攒成五彩茵。

稚干早推千叶丽，嘉名谁锡⑥满园春。

双园鸭绿飘修袖，几点猩红绽小唇。

嫩蕊离披缄恨密，晓妆浓淡晕痕新。

细腰瘦怯怜之子，倾国姿容岂不辰。

露裹无言只有泪，晴初浅笑若轻颦。

---

① 三生杜牧：比喻出入歌舞繁华之地的风流才子。

② 秋娘：原唐教坊曲名，后用为词牌名。

③ 几转秋波临去后：语出"临去秋波那一转"。元王实甫《西厢记》："待莺莺离去，张生仍痴痴地发呆：'怎当他临去秋波那一转，休道是小生，便是铁石人也意惹情牵。'"

④ 张祜：唐代著名诗人，以诗句"故国三千里，深宫二十年"得名。《全唐诗》收录其349首诗歌。为元稹排挤，隐居丹阳以终。

⑤ 虞美人：指虞姬。西楚霸王项羽的美人。相传她容颜倾城，才艺并重，舞姿美艳，故有"虞美人"之称。

⑥ 锡：同"赐"，赐给。

隔帘想象胭脂靥，入院依稀翠黛颦。

取次夙根存慧性，却凭旧曲证前因。

回风夜帐婆娑态，应节霓裳宛转陈。

粉蝶枝头翻栩栩，乌骓①声里幻真真。

芳魂脉脉浑难诉，倩影亭亭犹怆神。

对此尚疑呼欲出，歌余渐觉舞尤频。

直同青冢留遗迹，剩把丹心逐劫尘。

依竹好随唐帝女②，傍桃更侍息夫人③。

空山薜荔何曾被，故里兰荪且结邻。

赞得宋祁④增宝贵，画须恽格⑤费逡巡。

锦江妙品魁图牒，香海秾英轶等伦。

可惜东君⑥嘘拂晚，独教蘅芷咏灵均。

---

① 乌骓：出自《西汉演义》，霸王项羽的坐骑，当时号称"天下第一骏马"。

② 唐帝女：指娥皇、女英。她们是尧帝的两个女儿，舜帝的妃子。曾留下湘妃竹的传说。

③ 息夫人：妫（guī）姓，陈氏。春秋四大美女之一。息国君夫人。

④ 赞得宋祁：赞，古代一种文体。大都用于歌颂和赞美，一般有韵。宋祁，北宋官员，著名文学家、史学家、词人。

⑤ 恽格：一般指恽南田。明末清初著名书画家。

⑥ 东君：出自屈原《九歌·东君》。这是一篇楚辞，祭祀的对象是东君，也就是太阳神。

田园生活诗

采桑杂咏四首

(一)

尽日寒烟尽日风,女桑薄采雨余中。

枝头带湿何妨湿?半插疏窗半曲栊。

(二)

野径烟笼夕照微,采桑须是趁余晖。

为嫌树瘠多丹椹,手折枝条带叶归。

(三)

家住上庄南复西,桑株八百望中齐。

不须更听鸠①呼雨,叶满新篮手自携。

(四)

蚕正开眠②食正齐,采桑几度到荒畦。

回首忽惊桃李下,竹篱旁处又成蹊③。

---

① 鸠:斑鸠,皖南山区一种常见的鸟类。

② 蚕正开眠:眠,指蚕的幼虫期,每次蜕皮前短暂的休眠状态。从蚁蚕到吐丝结茧共蜕皮四次。开眠,指幼蚕进入快速生长的眠起期,此时蚕宝宝食桑量极大。

③ 蹊(xī):小路。

饲蚕杂咏四首

（一）

曲植笾①筐架几层，蚕花②护出正频仍。

日来又得邻家种，道是湖州最上乘。

（二）

未许春寒春更寒，初眠软怯晓风阑③。

为怜屋小无蚕室，布帐深深罩几团。

（三）

几回蚕食费白铺，倦倚床头月影孤。

恰到黑甜郎又唤，道卿且视叶稀无。

（四）

春来事业付桑园，镇日蚕工课小媛④。

我有苦心人未晓，丝成特地绣平原。

蒙馆杂咏四首

（一）

凄凉谁复惜凄凉，浪说蒙求有学堂。

七八儿童横几坐，一声声喊地元黄⑤。

---

① 笾(biān)：古代祭祀或宴会时盛果实、干肉等的竹器。这里指养蚕的竹匾。

② 蚕花：指蚁蚕。《广蚕桑说辑补》卷下："子之初出者名蚕花，亦名蚁，又名乌。"

③ 阑：擅自出入。

④ 媛：婵媛。牵连；相连。

⑤ 地元黄："天地玄黄，宇宙洪荒"是《千字文》第一句。清代避讳康熙帝玄烨，改"玄"为"元"。

（二）

此身未合老毛锥，底事鳣堂①设绛帷②。

记取箴言邹峄氏，人生患在好为师。

（三）

教授③偏成过耳风，生徒渐次似痴聋。

钝根毕竟人难拔，漫道蒙求有圣功。

（四）

此身何意比顽童，镇日嘈嘈喊叫中。

面命耳提兼口讲，漫怜头脑大冬烘。

坦头六景诗④

凤凰桥

凤凰村外凤凰桥，凤去名留用不销。题柱问谁挥大笔，好将姓氏更标高。

东西坝

一湾芦水净玻璃，夹岸垂柳长嫩黄。只有西湖堪比拟，苏公堤与白公堤。

望君山

山势连绵接里门，桑麻高下密如云。登临处处堪游赏，何必凝目只望君。

乌龙山

芦溪隔岸是乌龙，屈曲蟠挐见化工。选胜直当临绝顶，好攀麟角上苍穹。

金鸡石

怪石如鸡踞岭巅，不飞不啄几多年。何当啼破人间梦，起舞中宵猛着鞭。

---

① 鳣（zhān）堂：古时讲学之所。

② 帷：帐子。

③ 教授：这里是动词。

④《坦头六景诗》原载民国十六年（1927）由胡祥木纂修的绩溪《坦川洪氏宗谱》。

银屏峰

绝妙峰峦似画屏，佳名底事锡银屏。只因上插莲花岫，秀色常留在户庭。

余川六景诗①

常水回澜

渐江源远此胚胎，百涧山泉汇而来。滩急响争三峡险，溪流环绕半村回。

映堤绿柳输桑柘，涨雨黄梅失藤苔。临水静观生妙趣，葭汀芦渚自徘徊。

圣泉甘醴

数寻飞瀑挂崖前，彻耳潺湲淡俗缘。甘冽岂惭功德水，名题漫比让廉泉。

烹来茶味香允馥，沁到诗脾句欲仙。拟把平章恁陆羽，惠山中冷合随肩。

环秀飞虹

长虹饮涧势峥嵘，一道飞桥两岸横。人影倒随银浪动，月华照向石梁明。

料应风雪添诗思，岂有烟波阻客程。彩笔好题司马字，青袍未合误儒生。

然藜眺月

天边熠烁众星浮，淡极银河涉不流。云破月来恁放眼，琼楼玉宇喜当头。

一溪隐约横拖练，万籁萧骚气转秋。倚槛莫教辜胜览，夜阑更复抗歌喉。

竹峰霁色

苍翠排空入杳冥，扑人霁色最珑玲。云开峦嶂千重碧，雨过山天一样青。

落日西驰明远岫，奇峰南走接长亭。当轩认取匡庐面，独倚东风望不停。

石鹤岚光

西望葱茏石鹤山，参差林树碧回环。卷帘翠耸眉先扑，排闼青来手可攀。

水墨图开明十里，云蓝气合郁千般。烟霞管领平生事，坐对苍苍世虑删。

---

① 《余川六景诗》原载民国五年（1916）由胡祥木纂修《余川越国汪氏族谱》。

竹溪八景诗之七景[①]

蔡水林

蔡水山从大鄣来，石枰石印极崔嵬。此中兼有牛眠地，佳气常钟土一抔。

吴楚山

吴楚峰峦列画屏，云烟深锁户常扃。留侯坟墓今何处？极目松楸吊窅冥。

珍珠泉

水泉喷激溅如珠，璀璨缤纷满地铺。我欲彩丝穿万颗，缀成钿钏赠名姝。

香炉坪

丙峰矗向祠前立，比似香炉袅篆烟。无数云山共罗拜，冬蒸夏禴万斯年。

半舫圃

小园如舫复如弓，轩馆池台点缀工。此是王程吟咏地，千秋谁更继遗风。

碧水回波

当年初徙在花桥，父老流传事已遥。碧水澄澄回合处，尽堪游赏乐芳朝。

长桥步月

长虹一道势峥嵘，徐步登临眼界明。近水自然先得月，不辞玩赏到三更。

瑞川六景诗[②]

双塘观荷

村外双塘接绿阡，新荷处处似争妍。何当更制瓜皮艇，打桨花丛唱采莲。

---

① 《竹溪八景诗》原载民国十五年（1926）由胡祥木纂修《新安柯氏宗谱》。

② 瑞川紧邻上庄，是以柯、程两姓为主的村落。《瑞川六景诗》原载清宣统三年（1911）胡祥木纂修《上川明经胡氏宗谱》。

三桥步月

月照三桥最耐看，清光如水净林峦。几回高唱坡公句，直欲乘风上广寒。

古井灵泉

一泓澄澈净无尘，夏冷冬温品入神。倘把名泉重比较，惠川甘醴合同伦。

长堤修竹

满堤新竹郁萧森，风动琅玕夏玉音。栽取此君无别意，学他劲节与虚心。

柯亭开眺

亭外常溪溪外田，本来图画出天然。游观好趁初晴日，十里春光在眼前。

板里樵歌

采罢薪樵又采刍，侧身天地一樵夫。归来更唱无腔曲，弄月吟风意自娱。

谷川六景诗①

龙潭观瀑

在村发源处。沿河而入约十里许，有白石飞泉，澄潭阴翳，游观者悚栗不敢近，俗谓隐龙潭。每逢旱魃之年，四乡来此祷雨，三日内即降甘霖，其效最速。

揽胜寻幽百丈潭，喜看长练挂层岚。此中传有潜龙在，霖雨苍生化育参。

龟墩赏月

在村中偏北处。陡起一墩，石骨磷磷，其形若龟背，俗名岱上。广数丈，微平而高，最通空气，父老相传有望月楼，村中雅士遇三五月明之夜，每游其间玩赏，风景宜人。

独上龟墩赏月明，银河净扫碧天清。封姨似慰予岑寂，更遣萧萧万籁鸣。

---

① 谷川即歙县大谷运村。《谷川六景诗》原载民国十五年（1926）胡祥木纂修《新安柯氏宗谱》。

虎腕回澜

村旁之山。有文宗公坟，堪舆家呼为虎形。其山麓磷石嵯峨，踞入河中，宛如虎爪，水流激转不已，便有濛洄之状，足为一村门户，又为积蓄之池云。

矶石碐嶒蹲虎腕，水纹荡漾起鱼鳞。世风也似江流下，谁挽狂澜返太真。

牛冈耸翠

近村东南隔牛形坟后之山。峰峦特出，突兀峥嵘，崖峭壁立，林树苍古，当户向之，钟灵毓秀可观。

眼前突兀见牛冈，林树森森气郁苍。好景不须他处觅，凭君当户细推详。

钓台垂纶

在村上游半里许。傍山麓有砥石略方，如台，高丈余，下有潭，潭深而清，潜鳞游泳，村人消闲者每登台垂钓于此，隐士珍之。

石磴天然似钓台，闲携钩饵此徘徊。渭滨未兆非彪梦，暂屈经纶济世才。

湾堂习静

大谷源中有僧寺焉，名曰湾堂庵。庵地平旷，半山之巅有田数亩，田中有古刹，数间，宫殿轩昂，神像森严，沙门沉寂绝少尘氛，邑人游山避暑至此，每低徊不置云。

群山匼匝古招提，水转峰回路欲迷。十丈红尘吹不到，禅关深锁白云低。

咏史诗词①

韩成②（陪客可怜）

帝王崛起自有真，板荡终逢社稷臣。纪信荥阳赴丹死，韩公又复蹈江滨。浔阳江里鼓连天，干戈近薄彩龙船。武士无兵哪得战，可怜汉帝空涕涟。韩生素著忠贞行，热血一腔迸上请。小臣自昔受恩深，焉可旁观作庆郑？易衣疑敌苟有成，岂以私情惜微命。嗟乎！大江之水渺渺流，赤胆丹心竟葬此洲。

于谦③三首

（一）

丹心抗节④有谁知，力竭股肱死继之⑤。如此忠贞如此狱，教侬追忆岳刑时。

----

① 咏史诗词录自胡近仁的一本诗词集《咏史》。此集现由胡祥木之孙胡从保存。

② 韩成：(？—1363)明代开国功臣。从朱元璋起事于徐泗，屡立战功，升帐前总制。从朱元璋攻陈友谅，鄱阳湖代元璋死，追赠高阳郡侯。

③ 于谦(1398—1457)，明代名臣，永乐十九年(1421)进士，官至兵部尚书。

④ "丹心抗节"四字，高宗纯皇帝御题西湖于忠肃公祠匾额。

⑤ 力竭股肱死继之：彭文勤公于忠肃公祠联云，"赖社稷之灵，国有君矣；竭股肱之力，死以继之。"另见《两般秋雨庵随笔》。

（二）

传宣紫诏玉阶墀，赤胆忠心礤格时。今日始知奸伪好，忠贞总是被倾危。

（三）

仓皇太上入朝端，意欲两言碧血寒。剩有忠心一片在，黄河洗尽总成丹。

咏史拟作四首

（一）

一腔热血①矢无他，意欲迎藩奈屈何。两字狱②成千古恨，从来谤语不须多。

（二）

和寇迁都语多尖，独有此公抗疏凛③。官爵和钱都不爱，可寻一个换于谦？④

（三）

恨煞有贞与石亨，平添意欲嗾维桢⑤。休将冤狱凭君白，留待汝言籍后明⑥。

（四）

消受兴安独赏音，可怜东市尚冤沉。不须更说于忠肃，直自岳爷屈到今。

---

① 一腔热血：于谦自叹"此一腔热血洒于何地？"

② 两字狱：徐有贞嗾言官以"迎立外藩"议劾王文，且诬谦下狱。所司勘之无验。有贞曰："虽无显迹，意有之。"法司萧维桢等阿亨辈乃以"意欲"两字成狱。

③ 和寇、谏迁都、抗疏，见《明史》。语多尖，见姚合《和座主相公西亭秋日即事》诗。

④ 见《明史》言官有言谦柄用过重者，兴安言："只说日夜与国家分忧，不要钱，不爱官爵，不问家计，朝廷正要用此等人。可寻一个来换于谦？"众皆默然。

⑤ 有贞，即徐珵，武功伯；石亨，武清侯；维桢，姓萧；均谋害忠肃者。

⑥ 汝言，陈汝言。上逮陈汝言下狱，籍汝言之物于大内庑下，召大臣入视之。且曰："景泰间，任于谦久，籍没无余物。汝言未期得赇多若是耶！"自是，上渐悟谦冤，而恶亨等矣。

明妃四首

（一）

汉使归来粉黛违，萧条塞外雪霏霏。一时将帅多辛翟，不遣刀兵只遣妃。（微）

（二）

塞下飞传结媾书，昭君斜步出关余。玉颜竟使胡中老，恨杀毛公不绘渠。（鱼）

（三）

大汉灵威更莫论，竟教弱女出关门。已知肉食无长策，只好拳拳作结婚。（元）

（四）

闻说红颜多薄命，明妃更过此言筌。生从大夏亡夷狄，一拍胡笳一泪涟。（先）

杨妃①四首

（一）

巴蜀行行士卒张，真妃一死报君王。路人莫说蛾眉失，不殉嵬坡社已亡。（阳）

（二）

霓裳一曲未停声，回首嵬坡血已横。莫怨御前军士暴，由来威福是尔兄。（庚）

---

① 杨妃：这里指杨玉环,杨贵妃。

（三）

汤饼金钱兴未阑，太真宫里说流丹。如何阿母投缳日，不见胡儿到玉栏。（寒）

（四）

胡儿策马入京畿，粉黛先教死驿闱。可惜四旬为汉帝，只容全己不全妃。（微）

司马相如①三首

（一）

长门买赋取容初，摛藻搜奇撷采余。莫说相如工绣虎，惟传谏猎一函书。（鱼）

（二）

琴声未罢碧闺空，直把临邛作濮中。始信知儿无若父，佳名犬子最精工。（东）

（三）

大汉龙兴已百年，诗书礼乐犹多捐。武皇锐意求英士，欲作仪文并管弦。千乘欧阳广川董，才名籍籍溢云瀚。同居著作相君王，已知天上文星动。三峡兀，巫峰起，巴蜀又生一犬子。摛奇擅藻掇精华，下笔飕飕倏满纸。天子当时得枚生，哪知更有以文鸣。一诵《子虚》金殿说，皇皇驷马震西京。吁嗟！相如得事雄材君。不闻礼乐诗书之考订，但闻拳拳之上《封禅文》。

---

① 司马相如：字长卿，"汉赋四大家"之一。

张禹①

愔愔蚀日半天昏，汉帝金谋太傅门，莫说他年王氏篡，祸机本是子文存。

薄姬②两首

（一）

破魏归来振旅戎，薄姬新宠未央宫。可怜东市刑人立，尚说夫人髻鬟融。（东）

（二）

承恩魏殿郁金香，转盼无端作汉妆。想是阿恒身未产，故羞粉脸侍君王。（阳）

贾谊③三首

（一）

跋扈诸侯志已张，淋漓痛哭策君王。果然汉帝多冲度，年少如何到楚湘。（阳）

（二）

一岁超迁至太中，贾生特达出群雄。如何痛哭陈言日，反作离臣到楚东。

（三）

恨煞周公与灌公，无端蜚语被贤忠。何须独说三闾屈，纯心不白古

---

① 张禹，字子文。西汉时期丞相。精通经学，封侯拜相。历史上也有人认为"致汉室之亡，成王莽之篡，皆因禹而发，可谓汉之贼也，国之妖也"。

② 薄姬：汉高祖刘邦嫔妃，汉文帝刘恒生母。

③ 贾谊：西汉初年著名政治家、文学家，世称贾生，著有《贾谊集》。

今同^①。

诸葛孔明两首

(一)

誓扫群奸不顾躬，孔明尽瘁统元戎。休将半壁哓哓说，孙氏从来趣未同。

(二)

隆中早岁乐天心，尽瘁驱驰溉釜鬵。莫说孔明多选事，茅庐三顾渥恩深。

李广三首

(一)

呐口爰肩孰等差，如何失道便陈词。不须更说飞军将，塞外萧萧断颈时。（支）

(二)

烈忾犹思震北戎，虬须鹗瞬世无祟。将军到底非神勇，石虎试看止一弓。（东）

(三)

郎中上党久淹迟，飞将于今已数奇。莫怨侯封无圣诏，一千降卒血淋漓。（支）

---

① 或为"精恼难明一气同"。

祖龙①两首

（一）

并楚吞齐靡孑遗，始皇酷虐有谁支。长城万里凭君筑，胡亥原非是狄儿。（支）

（二）

二周六国尽归秦，计虑犹推吕政神。独恨销兵输一着，刘王本匪挟兵人。（真）

范增②三首

（一）

龙钟坐甲渡吴江，范老豪心未肯降。到底生平无妙计，鸿门止劝杀刘邦。（江）

（二）

项羽槛槛济泗津，居巢范老竟相亲。苍颜底事从军役，疸发平城莫怨人。（真）

（三）

哗哗鲁沛入秦疆，高会鸿门日未央。冷笑此君频举玦，刘邦今已汉中王。（阳）

---

① 祖龙：这里指秦始皇。
② 范增：秦末政治家、谋略家，西楚霸王项羽主要谋士。

墨翟①两首

（一）

战国纲常本不崇，那堪复肆放摩风。休言禽兽无知父，兼爱由来有墨公。（东）

（二）

朝歌回马忆光仪，兼爱如何志又移。伯子人牛同道日，后先一辙古今悲。（支）

西子两首

（一）

吴宫新唱若耶声，泰伯河山已不擎。莫怨红颜倾国②易，君王当日自多情。（庚）

（二）

新宠西施百不图，可怜沉湎竟亡躯。湖中荡漾从游去，也忆君王贵幸无？（虞）

附胡适作

戏拟一绝为西子作辩护士（律师）：

失国何如失节轻，沼吴存越赖卿卿。功成身隐江湖去，毕竟难忘宠幸情。

尝谓西子沼吴所以报越，远引所以报夫差。其去或与范蠡同时，世人遂

---

① 墨翟：春秋末期至战国初期人，墨家学派创始人，称"墨子"。著有《墨经》。
② 倾国，见《李延年歌》："一顾倾人城，再顾倾人国。"

有从范之疑。冤哉！

又捣练子：

君已虏，国将残。国耻如斯忍冷观。歌舞吴宫犹未罢，十年生聚已功完。（骁）

陆游①两首

（一）

阿陆犹思徙蜀都，倭迟峡道苦难扶。权门枉自为鹰犬，可有新恩赦若无。（虞）

（二）

生平自是命多辛，嘉耦无端又向人。莫说诗臞难庇室，蒸梨被弃有前因。（真）

陈元礼②三首

（一）

青苗保马法频颁，相业犹思王半山。至竟致君成底事，剩将二帝到金蛮。（山）

（二）

流言不逊又扶风，可是奸臣犯众戎。至竟陈公难驭下，鬼坡原是借端攻。（东）

（三）

忠心扈从敦伦陈，计戮杨钊慰甲臣。独恨从前缘底事，频无一语悟枫

---

① 陆游：字务观，号放翁，越州山阴（今浙江绍兴）人，南宋文学家、史学家、爱国诗人。
② 陈元礼：唐代玄宗时将军。

宸。（真）

王荆公①三首

（一）

青苗保马法频颁，相业犹思五半山。至竟致君成底事，剩将二帝到金蛮。（山）

（二）

黔首输科已鬻田，谁教圣法立苗钱。可怜五国悲愁况，都本天津一杜鹃。

（三）

佶屈聱牙思不群，荆公笔阵扫千军。机权独恨排韩富，作相如何似作文？（文）

刘伯伦②两首

（一）

频教酒颂赋长篇，狼藉杯盘瓮下眠。莫怨怀皇行大白，斯风本自伯伦传。（先）

（二）

未竟清谈又竹林，河山今始就销沈。家徒四壁刘公苦，底事犹呼取酒斟。（侵）

---

① 王荆公：名安石，字介甫，号半山，抚州临川（今江西省抚州市）人，北宋时政治家、文学家、思想家、改革家。

② 刘伯伦：单名伶，魏晋时期名士，"竹林七贤"之一。

颜斶①两首

(一)

峻节颜公孰比方，生头死垄气尤昂。怜他多少纵横辈，只解高谈说大王。(阳)

(二)

战国醨风已走儇，颜公独自励清坚。乘车决去无机见，犹忆当时鲁仲连。(先)

周处②两首

(一)

虎视眈眈竟剪除，周公壮勇有谁如。豺狼当道知多少，犹恨弯弓未杀渠。(鱼)

(二)

陆帐归来风土成，寰区数典想周生。凭他博物搜神渺，只供夫夫覆酱瓿。(庚)

---

① 颜斶:战国时期齐国人,隐居不仕,《战国策》记有《齐宣王见颜斶》一篇,"安步以当车"提出者。

② 周处:字子隐,吴郡阳羡(今江苏宜兴)人,西晋大臣、将领、东吴鄱阳太守周鲂之子。

漂母①两首

(一)

不吝倾筐饭钓公，漂姁特识自豪雄。少年底事频分胯，应向妆台拜下风。（东）

(二)

生涯总在水中奔，辛苦艰难更勿论。一饭尚无悭吝色，堪怜亭长蓐中吞。（元）

游仙三首

(一)

漫道天台②是大罗，云封石磴碧嵯峨。

生怜司马③无仙骨，孤负终南④捷径多。

(二)

淮南操⑤里耸吟肩⑥，始信仙家有别缘。

---

① 漂母：指漂洗衣物的老妇。典出《史记·淮阴侯列传》，"信钓于城下……有一母见信饥，饭信，竟漂数十日。"

② 天台：天台山，位于浙江省天台县，素以"佛宗道源，山水神秀"享誉海内外。

③ 司马：司马相如，西汉辞赋家，有明显的道家思想与神仙色彩。

④ 终南：终南山，位于陕西省境内秦岭山脉中段，被认为是中国道教诸多神仙信仰的形成地。

⑤ 淮南操：又名"八公操"，相传为淮南王刘安所作。《古今乐录》曰："淮南好道，正月上辛，八公来降，王作此歌。"

⑥ 耸吟肩：吟肩，诗人的肩膀。因吟诗时耸动肩膀，故云。

知否八公^①余药在，鸡鸣犬吠亦升天^②。

（三）

沧桑几劫方兴感，水浅蓬莱^③迹未陈。

不道又闻王远^④语，海中行且复扬尘^⑤。

忆江南·李白两首

（一）

浮大白，生不愿封侯。飞燕可怜伴被酒，忠臣讽谏是斯俦^⑥。底事夜郎流？

（二）

浮大白，大白闷洗肠。双目早空高力士，一心独识郭汾阳。白也本非狂！

捣练子·杨朱^⑦两首

（一）

歧路众，自难图。至论超超启鄙夫。一缕毛毫何不送？看来总是吝悭徒！

---

① 八公：相传西汉淮南王刘安好神仙黄白之术，宾客甚众，其中苏飞、李尚、左吴等八人才高，称之为"八公"。

② 鸡鸣犬吠亦升天：相传淮南王刘安修炼成仙时，剩下的丹药留在院子里。家里的鸡狗吃了丹药，也都升天了。

③ 蓬莱：传说渤海中的三神山之一，那里住着一批仙人。同昆仑一样，那里有壮丽的宫阙，珍异的禽兽，还有长生不老之药。

④ 王远：传说中的仙人，见晋葛洪《神仙传·王远》。

⑤ 海中行且复扬尘：源于王远与另一位仙人麻姑的对话。麻姑说："自从得道接受天命以来，我已经亲眼见到东海三次变成桑田。刚才到蓬莱，又看到海水浅了一半，难道它又要变成陆地了？"王远叹息道："是啊，圣人们都说大海的水在下降，不久那里又将扬起尘土了。"

⑥ "生不愿封万户侯"见李白《与韩荆州书》。"飞燕可怜"见《清平调》。"讽谏"见《孔子家语》。

⑦ 杨朱：字子居，战国初期思想家、哲学家，杨朱学派创始人。

（二）

毫不拔，利难津。怪煞杨公弗救人。想怕无毛为秃鬝，拳拳只好勿依仁。

长相思·文君①

向庐烹，背庐烹，莫笑伊人耻不生。桑间习惯成。

日拥嫔，夜拥嫔，怪煞文君妒泪盈。临邛那个轻？

相见欢·南子②

肩舆夜，过枫宸，响空群。伯玉孤鸣，知调独钗裙。

东国圣，邦列聘，设帷迎。礼遇谁伦？休说未羞恂。

采桑子·西施

若耶旧事休重论。越国何亲？阿践何亲？却把湖山送与人。

笙歌竟夕君恩重。失地由嫔！灭体由嫔！从范恁③么不念恩？

昭君怨·扁鹊④

志士行藏不异，寿国延年一意。怎的此公歧，只人医。

二竖曾闻未治，膝理如何又弃。始信世黄歧，总毛皮。

---

① 文君：即卓文君，蜀中才女，司马相如之妻。

② 南子：春秋时期人，卫灵公夫人。《论语》记有"子见南子"一章。

③ 恁：那的意思。

④ 扁鹊：姬姓，春秋战国时期名医。

菩萨蛮·展禽①

曾闻盗跖②多骄恣，而兄未教缘何事？想是裸裎伊，焉能浼我皮。

心中惟介义，不以三公置。守狱已非宜，怎么又三移？

忆萝月·荷蒉③

钧衡④不荷，草器如何挓？晓得先生忘世果，只怪咽喉未哑。

金声玉振知么，看来也是方家。至竟心中有那，同他杖蓧⑤消磨。

摊破浣溪沙·接舆⑥

久已装佯不咤啰，奚因圣驾又相诃？莫是康衢⑦风未罢，接舆歌。

叹此江河趋日下，权门抵掌兴频多。可若他魔人一个，陆通诧。

---

① 展禽：柳下惠，姬姓，展氏，字子禽，一字季，中国古代思想家、政治家、教育家，曾任鲁国士师，掌管刑法狱讼之事。作为遵守中国传统道德的典范，其"坐怀不乱"的故事广为传颂。孔子以为"被遗落的贤人"，孟子尊为"和圣"。

② 盗跖：柳下惠之弟。传说中春秋时期率领盗匪数千人的大盗。又名柳下跖，盗王。

③ 荷蒉（kuì）：出自《论语·宪问》。《朱熹集注》："此荷蒉亦隐士也。"后用为隐士之典。

④ 钧衡：比喻国家政务重任。

⑤ 蓧（diào）：古代除草用的农具。

⑥ 接舆：别名"陆通"。楚狂，楚人。昭王时，政令无常，乃披发佯狂不仕，时人谓之"楚狂"也。后常用为典，亦用为狂士的通称。见《论语·微子》。

⑦ 康衢：宽阔平坦的大路。

南柯子·八士①

元恺连拖紫②，人才只舜时。恁么八士又参差，雁序周墀③，为盛信于斯。

四乳④皆同子，孪生亦不奇。怪他伯季总型仪⑤，职并园池，马走告王宜。

鹧鸪天·师旷⑥

哑谜空惊绛老荒，声师一语说精详。如兹该博偏明丧，大舜因何莫少偿。

殷乐荡，晋平张，先生怎的不肥藏？至今惟欢东邦挚⑦，论语题名若个芳。

虞美人·子文

闻公本是桑中孕，怎的多高行。申生伋子亦私烝，倒似傋人出世不皆贞。

狼心卓越频惩傲，先见推君圣。如何子玉又开诚？料得皮毛相士总靡精。

---

① 八士：这里指周代八个有才能的人。出自《论语·微子》。

② 拖紫："纡青拖紫"。比喻地位显贵。

③ 墀(chí)：古代殿堂上经过涂饰的地面。

④ 四乳：谓身上有四只乳房。古代传说周文王有四乳，迷信者附会为仁圣之相。见汉王充《论衡·骨相》。

⑤ 型仪：仪型，做楷模，做典范。

⑥ 师旷：春秋时著名乐师。其是盲人，常自称"暝臣""盲臣"。大约生活在春秋末年晋悼公、晋平公时期。

⑦ 至今惟欢东邦挚：或为"怜他多少东邦匠"。东邦，古代泛指齐鲁（相当今山东省）地区。

胡近仁书信篇

胡近仁写给他人的信①

1.近仁致族侄骐②书一

适君如握：

许久未得教言，渴怀何已。仆自今年来，家产已析，田产尚不改。昔人负郭之数住屋亦只半间，而报□□台日渐筑高。殊有江河日下之势，如何如何！仆私意家累已清，或可来黄□江□与□人把臂入林、一倾积愫。前接手教，捧阅后知此际尚难如愿，惟目下虽无机可乘，而故人爱仆之心有加无已，必不忍坐视仆之困于涸辙。倘蒙不时轸念③，有志者何患不成，仆当侧耳听好消息也。近方庆寿兄回里，闻足下有入都考派出洋之举，足下堂上谈至此事孟浪④，且以迩来三期月之久。足下均无家信，似此惜墨如金，殊然所以慰倚门倚闾之望。令堂特地令仆到府说此情形且□，恐足下此事致生意外，言次泫然。当经仆再三劝谕始得释然。足下入京果确否？入京果为何事？当于何时回申？下次务希详叙一函作速寄里，切切至要。不然，令堂纵为极明白之人，而游子身上，慈母手中，况地□天涯，岂无过分忧虑，万一积成疾病，则适君为天壤间极等之罪人矣。适君何不思之，忝在至交，故敢径言。顺询

---

① 胡近仁往来书信中，写信者多为绩溪本土人士，文化水平参差不齐，方言较多，文字使用不太规范，故而文中有多处似不通之处，为保持史料原貌，整理者原文照录，请读者自行辨识。

② 即胡适。

③ 轸念：悲切思念。

④ 孟浪：鲁莽；轻率；大而无当，不着边际，出自《庄子·齐物论》："夫子以为孟浪之言，而我以为妙道之行也。"

幸福。

老友祥木,(一九〇七年)十月二十一日

2.近仁致族侄骈书二

适之君如握:

顷得赐书,若五色朵云天半坠下,略诵一过,不知何以将迩日忧愁顿乃扫清咄。适君,君亦知仆半年来无此爽快之一日乎?适君今既去国问学,偿夙昔志愿,又能以健康之身安游海外,欣慰。奚似君家老母对于适君出洋殊格外愉快。此次面谕代道数言云:汝留学在美,一切家事均可不必关心。盖予甚愿尔专究学问,外以报答国家,内以振作门楣,予之希冀在此,尔能体予此心,则予大慰矣!又,尔之家书不可不勤,虽无要言可说,亦须时达平安字样,庶使梦魂酣适也。里中诸长辈若尔七叔、尔先生、尔外祖母,自尔考派出洋后,大都为尔喜慰,宜今后每年各人致书一二次,庶可慰各长辈之期望。又,尔回国之期,现虽有数年,然予甚愿尔回国时,对于里中各亲友之情意,务须固匝[1],宁厚毋薄。(君堂上语此时再四言之,盖堂上注意海外人事也)予恐尔性率真,于此等事未必留意,故早日寄意与尔,愿他日毋忘之也。又,尔素嗜酒,今在海外宜当谨慎此物。(此语与邥原戒酒恰不谋而合)闻尔在沪动身时,曾于酒中失去钞票百数十元,尔信中为何未谈及,此亦酒失之过,前车不远,望尔将此事永作殷鉴也。(闻此钞票已被该公司检得,君何不函至该公司领回)江氏贤媳自夏秋来未曾一至,予□然消息不时常通,大约明春能来□家住数月。□□尔泰水处。自尔出洋后,尚未有函致彼(尔前信云书信殊难措笔)。嗣后可不必拘此形迹,将尔意中言语直达一函为妙。(江宅屡向吾家索家书阅看,因家书有不便之处,故久未与,然可知江宅注意尔者久矣)再家中写信与尔每每托人又难,旌、绩邮局各五十里,赴上海者,亦不常遇。故寄函札种种不便。尔在海外如久未得家书,可揆此情形不得过为挂念,唯尔在外易为寄邮书札,总宜勤致为妙。以上皆令堂上面

---

① 固匝:绩溪方言,指厚重。

嘱之语，拉杂代笔，聊当面谈。仆比来境况，极为潦倒，九月十三日幸举一子，本月十三日乃殇。仆迩来窘境料在鉴中，故喜者不知所为，忧者信觉甚忧，加以日来家二叔病濒于危，部署一切心绪，极为烦究。此函以适君故，故不得不伸纸疾书数纸，实则写一句忘一句，不知纸上之语何云云也。君引临别赠言之义以相督责，仆敢以不文辞乎！请谓之姑徐徐云耳（仆已草律诗四章，拟更作序文一篇，下班续寄）。乡里近况无甚可言，大率不外风俗愈薄、经济困难而已。（里中本年赌场愈炽，又七月赛会时抽头①，计之先后三日进出不止五万元）乡自治刻已筹备，期于明夏成立，然大要亦奉以故事耳。江宅近致君家一信，并行附告。天寒晷促，纸短情长，握管不尽依依，只此敬覆。（君所惠信封下班仍祈多寄，切要！切要！）顺祝。

老友祥木，庚（一九一〇年）十月二十九日

信中代述一切仍祈惠覆仆处

3.近仁致族侄骅书三

适之君如握：

迩日省府上家报，藉谂近况，君家绍兄近解里百四十金，适君可无内顾忧矣。仆近有一事欲函告君，则近于渎；欲勿告，则仆为第二之殷洪乔。进退殊难自处，计不若实告，惟足下审行之。盖君家老叔自君考留学后，屡嘱仆代函本邑□诸绅，为君具领京试宾兴费，迨发函后又不能以实力行之，故至今当如石沉大海，此一事也。嗣后又嘱仆云：予虽龙钟，然于予家事不无裨益，使绍侄驰驱东省，适侄问学西洋，高枕而无内顾忧者，以有予在也。闻适侄每年官费大有赢余，君能为我一道窘状，使吾适侄分润我乎？告兄此语入于仆□□者数矣。故此笔数行径达左右，想足下定当原谅也，天寒岁暮，诸务冗缠，加以谱局印刷在即。毫无暇晷，前函……里中近演小班赌戏，届此岁闲乃如是胡闹，可胜浩叹，匆匆草此，便颂幸福不既。

祥木（一九一〇年）

---

① 抽头：提成。

4.近仁致族侄骈书四

适之如握：

顷以阳历十一月下浣①，因事至三溪，未知比来有手函到里否？念念。君家曹姓之姊丈于数日前为儿子完婚，前代作家书时尚未叙及，故此顺告。今附上哀情小说回目一纸，此小说拟名《蕉心谱》，即取回目中拾蕉之意，其中逐回情节略为注明，颇嫌作意布局，均无甚新颖夺目。想适之于欧西说部浏览必多，希即代为悉心酌定，盼切。吾国哀情小说，自以林畏庐《茶花女》、吴趼人《恨海》为极盛，《恨海》以意胜，《茶花女》以词胜，后来诸家可与抗手者殊不多。观晚近所出虽汗牛充栋，其文言体者类多，流于怪僻生涩，堕入恶道，且有侈张迷信（如定笺诸作《喜谈梦地》）。袊眩诗文词意相难者，就予所见，不得不以徐枕亚《玉梨魂》为出人头地（尚有商务馆小说主笔铁樵等亦属铮铮佼佼，惜予见其长篇者颇少）。未谂君见以为何如？倘假我以岁月，自视与时下胜流差可追尘②，惟愁城坐困，砚田久荒，况米盐零杂琐琐萦心，秃蓬一枝，殊难颖脱，安得预筹数月之出款，然后杜门下，帷日与管城子从事于此耶。君家秌兄两月前曾抱西河之痛，日前以孪生而举两雄，一悲一喜，迭为乘除，殊觉造化弄人。唯伊景况，迩来颇极萧条，俯畜之计，恐不免大费踌躇耳。拉杂书此，聊当晤谈。回目酌定，即希示复。

　　　　　老友祥木鞠躬,(一九一四年)十一月二十八号,时在三溪

题适之《尝试集》即次集中"朋友篇"元韵

作文如话言，辞达无妍丑，要当令易晓，何须雕琢手。世人昧斯旨，返古致力厚，或揣摩格调，或讲究对偶。推敲入细微，冥然若中酒，辞义就艰涩，坐是蔽塞久。吾家有适之，笔阵独抖擞，文字倡革命，大任雅自负。一洗千古习，眼底无谁某，名曰新文学，规则缔八九。小儒方

---

① 下浣:指阴历每月二十一日至三十日,亦称"下瀚"、下旬。

② 追尘:追上步伐。这里指能赶上时代步伐。

咋舌，赇者漫绳纠，蚍蜉徒拭树，于彼固何有。我读《尝试集》，恰似逢故友，造语务平实，直步击环后。了解多老妪，灌输遍下走，言文期合一，只此已不朽。题词作息壤，君毋曰否否。

5.近仁致族侄骓书五

适之知己如握：

顷在府上，得读三月初二日安函并致江宅①信，又奉令慈面谕嘱代笔达近情云：婚事母家作嫁，夫家作接，虽系俗礼，然吾乡一带行之者甚多，不得谓之创举。且此意原属江子隽君提议，而冰人②曹诚心君和支渠二人，盖见江宅迩来情境颇为不佳（闻令内兄泽新君近时举动与前如出两截。春杪又为纳宠一事大拂令泰水之意），而令泰水多愁善病，时时以掌珠未出阁为念，故不得已为此两全之策，以难于为名，故又示意于府上。令慈得其意旨，是以即托诚心君转议江宅，此前信所云婚事之原因也。近足下来信云云，令慈又念此事为足下平生大礼，足下意既如此，似难举行，犹挡拒③，转商于木，木私念足下来函之意，恐尚未悉江宅苦衷，大概困难之事，□□家庭，□难善处。木本系个中人，搽管至此，陡觉不寒而栗，窃以为此后足下对此事持两可主义，何如？又闻诚心君衔令慈之命往商江宅时，会令泰水以泽新君矫命取钱纳妾事，意中正值不怿旋即命驾赶至芜湖，是以匆匆。此事尚未深谈。刻下令泰水尚未返旌。令慈既见足下之笔，现在亦不勉强，惟听江宅之举动而已。再，令慈又云，瓒叔迩来在家，境遇极为窘困可怜，伊数子均不肖无赖，想所素悉瓒书老瘏而病，近更绵惙④，前曾恳托令慈代张罗英洋二三十元，刻伊恐病即不起，又汤药无资，是以将屋边菜地田七样（此田在来龙上左近齐上，菜即栽桑其中）出卖与府上。令慈既怜其病，又有代应之款在先，故不得不

---

① 江宅:指江冬秀家。

② 冰人:指媒人。

③ 挡拒：阻挡抗拒。

④ 绵惙(chuò):指病情沉重,气息仅存。

受（契价洋五十元）。惟家中情景近年颇属拮据，绍之闻现已卸事，是以嘱足下寄家信时多备一二，以便弥缝此项。又，足下前于客岁来信云：有摄影寄家，至今殊未见到，令慈颇为念念。以后务祈逐年摄影数次，每次均寄一二张来里，庶见之即如见足下也。令慈又云，人情变态不可端视，况在重洋异国，此后于社会交际上种种慎为妙，余如男女交际尤当留心（此事木能信于适之，而令慈乃不能信，何也？）。酒则有碍卫生，前信云戒饮或可不必，但当始终有节耳。数月以来，木奉上之函殊稀，想左右定当见责。惟个中原因亦有数端，总祈破格原宥为幸。谱事自二月以来，雕椠刷印均须监临校对（惟子和可稍代，余人均难放心）。而《文苑》与《拾遗》存旧，数门刻尚有另稿之处，既极忙碌，而族中无赖子弟又来无理取闹，大起反对风潮，言之殊为扼腕（反对者即森茂、祥怀、性水、顺言等，其反对宗旨即争擢列庶子于嫡子上，而凡为庶子，如毓昭等，附和之群小汹汹，几欲挺刃从事）。嫡庶子谱中名分之别，其稿创始于令先尊铁花先生。木此次不过奉行故事而已，不料无知者竟难以理喻，暴动至于此，极也！又不料族人既暴动，众矢所集，而他人袖手作壁上观也。吾乡七、八都一区乡自治议事会员十二名，而吾族当选者即书甫与木二人。自治即于七月开幕，各事创始加以社会毫无普通之智识。会员大半为守旧顽固之流，暮气甚深，只求省事，所有应办之件，其大者勉强敷衍，小者则弁髦置之。木若默与之，□□□□，殊难自对。然自问才襟庸庸，更不能自表襮以异于人。俯仰深滋愧怍，如何如何！钧肇君自南京以函来，嘱木于村中办阅报社，现已略集微资，未卜能即观厥成否？冬秀妹妹前于三月间回江村，大约令泰水回里后又当即来也。豚儿□能解□，贱躯亦幸顽健，差可告慰远人耳。书不尽言，余俟后叙。顺候幸福无量。

祥木拜上，午节旦日

6.近仁致族侄骈书六

适之弟如握：

　　前由五月十号奉上一函，想不日定登记室矣。念念。顷接府上第五号家书中附来手函。情话殷殷，捧读数回，恍似数年前齐斋促膝时也。来书以音问契阔见责时也，此诚咎无可辞，然度足下必不谅天末故人为病魔所苦，九死一生，与绳床药鼎结缘者一二年也。足下若闻此情意，当为故人哀且不暇，尚何暇见责乎？木病情已略叙一二于前函中，大概木病之症候即中医所谓"脑风"，亦谓之"类中风"，倘不善调摄，辗转即致于死。木初时各处诊治，毫无成效，灵牝金钱既已无可奈何，乃幡然置死生于度外，屏绝愁虑，镇日枯坐，如入定老僧，是得有今日，然病虽愈而神经系极为脆弱，不能受剧烈之激刺，思考力、记忆力均颇迟钝，此又何异行尸走肉乎？病中生产耗去临半，四顾茫茫，真觉侧身无所，如何如何！所可自幸者，自今年以来，逐月比较病体似颇有层进工夫，将来脑筋或有恢复之一日亦未可知，然此望亦几希矣。蒙足下谆谆以近状相问，木家自溪店闭歇后，家人生产本处恐慌之中，而木自病后经济界尤难活动，虽无仰事之资，尽有俯畜之费，砚田笔耨，丁兹俭岁所入几何，实不敷一己之用，而木又不善经营，至奔走乞怜，则又不屑为，以是负郭之田半已转入他人，嗟呼！忝为七尺须眉男子，既不能逐鹿名场，又不能负荷祖业，纵文章九命，自古受厄者殊多，然与友言及此，颜兹忸怩无！且病魔缠绕，坐困愁城，学问一事更难自问其与。故人胸罗星宿，学贯中西，相去又岂可以竖亥由旬计耶。拙荆自癸卯来归，至今共举四胎，现只存一儿，余皆昙花一现，忧患死亡。备历一身，可胜浩叹！小儿取名福保，刻已五岁，周晬[①]时，乃蒙尊慈及冬秀女史手制冠□绣履等件相赐，愚夫妇衔感靡已。儿性颇慧，稍识数与方名，然以其遗传上脑质殊弱，拟俟数年后再授读也。木学殖久已荒落，比来虽时有所作，要皆流俗酬应文字，不足当大方家一眩，刻拟组织一哀情小说，其节目均已拟定，惟自问脑海尚不耐过剧之运动，一俟夏后再行削草。但木此举系初哉首基，成与不成仍难自料耳。家乡一带小麦收成极为不佳，较之往年，只有五成，老农皆云今春雨水太多，麦苗被淹之故，粮食仍踊贵（每元三十斤）。丝茶山价亦好（丝每升约

---

① 周晬,意即周岁。

三十八，茶农堆每担三十八九）。前函所云村中被捆送之某甲，现闻该案已将因循了事，盖因新知事江慕询（字少刘，刘蓄孙婿）系旌德江村人，于是吾村某甲乃介绍江子传（即君家堂叔岳）纳千镪于孙知事（得以寝案不行），此实在情形也。惟某甲既席，乃父□□富拥厚资，乃不自检束，年来被官府吸收金钱殊为不少（往年有贩土案被罚），不知此后悛改一二否？再者，木此次病中静夜经历。自谓于灵魂学颇得一二，不自揣量，拟将来俟身体健全时纂《梦学真诠》一书，心中常有此不伦之希望，故恳足下于课余暇时将欧人过去、现在梦之历史、梦之学说，探索要领汇存、篆衍，或即函寄，或将来面示，未悉足下能允许予之要求否？手此敬布，区区顺候旅安！

祥木免冠，六月十三号自里中发

府上均安好，请释怀。美墨战争，尊处有影响否？君之友白特森夫妇为何□人？现操何业？并请示。

足下第六、七号家书业于数日前收到，先此奉闻。予至今收信，西人每日须睡眠八小时之说，若常眠不及此数，则他日直接补径系必抱痛苦。心间接谈部分必受影响，此不易之理。因阅足下函中有睡眠四小时之语，故敢贡此瞽说，愿适之此后毋返刻苦也。

7.近仁致族侄骈书七

适之如握：

本日偶检老友前年来书，内有一札，乃谈《群经指归》《小学途径》者，回忆志学以后，颇喜为解经之作，故于通志堂、学海堂二家之书亦涉猎一二。而初志半系为人（此时妄欲与胡嗣运争胜，今思之真可一笑），后知此中途径浩博无垠，虽穷年尽岁有不能窥其涯涘者，盖考据家与文词家之难易，袁随园《散书记》中已言之详矣。以故此事遂复中掇两三年来又欲略研小学以充文词之用，曾涤生尝谓先秦两汉文学所以能精彩夺人者，无不本小学而来，下逮建安邺下，无不皆然。予颇然其说，惟心猖气浮，略一用心，全无是处，涂病以后，更无论矣。然息壤尚存，他日期与老友共勉之。予所见清古文家如龚定庵、张皋闻、杨性农，其精深古奥处，悉从训诂得来，虽典严裔皇之班、马、扬、张，恐亦不过如此。若加以天分，才大力博，气脉深厚，自可当行出色文境，至此能事毕矣。因谈小学而及此，未知老友以为然否？

至字学一事，予更有迂阔之见，且为吾老友谈之。中国文字深奥，民智之不易开通，临半悉由于此夫人而知之矣，然文字所开以深奥之故，人不尽知，予谓西人合声音、文字为一类，故其文易晓。中国自中古而后，音学失传，今之所"辞韵学"自西域传来，虽天籁元声，已失中国本来面目，今日中国宜返本复始，合声音、文字为一，如足以灌输民智。盖制字之始文字之音必即语言之音，此较欧又理应如是。昔钱辛楣①尝著《声类》一书，辛楣本以训诂音韵名家，而是书又其晚年手笔，其篇目略仿《尔雅》，皆训字之因声得义者，足见古人先有声音后有文字。近闻章太炎《文始》一书，未知其体例如何。总之，声音为心理之代表，而文字又声音之模型，二者本相因，故就"六书"而论，象形虽为制字之起点，但取义殊狭，原文字之兴故当在谐声转注之间。而会意、假借等最为晚出，决非食经之旧，是以义训至会意、假借等而知繁，亦至会意、假借等始艰深矣。

窃谓今之初小学堂宜推广谐声转注之义，斟酌西域字母与《说文》部首之间别制简字（前清季年，劳乃宣曾奏上简字摘成不足观）略如欧文之制，令学者可以举一反三、触类旁通，不致苦于识字，其续入高等者，再授以普通文字不□，继续受学者有此简字，亦可以应中下等社会之需，则人人识字（闻统计家言，中国能识字者每百人中不过十许人），无忧民智不开矣。井绳之见，是否有当，即希老友教正。老友在归国以前为覃精西学之时代，所有经学（章句之儒，昔人已有诽议，在今日读经，但如孔明之略得大意可矣）。小学似宜暂为屏置，俟归国后再以余力为之，诗文虽可陶写情性，然亦当乘兴偶尔一作，不宜专溺于是。机会难得，老友固早云然。且吾华振古以来，

---

① 钱辛楣：即钱大昕(1728—1804)，字晓征，清代史学家、文学家、教育家，乾嘉学派代表人物。

学术第有师承并无改革，习于空谈不务实义，以数千年文明古国，坐是数者学业至今日遂不及西人肩项。吾深愿吾老友贯古今、沟中西，起衰振敝，为吾国学术历史上一大伟人也。

近日天气仍前炎热，且已三十余日未经下雨，禾苗均枯槁欲死。闻休、歙、旌德等处比吾乡为尤甚。因邻县地气较早于吾乡，现观正吐秀之时，故尤不耐亢旱也。米粮久贵，每元仅二十三四升，当此米珠薪桂之时，而各村尚赛神会（逢闰年，各村多做船会）。氓之蚩蚩，殊可浩叹。屯溪变乱之兵闻已捕获十余人，枪毙九名，此兵驻堆山寺，先杀二队官（一姓汪，婺人；一姓程，绩人），而后抢掠钱庄、当铺、茶厘局，计被抢不下万余金。隶兵籍者，类开化、玉山①人居多，现各处调来之兵，闻均开往该二县地方缉捕矣。吾国尺籍军士向无教育，故数年来，兵发劫掠已数见不鲜，其中以侉子军尤为著名。在上尚且如此，又何怪闻风向慕而起者之目不暇给耶？

前府上家信述及六月间已行毕业礼，不悉此次毕业老友系得何等学位？毕业何科？此后抑仍留此校肄业或进他校，一切总祈得暇示明，以免悬念。府上均好，余俟续叙。

祥启，八月四号，灯下

以上字二信封，未知现尚合用否？往年曾托友人至申辗转得信封数个，印上开字二顷，与老友寄来之信封核对，觉第二挑微有小异，现在合用与否，便希示明为盼。

苦热有怀适之美国

幽居恒寡欢，俯仰生感慨。矧当暑气蒸，逼人多烦痗。

骄阳苦煎熬，斗室况湫隘。头脑冬烘讥，身世夏畦愦。

东来云似墨，蜿蜒天外挂。仁瞻甘澍倾，庶变清凉界。

大龙俄吸去，逞虐方未快。烈焰势倍张，燎毛□矣背。

① 开化、玉山：开化居浙江省，玉山居江西省。

既无冰山倚，讵复烘炉耐。不知重洋外，故人持何态?

颇闻谈瀛者，炎凉正相背，入夏始萌甲，众峰同庵嗳。

安得附飞艇，载我美洲内。把历快良觌，披际醉积块。

恍目更怡情，灵府一以溉，海陆既重偶，寒暑亦更代。

兴来发奇想，慈事宁有届。挥汗起长逢，凉意沁肝肺。

8.近仁致族侄骅书八

适之如握:

日前奉上芜笺，恰因蝐务①匆促，于垂问诸事都未置答，殊为歉之，足下家报中所问五项，请略举所知以对。(一)吾乡一带，自民国成立后剪去辫发者已有十之九，其僻处山陬(若上金山、张家山寺后十八村并歙之内东乡各处)，剪发者只有半数，间有蓄发梳髻，似明以前之装饰者，然绝少，盖千人中不过四五人耳，服制类多，仍前清之旧，近则稍有服操衣者，或遇婚祭等事，承服长褂或外加马褂，冠制冬用共和帽(呢□毡质四，面有檐，或谓之常礼帽。亦有用绸缎类自制者，吾乡人犹有取旧用之鞑帽，除纬改制成者，或取旧缎帽加檐制成者)，夏则用草帽，其有服外国大衣者，殊为难觌，乡中唯一二巨贾服此荣旋以□族□□(闻约法会议已制定礼服为大袖，对衿团身绣团花，于团花中分等级)。(二)在翚岭以北余川，则有燃藜小学，宅坦则有桂枝小学，旺川则有振起小学，石家则有桃源小学，坦川则有绳祖小学，大谷则有某小学，此皆在县立案者，其教法与蒙馆毫无分别，不过表面上有学堂之形式，每月每季多造数份表册而已。(三)吾村目下无人在外读书，邻村亦寥寥。(四)吾邑自辛亥后，地一统定为两元，平抵正银一两(其铸号银号及补平补色名目概除)，正税外又有烟酒等捐(此皆上供之税。另有地方附加税，如锡箔纸等归地方财政局管理)，统名为"杂税"。自去年来，又有划一契纸办法为验契捐(每契捐洋一元)，又有印花税(此项虽已平到公，公事

①蝐务:蝐同"猬"。指琐事、杂务。

尚未大行）。（五）自共和后，一切权柄议会最为膨胀，知事不过奉文执行（司法虽系知事独立，然尔时平常民事类决于乡议会，至县起诉者殊少），其时知事多由本县各界保留，不由上峰拣派（如歙之吴某、绩之宋履堂、旌之胡振宗是）。自去年以来，议会尽行解散，知事职权遂由消极而积极，较之清代时，知县尊贵不啻倍蓰，典史、巡检等官本已裁撤。近又改典史为典狱（惟府城城内各官自共和后裁撤，至今未复），知事前由省中民政长拣派，近新官制发表应归巡按使派放，定例三年一任。近以考试，知事分□人多，不时委署（吾绩自今年来已三易知事矣）。县中小学闻近来亦极腐败，盖吾国自往年来厉行减政主义，除军备外各政费均缩减十之六七，而教育其尤者也，国且如此，而县固无论矣，以上不过约略言之。

所拟小说，其布局虽有大概，而回目尚未拟定，大约总在二十余回之左，容诠定即行详告。木迩来颇喜读西人生理医学等书，而居僻家贫，苦于难得，殊属恨事。又迩来书贾大都渔利之徒，此中译述尤鲜善本，故近来寓目仍不外从前四部诸书。差幸数年来所得之颇足餍目（有宋小说数部，为人携去，可惜！在舍亲和氏取来《艺苑珠尘》中有不经见之书多种）。又友人重卿（即书甫之侄）近购有唐代丛书《香艳丛书》、商务馆《说部丛书》百种，均可为案头之消遣。诗之专集则有陶、王、孟、高、岑、欧（唐之杜、韦，宋之苏、黄，其集惜已残缺）。有渔洋之古诗选，惜抱之近体诗钞（均局板），于诗可以观止矣。惟文集所得无多，清代时大家之文尤所未睹。且近来在乡曲间于诗文一道，殊有《广陵散》之叹，不特无解人，即索解亦不得，不知将来更如何也。木比来亦少著作，其故半系坐此，半由病后精神颓放，枳棘[1]塞途，爱子所谓晏安耽毒者，予故不免今而后当痛自刷厉，以期无负故人之跂望耳，夜长漏永，我倦欲眠。缅想西环，专伫归雁。

老友祥木免冠，十月六号

---

[1] 枳棘：指积木和棘木。因其多刺而称恶木。常用于比喻恶人或小人。也指艰难险恶的环境。

9.近仁致族侄骍书九

适之如握：

久未通函，良用内疚。弟为俗务所迫，或兴强颜，然不能时介不律，与故人相见于□冬。自三溪回里，时曾试为短篇小说一篇，约五千字，名为《刀笔吏》，系叙歙邑数年前一冤案，脱稿后即寄上海商务印书馆《小说月报》，当挥笔时颇少佳趣，自谓如来或可于此中再些少生涯刀笔。更脱稿续拟《侠骨柔情记》一篇，系叙述洪桥后轶事，不料寄去未半月而嘱档已磬回，并附有一函，为《小说月报》社主任阳湖辉君树珏所具，函内大约言寄去之稿文笔古朴茂，惜与时下小说流派不甚相合，且琢铄太过，近宋之西江诗派肤浅之士，恐难索解云云。接此信后于此事遂又鹿鸟掷笔，现在上海所出小说报虽有《小说丛报》《小说新报》《小说界》等（此就所见而言），以予眼光观之似均不如《小说月报》之价值，是以迳投商务馆，不意乃遭摒弃，殊为怅怅，衡卿书嘱予另寄别家，予意又不类求知于庸众，致再蒙屈辱。又闻各报虽有微义之例，然大素伊等皆有团体，无人乎害□公之侧，则不能安□□。盖自□□矣。今年又馆于舍亲程氏学徒八九人，玛瑙冬供，暂做糊口之策。然细雨绵绵，坐消永□□叔焰焰，夜□孤灯，殊兹莫然。拙荆近于本月复举一女，产后不甚康健，颇为焦灼，诗文均不常作，间有所作都系应酬文字，殊为可厌。迩来凡代作祭寿文、写对联、挂屏之类，月有数起，虽敝精劳形而一无所得，又不能不为此，则比昌黎谀墓为益苦矣。如何！如何！近为汪铁舫[①]作《汪氏义冢记》，此等题本可发挥，又为本家生意所束缚，与寻常文字一侧应酬而已。记文亦予所书，俟碑刻成后拟拓一分再行呈教。

中日谈判风声所播，君当早备悉。近自春中比归者带来各项传单，如抵日货募储金，警告同胞等无虑数十种，似本国均有敌忾之慨。虽按之现势，中国实未能开战，如足下来函所云，然一腔爱国心较从前似差强人意，未始

---

① 汪铁舫（1866—1932）：名立钧，余村人，上海官立高等电报学堂毕业，清廷派去台湾创办台南、彰化、嘉义等地电报事业，任台湾电报局委员，与胡传过从甚密。

非一种□耗也。迩来阴雨连绵，于小麦虫桑均大有影响。新茶亦不免受累，且茶市受欧战打击，山价较往年只有五六折之数。银根极为紧迫，粮食更为踊贵，一般斋成仰屋呼庚者何可胜数。前来函嘱代觅《老子》注本，□□已觅得临川《吴草庐①注本》，于上月开始抄录，俟录竟即为寄上。近又觅得吴江徐灵胎（名大楼，清雍乾中人）《道德经》注解本，精理名言足可与吴氏分道扬镳，惟句语简约，不能如吴氏之详尽耳。近阅朱骏声《说文通训》，实声以予所见，此书在说文中极为善本，虽华懋堂而迻救之处实属不少，足为段氏功臣第著者精神。是注重诂经一边与吾人研究此书宗旨颇形抐鉴，然舍此本外更无他本可以上窥神重遗意与"六书"本原。惜予迩来看书不能持之有恒、苦思穷索，恐终不能有所得耳。时下新出之字典，如中华书局出版之《大字典》，各大老序文虽极力揄扬，而予见其样本体例实为芜杂，似不如商务馆出版之《新字典》较为完善。盖近来著书大半为书贾射利计，而此等著作尤非国学根柢深厚不可，所以踌躇满志者是难其选，素尔谬论，未悉适之亦抚手以为然否？曩时余川曾倡议修谱，所有系表伊村人比来业已修续至一切义例及各项文稿等，伊村代表与予商榷，拟聘予担任纂修，而以胡君采章佐之（上田冲人现馆余川）。此事将来不知能成议否？予为本村谱事迭起风潮，至今谱虽印成，尚庋置祠中。故一闻谱事，大有裹足不前之象，惟以客卿莅事或掣肘之处，当不至本族之甚，亦未可知。俟随后再行裁夺。新岁以来，荏苒春秋，遂已三十，视邓禹杖策已过六年，比潘岳霜毛仅虚两载；光阴易过，老大徒伤，且几片寒坛、数编敝帚。为人作嫁，况味可知，抚怀身世，辄不禁中夜大叫。回忆十余年前寒斋言志时，彼此正属妙龄，意气无前，不可一世，岂知今日之我乃每况愈下至于此极耶！自念以今予之资格之学业，在竞争世界中当然属淘汰之列，惟国学一部分自问尚非毫无心得。或彼苍过为培植。他日得觅枝栖于通都大邑如沪上等。濡染渐渍且时与名士共周旋晋接，开拓心胸或不难有所表见。然俟河之清，人寿几何？恐此志终成梦寐间

①吴草庐：即吴澄，元代理学家，江西抚州崇仁县人。

耳！嗟乎！适之君固知我者，君亦知我□不律□，道此语时尚作何情状耶？绍之来函说及现欲北行至京，未知刻已成行否？想伊当有信致君也。君府上诸位甚安好。令侄爱蕙坪家（其太翁名太柯）于上月某夜哭遭回禄，所有房室器具顿成焦土，闻即系蕙坪起火，此亦极不幸事（此后君来函祈不必道及此事）。西窗无事，命笔书怀，不觉过冗，恐误君清课。所有余情随后续叙。匆匆即祝客佳！

老友祥木白，五月十二号

10.近仁致族侄骈书十

适之君惠鉴：

日昨接奉手书备聆。一是前者，令堂虽中止挈眷之举，然至第六号函出发时，仍复完全赞成是。足下所询一节，刻下已不成为问题，此中原因，想足下披阅第六号后，当可知其大概。窃谓令堂贤明知体，在吾乡女界中固推杰出，然世故既深，有时自亦不免有一二流弊，盖彼之待人既重以周，则其期望人之待己也。亦必如是。于是遇足下与予等豁达脱略之徒，或不免稍蓄微疑□，但在平时，令堂方寸中纵有疑团，自能本其慈谅之心，排除净尽，予自过从府上以来，所见令堂屈己从人之处不一而足，皆历历可证。况其挚爱之儿耶？此次实因彼时病体日愈，大有日就沉荡之状，思儿念切，百般旧事涌上心头，故根本改变方针。事过境迁，平时慈谅之心复油然而生，是以不旋踵间仍旧赞成，凡此经过之原因，由予窥测而得者，当时令堂虽宣言彼因足下去年告以暑假甚长，可以回里多住，今则又诿为事忙，有类哄诱，且恐足下挈眷后杳如黄鹤，故不赞成挈眷云云。但据予眼光观之，悉非主因，其真正主因，则前所谓豁达，疏略是也。足下对于家庭是否近于陈□，予固无得晓，然即以足下近顷所发家书观之，似亦可见一斑，盖此书发时，足下固已接到第五号信矣，该信附张中除不赞成挈眷外，并详叙令堂病状，而来书中尚未带及问病字样。此虽末节，但遇深于世故之令堂恐不能无所疑矣。足下事忙，予固知非疏略。然窃愿此后慎之也。闻京中有人呈拱李知事，足下亦曾列名，想自的确。上月省宪曾派员黄某来县彻查，闻黄抵县时颇具风力，继受金钱运动即为软化。居然住公署中，仅以出榜招告了事。似此情形，将来回省禀覆不难，以官场套语"事出有因，查无实据"八字瓦解冰消。事势若是未识出□，诸君有以善其后否？总之，现在官僚龌龊，世界此等举动似当审慎出之，万一画虎不成殊损威望。想足下当亦以为然也。予之革新事业日来已见效果，俟一奏全功即当治装北上畅聆清诲。府上均好，知念并及。匆匆布此即颂旅佳。

老友祥木白，修禊后一日

11.近仁致族侄骅书十一

适之君惠鉴：

前接手书，敬恙种种。新婚杂诗之卒章甚佳，词亦饶有兴味，其首章改作固较胜于前，但于新婚本题，似尚忽略，能忝入一二语写到本题乃为全璧，不知足下以为然否？尚有一章乃不许第三人一读，真令人扫煞。革新一事过承关切，具见挚爱，敢不勉力以副厚望，年事匆迫，寒漏更深，无暇作赘谈□，匆匆敬复即颂旅佳。

老友祥木免冠，（一九一八年）

12.近仁致族侄骅书十二

适之老友鉴：

惠书具悉，关于选举一事，若谓邑人全不要脸，予殊为不服。不过此中有多数暮气太深、世故太明之分子，均仰官僚鼻息，又值黑暗专制时代，真正民意剥削，已无余力。是以演成此项怪现状。然以新闻纸证之，各省区选政似此者甚多，蓬生麻中，固难责之绩溪一处矣。料理十八子一事，予未接到来书以前，已有所闻。此等事宜计万全，庶免画虎之诮。以予所闻，阁下所发三电，措词均近浮廓，恐难动听。彼人劣迹近被邑人登载于《上海新闻报》者甚详（阴历重阳日），何不寻觅一览。盖言之有物，则效力固与肤廓[①]

①肤廓:肤浅。

之词有间矣。未知阁下为然否。顷与令堂谈及此事，令堂深不谓然，嘱转致阁下不必多管闲事。值君子道消、小人道长之时，天壤间岂有真是非？如目的不达，空招仇怨，何如缄口之为愈乎！令堂此等论调，固属自了汉之言，然居乱邦而好直言，亦圣人所戒。愿阁下熟计之也。县志局中夹入宝贝，予亦深不谓然，幸各门类由各员分任，进不掠美，退不避谤，宝贝虽在，固不能浼我也。闻京中有著名药店出售狗皮膏药，专治风气甚佳，能为故人代办一张否？如蒙代办，想重量当亦不多，即乞交邮寄里较为便捷，价值若干自当如数奉归府上。不误天久亢晴，昨虽下雨，为时甚短，南郡城一带流行时疫，闻颇利害，此间幸尚安静，匆匆布复，即颂旅邸双好！

老友祥木偕内人菊坪书，菊月二十六

13.近仁致族侄骈书十三[①]

适之老友惠鉴：

许久未修函候，想老友心中定有几分老大不快。然予初意本拟革新后，即作北游相见不远，无通函必要，不料入夏后邑志一事着手进行，予即被推为编辑员，初意尚拟不就，继因各方面敦劝，以此事为本邑百余年之盛举，又有许多关系在内，势难辞却。因此之故不得不在家再混一年。以上情形，尊夫人未起程时，谅已知道，想当为我转告矣。志局同事计有七八人，总编辑胡昭甫（任建置）、胡子承（任舆地、沿革大事）、图画为程铣华，分编辑为耿履安（任学务、政治）、胡映江（任学术、职官）、周栋臣（任武备、选举下）、曾怀之（任人物、选举上）及予（任礼俗、杂志）与朱石松（任食货）。刻日即须入局第，未卜将来结果如何，老友学识宏富，关于此事倘肯时界教益，则持嘉无量矣（礼俗志中有方言、宗教等子目，足下前于方言亦略有研究，想当不吝珠玉也）。

农历五月中，曾由衡侄递来老友手书，谈及省议会选举一节，其后更悉足下亦致书与曹美东兄谈论此事，然此书乃如石投水，毫无效果。盖曹君方

---

① 该信作于一九一九或一九二〇年。

拟自行活动，岂肯为人作嫁。非特曹君即犟北各初选人，因曹已活动，各有桑梓关系，均处被动者地位，故老友来书遂无成绩可言，此亦时势使然，徒叹奈何而已。予于五六月间虽数次至县城，尝与惌君面商，据伊言亦无甚成绩。后晤怡荪①外舅，言怡已知难而退。然其后惌君又有书来，谈此事具有欲罢不能之势，不知究竟如何？想必曹当早函告足下矣。吾邑当选者，省中要人已密指曹、耿二君，然闻内幕亦颇有暗潮，现距复选期已不远，当静听消息可也。

前承摘贶关于梦理学说极所欢迎，里中新书杂志等类流行甚少。此后若有前项之学说，仍乞摘贶，或请即举书名见示，无□盼祷。

天气炎热，蚊子时复撩人，恕不能更作长书矣，匆匆敬布，顺颂双祺！

祥木鞠躬，菊坪嘱代候，(一九二〇年)十月二十七日

14.近仁致族侄骍书十四

适之：

你寄来的西洋参几枝，我已收到了，心里着实感谢。前寄上拙作《我的文字研究谈》一篇后，因内里还有许多不惬心地方更加修改，并将改稿寄投上海《时事新报》，现承该报学灯部主任李石岑先生将拙稿于九月十八号完全登出，想足下定已见过。此番偶尔弄笔，自知不合论理的地方和运用名词不适当的地方总属难免。前次将稿寄给足下，一方固然想托大力吹嘘介绍，一方更想足下施以适当的批评，好给我做个针砭。不料足下惜墨如金，始终不屑教诲，明知这也是足下事务过忙所致，但这信递到以后我还希望足下腾出数分钟时间将对于拙作的意见写寄一信，千万要紧要紧。足下在暑期学校所讲白话文法，我曾在《时事新报》学灯栏内看却少许，只是未载全豹，殊不能餍爱读诸人的愿望，不知此项性质的稿件还在别处发表了吗？冬秀夫人坐姆后还康健吗？思祖想能独步行走了，他新添的女妹不知取什么名字？奶汁还够吃吗？（村内也无甚可告的事，惟秋收颇好，尚属可喜。又，后村六分所

---

① 怡荪：全名许怡荪,胡适挚友,绩溪碗头村人。

开办国民学校，亦属创举，不过他们程度很浅，不甚懂教育原理。恐怕将来仍是改头换面的事件呢。节甫的后辈，现因继嗣事，已经打官司了。实在可叹咧）顷据全吉婶来说，府上所租的周姓女眷，前因嫂氏亡故，母家乏人维持，是以暂住母家代为支持门户。此亦无可奈何之事。细娟或因她久住的缘故，以致不慊，其实尚未谅她的苦衷咧。吉婶说到此处，并嘱我代达足下，请足下不必主张将周姓退租。我想此事当无不承允许之理，不卜足下果真同意否。

路远无可表意，只觅得雨前茶一筒，托由惠生侄带上，借为贤夫妇清谈时一助，想当不致笑却也。匆匆即祝双好。

祥木白，中秋后两日

15.近仁致族侄骍书十五

适之：

近数日来连接尔送来再版《尝试集》和《文字学形义篇》两书，又接你夫人寄来一函，函内说你的病已好了十之七八，心里着实高兴，我还记得你初到北京那一年，有一次信曾说及每夜要两三点钟才睡觉，当时我曾通函劝你早睡，因为我们用脑的人每日八小时睡眠是再也不能少，倘不及八小时，久久必出毛病，我是曾经上过当来的，所以劝你早行留意，不料尔今次病源，果因积劳失眠所致。可见睡眠二字在卫生上是忒有关系了，以致还望你认真提防为要。朱宗莱[①]所著的书，今日中寄到，我只略一浏览，像煞无甚价值，他的统系还是依着"六书"，不过将古老学说稍为整理一番，在今日研究此书，像他这样眼光，不免嫌陈旧一点，记得前在《时事新报·学灯》中曾看见沈兼士[②]先生有一篇研究字书文章，所说虽略，但比较起来，眼光还在朱先生之上，闻沈氏亦大学教员，不知他在字学上有无著作出版？想你就近同事，

---

① 朱宗莱（1881—1919）：字蓬仙，一字布宜，浙江海宁人，曾在北京大学任教。著有《文字学形义篇》《文学述谊》等。

② 沈兼士（1887—1947）：沈尹默之弟。一名坚士，浙江吴兴（今湖州）人。中国著名语言文字学家，曾任北京大学文学院院长。著有《文字形义学》《沈兼士学术论文集》等。

当必知道，便中乞即告我。近来更觉人的精神要得一事物贯注才好，否则必日就颓放。我久居里中，即坐此病，以致学问无所成就。身心也不得安泰，惧恨无已，惟在今日想闭户研究学问，实系困难，我前两年想研究梦理，虽有几分进境，但总觉支离破碎，不成统系，后来知道梦理虽属心理学一部分，但自"一元律"说来，物质方面也须细细解析，多方实验，然后才有圆满的解决。断非闭门在家，只凭几本书做得到的事，因此研究梦理的意见就灰了，近来只想在字学上研究，不过参考书不很多。写至此，忽然想到《新青年》（忘记第几期）上钱玄同先生曾有一文（似系说改用简字的），内里说及近来发现商朝的龟甲文字很不少，这龟甲文的名词向来觉着少见。或者因我塞陋未曾见过，也未可知。但龟甲文发现，究竟是件什么东西？他的字形和古文篆籀想也不同了？（据钱先生说像不同）既系近来发现，想你当然见过，不晓得你肯见告么？你刷印《石鹤舫词》是极好不过的事，我当于三四星期内将先生的传文做成寄上，决不再延误（近始访知先生只三十九岁，以此推算他生死年份均知道了）。但来信只说该词，不曾说及连诗在内，鄙意既付印刷，自当将诗词同印，况先生诗笔亦自过人，和他的词实是相称，不当更为去取，不晓得你意见为何？倘你系因未有先生诗稿，故主张专印词稿，如果这样，我当即速趁抄一册寄至尔处。也属容易，惟当候尔来信再行照办。至《绩溪小丛书》一节，我当然极端赞成，但可惜名著如《古韵论》之类，数量很少，据我晓得的，只有程秉钊①的《琼崖百咏》似可编入。将来此项计划如果实行，当更向岭南一带询访一番，或更有所得，亦未可知（程秉钊先生深通汉学，他的遗著刊印的很少，想尔仁里诸友必知其详。其中当不乏有价值的著作，便中或函意君等，访之当能满意也）。夜深了，随后再谈罢。

祥木，九，十，二七日

---

① 程秉钊（1838—1892）：晚清绩溪三奇士之一，著名学者，字公勋，号蒲荪，又号龚学斋。幼受绩邑"三胡礼学"的影响，潜心于音韵、训诂，兼及历史、金石、书法。著有《龚学斋遗集》等。

近日做了一首题《尝试集》的诗，并请吟政。

尝试——尝试

人类只为尝试，总有这般技艺。不料半路上来个专制恶魔，把许多聪明才智一古脑团团围闭，只打算给他做永久的奴隶。到如今那恶魔的躯壳虽然死了，但他的精神还依旧存在。可怜我国民总不敢跳出圈儿，做一回自由尝试！

眼巴巴地望着人家进步，却怨煞自己命运不济！唉！你也莫愁，你要赶上人家，你只须学着胡适之在这"尝试"上认真勉励。

诗内有无毛病，暇时务求老□家逐一指教。

16.近仁致族侄骈书十六

适之：

你的病体想总完全复元长久了，念念。你寄给我的《贞卜文字考》，我已收到许久了。这本书给我在文字学上开了许多眼界，我看过之后，对于你寄书的好意，真是感谢不浅啦！《石鹤舫传略》我早已做就，因为想把《省志》检查一次，希望在那里更得些石氏事实，庶几这"传"始无遗憾，不料衡卿的《省志》给他阿舅借去，偏偏天又久雨，将有机会去检查，所以延搁至今，不曾付邮，现在恐你盼望，又想着我昔年也曾把《省志》看过，好像石氏事实很是单简，就再检查，也没甚益处，因此决计把这篇"传"先行寄上，将来看着《省志》，如果有特别事实，不曾编入"传"里，或事实有和这"传"支吾的地方，自当随时来函修正。若没有上述两层，那么我就拿这"传"作为定稿了（修正与否当以此函出发后两星期为限），但是这"传"文字，还是我拿语体来做记叙文的第一次，究竟是否妥贴？还请你下个严格的批判，倘竟采用，更要请你认真修削才好，题《尝试集》的诗，你说"太抽象"，自是不错，我也知道犯着这病。无奈心思总不能精进，大概这个就是学力浅的缘故啦。近来想看社会学的书，不知此学门径书是那几种？还望你细告我，本届省会选举，闻黄梦非君"食指已动"，此君在吾乡自是比较好的人材。闻你已表同情，不知确否？据我推测，本届耿氏或尚具有野心。此外积极逐鹿的人好像不多。黄氏或不难达到目的也。况伊现已隶名"皖社"，更有后盾。写至此，忽然想起前日《时事新报》说："皖社"实系公益维持会的变相。这说如果确实，真足为民治前途寒心啦！曹美东氏住屋于两旬前一炬，闻损失不少。里中粮价极贵，每元只二十余斤，社会生活有日难一日的趋势，天寒手僵，不能再写了。匆匆即祝你们俩都好。

祥木写

17.近仁致族侄骈书十七

适之：

《石鹤舫传》你竟破工夫代我修正，我是感激得很。《齐彦槐序文》的话，经你勘破，我也觉着不甚可信。大概刻本就是齐汉槎或石氏□他知友代他拉杂写定，我还记得抄本中有《江望海》词一阕，起两句是"如此茫茫，方值得一声叫绝"，刻本中却没有这词。又《采石纪遇》词中"送了卿归又送侬"七字，抄本系"才送春归又送人"，诸如此类，想你校勘记中当已罗列不少。我在《石鹤舫传》内说他病中亲自整理诗词一节，实属轻信齐氏，率尔字下笔，现在既经承你点破，仍请你再破工夫，将"传"内此段文字重新修改，或另加小注说明，千万要紧要紧！

村内办学的人前嘱我请你代拟《国民学校教授简章》一事，因你在家时曾宣言："办理乡村初级小学当斟酌地方情形，不必尽依部章。"云云，他们承认此言极有价值，所以托我具信，乞你代拟。现在他们因你没有信来，已经再三向我质问，总说我没有代达。此后更请你破工夫将校章拟就寄里，免由他们巴巴地望穿秋水呢！

村内新办的有第一国民学校，校址在六分所屋内，校长为衡卿，篆办人为赞祖，有三教员：除衡卿外，尚有德春公和请来的歙南张先生。又第二国民学校，校址在祠旁之会馆内，校长未定，大约公推观爽（即沅记之三老板），教员除歙南人江先生外，尚有文斋、观爽二人，积学亦担任少许课，要你撰拟校章的即此两校。此外还有个望云学校：此校为可龙发起开办，已于去岁下学期备案，校址今年移在志柏公所内，校长为兰泉（乳名观琴），又请了曾静波作教员。第一第二两校诸人因兰泉系做豆腐、学唱戏出身，实在毫无学识，竟公然以校长自居，并且还不时拿出你和胡子承等给他的信札，递把那许多乡农观看，说你等如何佩服他，为何称赞他，所以两校诸人很有些气他不过，大家都□出精神办事。现在两校表面总算不差，总希望他们这般继续办去才好。他们两校也都请我去帮忙，但我为个人经济上实在不能同他们常在一块，不过尽一份子的桑梓义务罢了。

姚际恒的事迹，我在《省志》儒林、文苑两类内都审编了，却不曾查着。至于著述名目，因《省志》艺文中分类极烦琐，实在不便检查。我虽也在艺文类内查阅一过。不曾见着他的著述。但究竟是否有无，我尚不敢断定，因《省志》这书刻下当在七都曹家，我检查艺文时，是匆匆翻阅的，怕还有未检到之处，现在我因有些事件要至上海去跑一趟，倘你有信给我，乞直寄上海大东门外程裕新茶号转交。如你来信或关系两校托拟的简章，就请直寄至该两校亦好。

思永来信说你已照常上课了，我因此联想到你的贵体当然完全恢复健康，很觉高兴。不过你的事件太烦，将来总须时常留意保卫为是。冬秀夫人和两位小孩子谅必都好，念念。

祥木敬白,民国十年三月十八日

18.近仁致族侄骅书十八

适之：

你寄来信片，我早收到了，谢谢你。里中《国民学校教授章程》，你能允许代拟，大家当然感激，但还要希望尔从早寄下，好叫他们办事上有个方针。要紧！

我今年把燃藜的职务辞掉，本想出来走走，现在却为着家姊的家事，所以先到上海来（姊氏的夫兄程伯仁素来本有"小鬼"的混号，自姊夫死后，他即放出"小鬼"手段，把孤儿寡妇十分压制，并且把姊夫的遗款起意干没。所以我不得不出来稍为保护），说不定在上海还有许多时耽搁，一俟此事稍可罢手，即当来京叙叙久别的情况，行期届时，再行函告可也。你的身子既不宜过劳，尚望时时珍持为要！

令兄在申我也会着，他说："现在有友人组织某贸易公司，拟在此中寻一位置。惟须先纳保证金二万元，似此巨数甚费拮据。"云云，想他也总也有信和尔说过了，余情俟后续叙，匆匆即祝双好！

祥木白，民国十年四月八日

19.近仁致族侄骍书十九

适之：

你五月二十三日发出的信，我已收到了。入幕事件，承你指点，我很感激，惟衡卿来信对于长短期并未说明。大约此事须等到归里后方能决定了，寄允兄的《西湖新志》大约农历五月内总可出版。此书系用大字聚珍版官堆纸印的。装订四本，颇属美观。版权完全是他自己的，将来出版时，中华、商务两家均有寄售，定价每部一元六角。他嘱我写信时代向你致候，并且说及："大学里喜欢看书的人一定不少，拟托你便中代为吹嘘，好得到'洛阳纸贵'的效果。"我现在急欲回里，因为事务尚未如式，两星期内怕还不能就道哩。

你问我老绍的事，我实在不便答复，但既承嘱咐，又不能不说：其实他的开销有这样大，就是因为嗜好的缘故。我估计他现在每天支销，连栈费在内，极少极少，亦须两元以外。这样生活费也亏得他维持许久，他对于嗜好的议论是："我这毛病，就是坏在没有事做，若有事做着，我就不吸了。"当时我曾问他："彼此都是过来人，若有事做着，就立刻不吸，怕没有这样容易呢？"他说："我在河海校里，也有八月之久，都是一星期或隔数日弄一顿，试问同事中有谁知道我有此癖呢？适之不肯给我找事，却偏拿这嗜好的话来解释，真正岂有此理。"以上的话我大胆写出，想你看过总可知道令兄嗜好的概况了。他最近还对我说："近曾发了一封非常恳挚的信给老四嘱伊寄些川丝来，不料十几天来，好像石沉大海，非但没有寄来，连回信都没有。这样看待，真是不如朋友了！唉！叫我气煞！"说时非常愤慨！我一面给他安慰解释，一面又暗想你来信不是说已经嘱亚东①筹款给他吗？何以他还这样说话？难道亚东还不曾把款给过去吗？我因你信中嘱我对令兄不要说起信上的话，所以始终并未提及你有信致亚东筹款，只嘱他得便向汪孟邹②君问一声，此事究竟不知有无支吾？最好由你通函询问，以免两误，不知你意如何？

祥木白

20.近仁致族侄骈书二十

适之：

月来因无大暇，好久不曾给尔信了。舍戚事件，对内方面总算让步结束，对外方面目下也稍有眉目，此后两三星期当可弄好。近来衡卿给我一信，说本县张知事有意延我入幕，嘱他劝驾，此事我前在里时张氏曾当面和我说过，月薪大约二十元。现在我尚委决不下，叨嘱知己且请尔代我一决何如？（如承代决务乞从速见示）里中新办的国民学校，前首尔曾应允代拟章程，不知现在拟好寄去么？念念！迩与建藩兄时时晤谈，差解客中寂寞。此君新辑《西湖新志》一部，现已印刷将竣，闻月底月初即可出版。将来如果社会欢迎，亦可为吾族文学界中稍增生色也。令兄羁沪已久，别无事事，但日常支销忆颇不细，因此恒在窘耶，这样混去非但不是个了局，且恐更生种种影响。他的脾味尔是晓得的，对于朋友的规谏本来格格不入，最好还是请尔给他弄一

---

① 亚东：即亚东图书馆，是编辑出版图书杂志的企业，汪孟邹于1913年在上海惠福星（四马路）独资创办。

② 汪孟邹（1878—1953）：安徽绩溪人，创办了芜湖科学社和上海亚东图书馆，是民国时期著名的出版人。

相当位置方可善后，不知尔意下如何？匆匆敬启即祝好！

祥木白

21.近仁致族侄骈书二十一

适之：

我和你分别以后，眨眼间又是两月了，咳！日子真快呵！你在上海将要回北的时光，我因为给裕新店做那展览会和陈列所的出品说明书，并给他在县署里把商标注册种种事情；所以多日不得功夫到你寓里，后来直到你起身那一天早晨，才听着汪瑢章说起你要动身，看那壁上挂钟，已经敲过八下，我想这时便赶到北市，恐怕也不及会晤了，因此就没有前去。不知你果然是那天的早车北上吗？你临行时知道我不来送行，可怪我懒怠吗？

我在阴历八月十八日夜才从上海搭轮由芜湖回里，回里以后，又跑过县城一趟。县署幕事已经辞掉。现在方下一回决心，想把毛病完全克除，克除以后，即行北上。惟寒冬将届，在气候和经济上着想，恐怕起程日期总要在明春了。前首承你好意，给我打算亚东的位置，不知可有意思吗？念念！

令兄现在可好吗？他的行止，刻想总决定了吧？念念！

府上妇女勃谿事件，远因固属复杂，但爆发时实由令大嫂人太木讷，不会处置所致，想你自然明白了。

最近在县城见着《研六室文钞》单行本，又见着《胡少师集》《三山老人语录》《乙卯泗城记》《建炎避难录》等抄本（此外还有数种，书名已忘却）。似均可作《绩溪小丛书》的资料。不知你对于以上各书均觅有副本吗？倘你要觅以上各书，请即见覆，并速汇寄大洋十五元或二十元前来，我可即行觅上（忘书名的数种内里有胡培翚的著作）。《研六室文钞》里有一篇《从叔春乔公遗书记》，罗列已刻未刻书目甚多，却不曾列着《古韵论》，不知何故？

衡卿因听着我说你和上海时报馆有关系，希望你嘱该馆寄一份《时报》送至本村第一国民学校，你可允许他吗？又本村阅报的有两个有心人，听着京内出版的有份《新社会报》，内容甚好，嘱我转请你代他订买三月，报费亦请代垫，俟函知后如数交还令嫂手收，不知你能代劳吗？倘承应允，望将该报寄至本村庆裕堂药店收阅为要。后列三事渴望回复要紧！

匆匆即祝脑健、冬秀夫人均此道好！

老友祥木谨上，民国十年十月二十八日

22.近仁致族侄骅书二十二

适之：

今天接到亚东图书馆寄来《胡适文存》一部。这个当然是你叫他们寄来的，我开卷如对故人，真正莫名感谢了！

前从友人处借阅临桂倪氏《桐阴清话》，这书是嘉道间印行的，内有一条系说《红楼梦》，虽只寥寥数语，但和你做的《红楼梦考证》似可得几分旁证，原文列下：

《樗散轩丛谈》云："《红楼梦》实才子书也。或言是康熙间京师某府西宾常州某孝廉手笔，巨家间有之，然皆抄录无刊本。乾隆某年，苏大司寇家因是书被鼠伤，付琉璃厂书坊装订，坊中人藉以抄出刊版，刷印渔利。其书已百二十回，弟原书仅止八十回，予所目击。后四十回不知何人所续。云云。"按：《红楼梦》八十回以后皆高兰墅所补，高名鹗。

他所引的《樗散轩丛谈》这书，不知现今是否还有传本？但据"予所目击"四字，可断定著《丛谈》的人总在乾隆时代，诸书均说《红楼梦》是曹雪芹所著，独他说是某孝廉，谁是谁非虽无从判定，但似可备一说。

此外，我又在福州梁恭辰（梁章钜之三子）著的《劝戒四录》内看见一条，于今也速性把他抄在这里，请尔看看：

《红楼梦》一书，诲淫之甚者也。乾隆五十年后其书始出，相传为演说故相明珠家事：以宝玉隐明珠之名，以甄、贾两宝玉乱其绪，以开卷之秦氏为入情之始，以卷终之小青为点睛之笔。摹写柔情，婉娈万状……满洲玉研农先生，麟家大人座主也，尝谓家大人曰："《红楼梦》一书，我满洲无识者流，每以为奇宝，往往向人夸耀，以为助我铺张，甚至串成戏出，演作弹词，观者为之感叹，声泪俱下，谓'此曾经我在场所目击者'。其实毫无影响……我做安徽学政时，曾出示严禁。有一庠士颇擅文笔，私撰《红楼梦节要》一书……经我访出，褫其衿、焚其板，一时观听肃然。惜他处无有仿行之者！那绛堂先生亦极言：'《红楼梦》一书为邪说诐行之尤，无非蹧跶旗人，实堪痛恨。我拟奏请通行禁绝，又恐立言不能得体，是以隐忍未发。'则与我有同心矣。此书全部中无一人是真的，惟属笔之曹雪芹实有其人，然以老贡生槁死牖下，徒抱伯道之忧，身后萧条，更无人稍为经恤……"

这书所说的原和你《考证》上所说第三派的见解仿佛，不过他又说"曹雪芹是个老贡生，且抱伯道之嗟"这一类的话，不知他有无根据？我想梁章钜登乙榜是在乾隆末年，玉麟是他的座主，虽然不曾说明是甲榜、是乙榜？但玉麟的年辈，总比章钜要早，实可断定。玉麟的话无论虚实，似皆有相证的价值，不知你以为如何？

再者，大观园即是随园，这话虽载《随园诗话》里，恐怕系袁氏一时要脸的话。我记得袁氏自己做的《随园记》数篇均没有说起。案□无《小仓文集》，吾则一审便明白了。再《水浒考证》后面附的《致语考》内，似可将《夷坚志□集》里所载"既坐定，闻若读'致语'者隐约见一木板……"一段文字引来，好证明当时民间也有致语的制度。

你寄来买书的那二十块我已收到了。我自阴历九月间到绩城看见《研六室文钞》等书，当时曾和书主人约略谈过（书主系竹村先生后裔），后即写信告诉你。近来我又到绩城，满拟和书主人实行交易，把书带回，不料书主稍变态度，他说："这书尚属初版，我原只当家内藏有数部，故前时许你通融一部，到现在细捡起来：自光绪初年吴抚台檄县令取去两部，说是进呈，此后家内只剩这乙（一）部了。先人手泽，宜当爱惜。"云云。

我前次所谈，这一部书价，原定六元，于今见他态度改变，以为希图加价，因渐增至十元，见他仍无允意，恰值曹惕甫兄也在城内，他和书主人同窗多年，我便托曹兄代为关说，也不得要领，没奈何，只有在城托人借来代钞了，钞录的事，是要耽搁工夫的。但除此以外也无别法，我恐怕盼望得紧，故特此说明。

近来细娟很盼望你们的信，说："思永有两月不寄信了，不知何故？"（两点钟前她却接到思永来信了，晓得你又新产一儿子，可贺可贺！）

日来天气奇寒，笔都不能写字了，我写了这两纸，指头已冻得麻木了，余话俟后谈罢。祝你们夫妻眷属安好！

祥木说，民国十一年一月二十一日

23.近仁致族侄骅书二十三

适之老友：

六月四日的信我早收到了。这些时因为有些应酬笔墨，所以直捱到今朝，才能写复信谢谢你的指教。

自接尔来信以后，福保求学的事，我就决定叫他先进二师①了，本来菊坪也主张到二师：她因为福保向来不曾出过门，年纪也还幼少，若到远地，总觉着有点不放心，所以主张先到那里修业两三年，随后酌量情形再行转学，于今又得着来信指示，所以决定走这条路了。

我回家过端午节时，曾替石锦山（乳名家树）的孙儿写了数行介绍的书信给尔。他这孙儿，就是昭甫先生的外孙。谅必这时总到北京了。那信谅必早已投到。我因少年们远出求学总算好事，故愿意替他介绍。想你对于家乡这些少年谅也乐于引摭，或不致怪我冒昧罢？

福保若是进二师去修学，那些费用，我现在还勉强可以供给。不过将来要到外地去求学，那就不免为难了。我为这事也不知盘算了多少。论起亲眷内里，却也有一两家过得去的，但是家乡的人向来眼光如豆，你是知道的。我生性也不喜欢和那等人交涉，所以除却自己想方外，简直没有别法。这总怪我自己一向糊涂，毫无储蓄，又兼不会逢迎交际，所以落得这个困难！说到这里，真觉自身惭愧！于今蒙你的好意，对于福保将来求学的经济上表示

---

① 二师：即安徽省立第二师范学校。校址在今休宁县万安休宁中学。

援助，我看过来信以后，真正着实感激！我也不说那许多鸣谢的套话，我只把你这番好意牢记在心里罢！

前午节在家，细娟曾和我说及：你想把思永葬在北方，这个办法，她极端不赞成。当时我约略劝了她几句，但她的主张，好像是很坚决的样子。我不知道你们提议这件事——即思永葬地事——已到了若何程度？不过我对于她那种态度认为有报告必要，所以顺便代我说句，希望尔再把这事考量一下！

素菲近来好些吗？祖、杜两孩子想都康健活泼？听说思祖读书很聪明，这本是优生学上自然的因果，但我听着总觉得十分欢喜！我次儿福来也进学校了，论他的天才比福保还要见好些，再看将来如何。

谈到此处，不由的又触起我一件伤心事来！咳！我第三儿福本今年阴历三月中旬因病夭殇了！此儿今年六岁，想冬秀夫人总该见过？比自能说话以后，即处处表现他的聪明伶俐，有时他的举动比那十余岁的孩子还要老成些，因此见着他的人都欢喜他，不料前年夏季以后，不知怎样害了"脊髓痨"的病！这病症就和屠介涅夫（今译屠格涅夫）做的那篇《活骸》小说内所叙的那病人差不多的样子。现在他虽死了许久，但想着他那种伶俐，那种病症，就不由的酸心起来？咳！

你身子近来恢复原状吗？冬秀夫人还好吗？天气很热，余事再谈吧。祝你们康健！

祥木，民国十三年七月八日

24.近仁致族侄驿书二十四

适之：

学校账务自经手人景周于上月揭出后始悉，绍之共欠校款洋五百九十四元，内有三百九十元系绍在申时向楚善手取去，上海方面各捐款，仍有二百另四元则系民国十四年作戏剩款拨充校内者，此款依据绍之亲笔账单结欠，此数一切统详。学校上期报告账目单内（此单候楚善回申，当携带呈核），应如何拨划之处，想卓林君必已和尔接洽矣。校事前承在里诸人会议，暂时推我接办，维持到本学期终了，以作过渡办法。刻本族在内在外各同人已一致拥你掌校，自是吾村教育前途之福。尚祈时赐南针，俾一切有所遵循。无任盼祷，令侄媛于昨日起程，想此函到时，当亦安抵申江矣。府上均好，诸希勿念。祝你康健。冬秀夫人均此问好！

祥木白，(一九二七年)十月三十一日

25.近仁致族侄骍书二十五

适之：

前由汝昌携来《词选》，并函及邮局寄来之函，都先后收到了。《词选》一书，我只忙里偷闲粗阅半册，觉着还有些古典未曾注明（尔选的似重在浅近易解，不尚古典，但是内中总不免仍有典故）。我看时下的中学生对于一般典故十有七八不很明了，又有些曲解《金刚经》的，我以为就是浅近古典，也应得替他详注不可。又，尔所选的都是宋人，于金元一代词家未列一个，虽尔序内说明是五代两宋，但金元与两宋同时，似应就著名的选列一二，庶几一时代精神全体表现。我这种见解，尔看如何？尔邮寄之信所提四种办法，想即会议结果所定。碑文款式极稳妥，将来就照那样办就是了。尔提到我带课支薪一层具见格外关注，但薪照聘请教员常例，这一语范围似太广泛了，因为聘请教员中有鲍剑奴之四十二元，有张氏兄弟之四五十元，曹文生之二十元，数目相距颇多，叫我如何自定哩。就是有例可援，也应由校长划定，否则恐免不掉贪字的嫌疑吧。我此番接收校事，当时实完全出于维持的热忱。因为绍之既死，其他校内办事人因已往的成绩，早失掉族内外人士的同情。若再由他弄去，校事当然瓦解。但环顾在里族人，可以能够出来维持的实在无几，论我的才力与环境，似乎还够不上来干这事，奈当着这严重局面，且自问尚有一部分信用，为保全学校起见，只得替行接管。其实，我的境况近年虽觉稍舒些微，但仍靠我个人经营，若每年固定可靠的进款只有三溪方面一百余元，而每年家用支款非三百数十元不可（近数年我个人编辑谱系每年却都有工款三百左右），此外如儿子们求学费、婚娶费却还未算。以这样环境，尔看能长久维持吗？所以我当接管时郑重声明，只能暂时维持，以便旅申同志议出一永久办法。当时厚载侄曾嘱钱民向我表示要我代课，年薪作二百元，但他又说，话虽如此，当俟回沪后向各同志通过再行正式表示。故我当时也不便若何答覆。今沪会已开，而对于此层迄未有明确表示（不卜会议内厚载是否申述及此）。我因上海来信未涉此事，当然不便毛遂自荐（当时尚未接尔来信），故对于各教员一仍旧贯，至我自身问题，只有在家一日尽一日维持之责，如此而已。此系我掏肝露胆的话，在老友前不妨一为倾吐，不足为外人道也。至于来信第一项内有本年先汇一百元之话，是否因我给楚善函内有嘱汇钱所致，但我虽是嘱他将商务印书馆上学期赊来书价如数拨还以外，再凑数十元共成汇里，今所汇百元，是否连前欠书价在内，抑或另汇百元，又，此款系由何人汇上，来信均未说明，以致无从接洽。务望下次来函说明，千万至要。再明岁上学期应用的教科书与杂志数种，我前已开单寄给厚载侄，叫他抽暇迅速办寄，恐他事忙搁下，请尔用电话向他催促，叫他快办快寄为要，年底事务颇忙，有话随后说了。匆匆即祝新年安好！

祥木谨启，□平月念六

26.近仁致族侄骍书二十六

适之：

前由莘麓携来一函，内详各节均已聆悉。家乡一带教员近来实属每况愈下，非但程度不佳，玩忽职务，且有一种臭架，令人难受。若莘麓来此，自非他等所及，惟彼抵里时已届清明节，此时校内教员早经聘请齐备，各已授课（今岁因学生增多，故比旧岁多请教员一位）。且为经费所束缚碍难添入。因与莘麓婉商拟下学期始业时再行聘请到校，彼亦极能相谅，业已面允，想你当亦鉴此委曲也。组织图书馆因属万叶，惟来函措词简略，你意若何尚未明了。若报莘麓所谈，拟将杨林桥屋外余地一并圈入建造，则范围又似太广，我已同莘麓将该地约略量过，大约现有之屋及屋外紧毗连之空地面积可得五丈零之见方，现屋仅占四分之一，而弱其西方有三角地一片，不知系何人之业。莘麓欲并入作园，我意兹条姑勿论，但即五丈见方之地，建造两层馆屋，其费用已属不少。里中近年生活程度之高不亚上海，预计此项建筑恐非四千以外不办，筹集此款恐非易事，我仔细思量，觉杨林地方风景虽佳，但若图书馆设在该处，在经济上不免格外费力，因建筑费之巨既如上述，即使暂不起造，仅就现有屋宇略为整葺、因陋就简，虽未尝不可，但此馆既孤立杨林，便须特置专员管理，另外还须雇馆役一人，计工食两项亦不在少，大约每年经常费恐需三四百金。若附设在学校，则此项开支可以省去，故地址上亦有问题。总之，我只虑着筹款不易，倘筹款确有把握，则无论大规模建筑，或独立或附设均易进行，此系根本问题，亦为先决问题，想你亦以为然也。

我以为就里中社会现状而论，能得创置演讲机关，延聘讲员巡环演讲一二年后，其功效当驾轶①图书馆之上，所需费用又极微末，远不逮图书馆之多，所谓事半功倍者是也。惟讲员须遴选相当人士，眼中此项人材堪以胜任愉快者实不多见，殊令人有才难之叹耳。

我既归里，对于毓英校务便不得不为过问，查去岁下学期终结收支两抵，尚余洋一百数十元。我归里后，即嘱事务员缮具收支一览表，函告驻沪毓校办事处楚善君，请伊查核，并嘱伊于清明节边筹汇款项，借资接济一方。又因毓校有基金数百元，旧存永茂和店内，此时卓林佥清理债务，对于谈基金应如何设法保全，俾巩校基，亦请楚善君特别注意。该函虽非我亲笔，但大略如此，不料楚善回信仅寥寥一纸，于汇款一事既未提及，至基金是否保全亦未答复。嗣由事务员复催一函，亦未得复。我想楚善未复之故，当由校款多在卓林处，碍于情面，故置之不复，但毓校上学期毫无出息（学费亦预年底征收），而费用则不能少延，故仰给沪上汇款极为紧要，历年均系如此。现我已据情再行函告楚善，谓无论如何，本校在四月底或五月初必需请汇二百元方可渡过难关，届时当出具汇条来沪，请彼照数解兑其洋，请楚善向常捐各户代为征收，或向旧存永茂和基金内先行提拔应急亦好。话虽如此，犹恐

---

① 驾轶：陵驾，超越。

楚善做事稳健把细，不肯代为收讨，致将本校汇条拒兑打回，倘果这样，则非但毓校隳入涸辙之内，尤恐失却校誉，此后汇兑款项无处寻觅。所以我致楚善函内最后更附一语，谓万一款项难以筹兑时可转向适之君设法，缘适之担任代偿。绍之所欠校款只前岁我在中时取过九十元归还，本校所欠芜湖商务印书馆书债仍有四百余元，本校拟将此款坐作偿还义仓宕账，但此时为应急计，只得剜肉医疮，暂时接济。想该汇条到申时楚善必向你设法，此实万不得已，通融之计。想你素热心桑梓教育，当亦曲予维持也（前闻卓琳说旧岁常年捐，多未征收，前果如此，似可请楚善等代收）。

话说多了，余事续叙罢，匆匆祝你等嘱安，思祖思杜兄弟均此祝好！

近仁谨启,(一九三〇年)四月二十一日

27.近仁致族侄骈书二十七

适之：

前接讨论人口问题的一函，本应裁处，因此间恰演会戏①，又因等候文波抄录调查副稿，致搁下多日，我已屡催文波，仍未将副稿送来，只得先行函覆大略吧。

现来函，语意似以现在人口是否已经回复到"长毛"②反前的数目为讨论根据，但"长毛"的蹂躏程度有深浅，则人口回复便有难易，故非从全部详细调查入手，终不能得一个极正确的数目。就是得了正确数目，也不能随便拿来作为已否回复的标准，这问题我却也想研究，无奈材料方面都是一鳞半爪，颇难着手。于今但就我一时所想到的地方拉杂写些供你的参考吧。

当时"长毛"蹂躏的程度就大概说，自当以徽、宁③两属为最深，这个可以从太平军攻战史上证明，无庸细说。有一次，我在南陵县曾听一老者说，"长毛"后，南陵合境土著不过二千余人，于今南邑附郭人数虽也不少，但大

---

① 会戏：绩溪岭北上庄一带有"五朋"每年轮流做"太子会"，以纪念唐安史之乱时保障江淮的张巡、许远，有游行、抬阁、扮戏等活动，也称"会戏"。

② "长毛"：是绩溪当地对"太平军"的称呼。

③ 徽、宁：即徽州、宁国。

部分均是江北巢县、无为及安庆等处搬来，故江北话在南陵通行，而南陵土著的话却变为凤毛麟角了。又，去年我赴上海取道泾县时，恰值泾县客民和本土人争选举事发生，据说泾县现有土著人八万数千，客民却有十二万零，若拿该县田地方面细细考察，似仍未达到"长毛"前的人口，可见"长毛"前泾人当有三十万左右。我虽未到过宁国县，据说情形也都相仿，在"长毛"初平时，该县只有西北乡小部分土著人。至于旌德合境在清末调查时只有四万余人，内中还有客民不少，其田地倍于我县，而人数则不及我县之半。查徽、宁两属蹂躏程度大致原都仿佛（惟婺、祁①两邑因曾军驻过除外）。何以绩人较多？我尝细为研究，大约除当时殉难的以外，孑遗人口因为我绩交通较不便，山箐较深密，而向来经商外地的又较少，所以逃亡远处的机会很少，不久仍可复归原土。他们那数县情形不同，所以逃亡远处就不易复归了。我绩惟九、十两都蹂躏最甚，这因临近官路之故。

我记得道光《歙县志》上曾说歙之四乡惟西乡幅员最狭，直径不过二三十里，与南乡之一百数十里相较，真不啻天壤，然西乡之粮税、人物、科第、财富均可占全县之半以上，云云。今则一片荒凉，远非旧观。单拿岩寺镇②说，考察残余基址，在"长毛"前至少当有两万至三万人，但现在至多当亦不满二千人，经过七十年之生养而结果如此，可见恢复"长毛"前与否，这句话实在难说。歙南在当时是比较完善的地方，据他们自己说，现在人数足与"长毛"前仿佛或且超过亦未可知。歙南人口现占全县四分之三，但我到过的地如杞梓里（即王侍郎茂荫故里）、水竹坑（即柯小泉京卿故里）等处均不逮"长毛"前远甚。水竹坑在"长毛"前当有四百户左右（村人自说五百户），今则不满二百户。至歙东方面，则里东乡较好，外东乡则无一村有"长毛"前之半数者；里东乡则近山各村大约已恢复"长毛"前人数，或且过之，内如竦坑江姓在"长毛"前不过一百四五十户共六七百人，今则却有二百四

---

① 婺、祁：即婺源、祁门。

② 岩寺镇：今属安徽黄山市徽州区。

十余户，男丁七百余、妇口亦六百余，较"长毛"前多出一倍，少者如此，多者又如此，可见这个标准真不易举了。

还有些村族自"长毛"后更逐渐衰落，至今会计远不如"长毛"初平时。就我所知的如瑞川之柯姓，在同治六七年间却有男丁□名，连同妇口当有二百，今则大共只一百余了。至于七都之田干汪、中屯、暮霞（即张家）均比"长毛"初年时减少（张家在实际上已全灭了）。歙东之坦头、大和坑、小和坑、西坡、叶池等村亦然，甚至如上店、外庄、琴塘等则完全消灭。若说他们不讲公共卫生，则附近各村何以盈朒不同；若说水土不合，则前些亦同此水土、乡俗，求其理由而不得。故均委之堪舆、气运种种迷信，□堪发噱。惟此等村族人口退化如此之甚，□□□原故，刻尚无人解释，我以为这个问题现在社会学家应当严重注意的。

来函所举我族反前反后两时期的人数自属较为真确，不过中间消耗的数目不全是"长毛"的关系，因为前次重造宗祠系道光十五年以前的事，其后道光十七年和二十七年，吾乡发过两次大水，淹没庐舍、人口倒也不少，单就上金山一小村说，已淹死三十六人。吾村又适当溪流之冲，淹死的谅当不少。同治初年，其时正"长毛"初平未平之际，吾乡一带发生一次重大时疫，死去的也着实不少，数量和殉"长毛"之难的怕也相当。这两次消耗系在你来函第一次统计以后，第二次统计以前，故你若拿我村耗失的数目来作"长毛"蹂躏的根据，对于中间这些事实应请注意的。

文波的调查副稿我已催过几次，总不见他交来，不知他是否直接给信与你吗？据说去岁调查，他们把同住的都并作一户，约共四百户，人数共二千一二百人，村内客民极占少数，照我推测，至多总不上一百人吧。

说到各姓族谱上添列各时期的人口统计表，这事如能办到，自然是很好的事。但据我生平修谱的经验，有些愚氓差不多连自己的生年月还弄不清楚，更无论他的父母和祖父母了，上海裕泰第三号的经理先生便是这一类的人，他有两位祖母：一姓曹、一姓胡，但先娶的究是哪一个，他想了数日，到底还是莫明。其土地堂就使经手修谱的人替他搜罗考证，也只能及于最近的年代。若年代稍远或年代虽近而本支派现在已无嫡系子孙，那就无从考证了。余曩修汪氏、柯氏的谱牒也曾想法多列图表，但结果终是费心多而成功少，故□□□□□□能办到，现在修谱时各项的统计以便将来数十年后续修时，按表填注，断不能追溯既往的时期啦。

今岁吾乡一带鸡、猪、猫、狗等瘟死的不少。最近人民疾病也很多，如瑞川、择川二村死的人数已不少。这当然因公共卫生和医药机关设备缺乏□□，许多三脚猫的医生□大行时而特行时了。柯莘麓前经你的介绍下学期原请他担任毓英教务长，他看见许多医生发财不免眼热，故久已辞却教务，挂牌行医。还有余村人两位、宅坦人一位均在赣地汪开第所设的志精医院里走了一转，现在回里居然挂牌内外科的西医，那宅坦人还特在屯溪开设医院。其实连"实扶的里"等名词还不知道，只顾自己赚钱，儿戏人命，真令人痛心疾首啊！

我前于□间托汪焕文信友□下干笋一包，来函未曾说及，不卜是否已经送到。现有人说你已赴北京，又有人说还未，就是不知你此番前往是否挈眷同去，亦或单身先往？殊为念念。又承你提倡图书馆事体本应尽力，感此美举，无奈地址一层较难适用。你杨林桥屋太狭小了，起造又费多资，真待公众屋宇又诸多棘手。我思来想去，只有我家水圳边的屋颇堪适用，该处面对下井山而滨常水，地点既静，风景又好，内□也还宽敞，可置书橱数十只，不知你赞成与否？如果同意，我还须与诸舍弟并现住屋客协商，因为此屋早已坐入先祖父的祀产，历年来均系租给他人居住，不得不缓缓从事。除此以外，我再想到毓培的住屋，那地方似也还好，前闻毓培因家眷在沪，有将此屋典卖之说，不过内□较狭小些。

来函因人口统计事嘱我即处，我初因候文波的副稿，嗣因会戏，后接办舍次侄完姻喜事，随后租谷登场，又届秋忙，所以这许多时因循下来，望你原谅！再此番讨论的乃其要点在于现时人口已否恢复到"长毛"前状况，但我拉杂写来有许多地方已经离题写远，不过供你一时的参考罢了。写到此处，因阅今日送到的十月五日新闻报纸内有南京通信，说内部据辽、吉等十四省报告，人口统计确达两万万五千余万，全国人口确超出四万万以上，距五万万不远，云云。想该项消息你当早已知道了。

祖望兄弟想都长进，□以为念，匆匆顺祝□绥！冬秀夫人均此祝好！

老友近仁谨启，民国十九年十月十一日

28.近仁致族侄骈书二十八

适之：

我运气真不好，当在园中时还听说贤伉俪尚留在海上，所以起程后或在船里或在车中，想着到沪卸装后第一乐事便是和故人晤叙阔怀。不料一到上海，从各位乡友处探问，始悉贤伉俪早已北上，沿途希望到此都成泡影，并且连今春所谈随同北游的夙约也一时不易实现了。这时内心的怅惘真有说不出的苦处。所以到沪旬日，懒于提笔，且揣想你初到北平，必忙于应酬，殊不必以寻常问候书函致溷你的宝贵光阴，故挨到今日才借着笔墨和你作一次纸上的晤谈啦。

我因去岁把江夫人的诞辰忽略过了，满拟今次来上海时在你初度时期稍贡寿仪、少表献曝的意思，不料你们又已北行。毫毛寄千里，到底犯不着，所以也老实不客气，等到贤伉俪五十初度时再行补纳了。于今但把做成的联句两对写在这里给你一阅，算是权充寿仪吧。

八九龄曾把数千年史事编歌记当日我呼畏友，

四十岁却有百万言书成行世在中国君算文豪。

（你编史歌究竟是几岁的事，我也记不清了，或不止八九岁，亦未可知，但我为趁对数目字的缘故，此处只能说八九岁，请你不要讲我瞎说呵。）

凭窗读小说限香做小诗念幼年情事犹在目前不料也到了四十岁，

行世有文章革命倡文学想此后生涯仍需笔底希望再添著百万言。

我来上海后才见着第三卷第一期的《新月》杂志，内中头一篇便是你做的《先母的订婚》。文中所叙太子会种种仪节固系事实，但在时期上似不免错误，因为我八都太子会恢复于光绪甲午以后（因遭洪杨兵燹后，直至甲午十月始举行复昌典礼，以后方挨朋宾会）。八都太子神像系甲午春夏间雕塑的，上庄太子像则塑于光绪壬辰，以前并没有神像，当然更没神轿了。那时只有几块木牌位，还是尊先人丁忧归里时所写的。尊先人还和各朋约定以后不得塑像赛会。这种事我还约略记忆，此项错误虽和你的本文旨趣无大关系，但在记载上说总未免欠些忠实态度，将来此文流传下去，岂不令乡里掌故上生出纠纷吗？再七、八都如上庄、中屯诸村均在绩溪西乡，你文内说是北乡，似亦失检。

匆匆祝你健康兼贺年禧，冬秀夫人前均此问好，并祝小孩们日益长进。

老友董人谨启，民国十九年十二月三十日

29.近仁致族侄骓书二十九

适之：

去冬沧州一叙，匆匆未尽所怀，颇为怅怅，别后虽于报纸中略谂行踪，知取道青济安稳抵平，良用为慰。里中学校此时正起风潮，不知各方有人向你报告此事否？我前晤你时对于里中情形曾有每况日下之叹，今兹校事即为其表征大概。鉴臣、子鼎二人平素行为，你在申时当亦有所闻，彼等之……偶一提及便觉此心怦怦；对于故乡前途无限懊恼，其最大劣迹不外包庇赌友党类，借公共事业敛钱肥私等——例如大前岁兵费，挨户捐多至一千四百元，竟有半数用途不明。去岁因包庇私宰至身被羁押，此类事件甚多——总而言之，彼等所为实无愧今日时髦口号中的土劣代表是已（鉴臣脑海中满贮着卑污思想，子鼎则兼有乃舅曹二之遗传性，具有辣手野心。我既不可与之同流合污，又不能尽力纠正——因纠正必须宣战结仇，值此君子之道消之际，狐有群而狗有党，谁愿为我之后盾耶？——自己又感觉身世潦倒，是以不得不飘然远行为汗漫之游。至此次学潮起因，系由我之一封辞职书所引起，缘我连年在外日多，对校事虽已另托念珍处理，但为表示责任起见，不得不向校董告退，彼等以为有机可乘，遂推鉴臣长校，但族中稍明事理者，如茂旦、积学、云水等则以为校权断不可落彼辈手中，恐彼等借学校另生出多少问题，故仍主向我挽留，相持多日，最后闻决定候函你请示再定。此去腊事也，不料开岁后彼辈仍入校盘踞，以致双方相抗，渐行露骨。现旅沪各同人如楚善、祥枝等亦主向我挽留，并劝我为村内大局计，毋萌去志。业于数日前联名去函向彼辈明白表示主张，并闻此函中有若不挽留近仁长校，则此后沪上当断绝经济上赞助的意思，不知前辈接到此函后态度如何？惟彼等醉翁之意不在酒，只要名义到手。虽沪上断绝经济自有生发的方法也。但我则进退两难，进则对于校事因各方牵掣，不能积极整理——但以文波论其余可知——退则又辜负大众的公意，且为村内大局设想，亦觉此心难过。连日以来委决不下，真有进退维谷之势（我虑的就是势孤，因此联想到古人所谓"一意孤行"，其实这句话实不容易办到）。不知你有以教我吗？

闻稼嫂于去腊不幸逝世，想你当早已得到信息了，稼嫂逝后伊媳自当与秠嫂合居方为正办，惟秠嫂向有孤僻之性，若非贤伉俪去函招呼，恐不即行承揽，不过这是我个人的理想，想贤伉俪对于此事当已早有办法了。

去岁寄上寿你的联稿两副以外，还有一副短句，前曾偶与寄凡兄谈及，伊以为还是这短句简洁些，故今再写附于后，借博一粲：

　　不惑年华，不朽文字；为吾老友，为世导师。

我北行之期须俟在卓林处取得钱到手后方可决定何时。卓之债务本不可收拾，幸伊在松茂服资上尚有些少余剩，茂堂叔已允为我设法，唯到手尚需时间耳。卓自新加坡回申后均住租界旅馆，朝秦暮楚，了无踪迹可寻，计数月以来，花去旅费当不在少。年来卓在申埠商界本已挣有地位，只以头脑中满贮虚荣心夸大心，遂致一败而不可收拾，且恐前途更无几微希望，虽属咎由自取。但我村后进却少了一个热心服务社会者，殊令人为之丧气也。

附上由洪瑜寄来联名给你的公函一纸。他们因不知你的住址，故寄我转寄。此信内守节、守录等三人系教之兄的子侄，在万安师范毕业已经多年（即高中毕业程度），洪瑜系念珍兄之子，亦在万安毕业，惟班次较晚，还在亡儿毕业后一班，那式如名字我却不很明白，不知是谁。

匆匆并祝贤伉俪曼福！

近仁谨白，民国二十年三月五日

再者，向例开岁教员均须在散学前订定，如延至此时，怕好教员就难得了，因此我故擅行订定。至来信说及之石君，所以未即接洽者，一因各员都已订好，二因闻石君、尚志在求学，不愿就事，是以搁下，请尔原谅。至我薪资一层，我意在上海方面未有明确表示前，我在可能范围内总维持下去，你能代我订额固好，但我也不便要求你代定。教课的主张，我拟将注入与自动双方并重，这问题能得你回里当面讨论最好。本年校内经济颇有余裕，来信上的汇款还未算在内啦。

祥木再启

30.近仁致适之、冬秀书

适之、冬秀：

我们长久未通信了，客岁夏间接读冬秀一函，当时原拟稍事调查即行作处，不料阅时未久我即抱病，其后我病少痊，而内人又复卧床，缠绵数月，以致把该函事件搁置未处，抱歉之至。不过搁置原因却是这样，还请你们原谅吧。

在半月前，由邮局送到你们结婚十五年纪念影片，心中很觉高兴，且见你们俩的丽影丰采都很好，当尤忻慰无似。你们举行婚礼匆匆已十五周年之久，可见光阴之速了。这事我竟未曾在意，将来打算或做两首歪诗补祝这纪念吧。

闲言少叙，且入正文。缘皖省自前岁提议续修《省通志》后，通志馆早经成立，由江彤侯为馆长，延聘编纂员分别着手进行。吾绩胡子承①亦为编纂员之一，此外每县推举采访员二三人不等。此事想你们在平必已早有所闻，无庸细说。吾绩采访员前经推定胡广植、程东屏及我共三人，因未规定公费，故年余以来，三人均未有丝毫贡献。今春馆中送函催促，我想将来势难再捱，你素留心文献，不知对于此举有无意见昭示我们。又，令先德虽系过去的人物，但在当时委系留心经济超轶②侪辈之人，事功既有可纪，学问文章亦具有渊源，其传状与著作均应纂入新省志内，惟据我所知，先德传状似尚无合意之作，昔年修族谱时，初本待绍之兄在外面求名家撰稿，讵待之许久终无传稿寄到，嗣托胡昭莆翁撰一传，却完全八股文字，极肤廓讨厌。是时年民待印甚急，不得已由我临时撰拟一篇，即今谱中所载者是也。论我那时学识如何配做先德传文，更兼又是急就章，岂能惬心贵当。故今次修入《省志》，必须别撰一传，此事当然是你的责任了。好在你平时将事实都已搜罗完备，将来或托人或自撰，务望早将传文做就寄给我，或寄子承先生均可。至先德著作，不知已经过编订手续否？依照《省通志馆条例》，凡未刊之著作，不能将原稿送至馆中时，应将该著作撮叙大旨撰成提要一篇（如《四库全书提要》之类）送交馆内云云。若先德著作现时尚未编订如式，应请抽出工夫另撰先著提要一篇寄我，以上两稿均祈从速寄出，愈早愈妙。

因为我绩人士近受着续修《省志》的暗示，刻下也提议续修《县志》了，又兼新任县长马吉笙君对此举甚形热心，经县行政会议通过，推定胡子承为总编纂，我与程东屏为编纂，择五月一日成立县志馆，此番旧事重提获得马

---

① 胡子承(1870—1934)：即胡晋接，又名石坞，字子承，又字紫琴，号梅轩，晚年号止澄，安徽绩溪人。著名教育家，近代徽州有较大影响的学者之一。

② 超轶：超越。

县长热心赞助，照现状推测，似有几分成功的希望。故令先德的传状和著作提要均以从早预备为妙。

日前我在县城时，子承、东屏两人和我说及他们因闻你对于绩邑文献书籍搜罗不少，且有《康熙县志》《乾隆县志》等绝版秘籍，因嘱我修函向你请求赞助，东屏在函内并附有名片一张，即系表示此项意旨，不知你对此能有贡献否？至于此番续修志书，因时代关系，名为因而实等于创各项凡例类目自多改革，关于此种，亦请尽量指示我们，俾得奉作南针，无任盼祷。

北方烽火连天，据报纸所载，似战事形势难以乐观，前路茫茫，令人不胜惋叹。不知北平城内尚可久居否？旬前思猷抵里，说及你们将迁移到沪，又说你将出洋赴美，嗣又闻你变计仅只身出国，眷属仍往北平，未卜确否？北望燕云，曷胜系念，便中并将行止近况告我，籍释惓惓。

村中子鼎因病逝世了，总算除却一害。此人豪夺巧取的工夫真绰有伊家母舅的风范。他想办学堂系完全学着怀之造绩溪会馆的手段，他借学堂名义在外地既收到族人捐款，论学堂本身原可够用了，但因未满他的欲壑，又勾串党假学堂名义复向义仓存项提去四五百元，他经手才两年，把义仓余积弄个干净；死后又无账目可稽，一个糊涂交兑便算了。此等事我只恨我本家教之兄他太不肯管事，像我自己固属放弃天职，也不能辞责，但我体质实在不好，平时对人稍有愤怒便手足发颤，若高声叱咤便自觉咽内生烟，且秉性过于朴诚，说话不知用粉饰，处事不喜用手段，此皆我的短处。又，我之不肯出头，大半固由上面种种关系，并且我看社会上魑魅魍魉太多，还有怕与为伍之心。兼之自长男亡故后，本已万念俱灰，讵现在次男福来虽已长成十七岁，但身体也甚瘦弱，令我对于前途希望极端微渺。我在此种情形之下虽有满腔热血也会降至零度。故三载以来，虽常住里中，对村中各事均甚冷淡，每日惟杜门却扫，借数卷古书稍遣闷怀而已。近自子鼎殁后，我曾劝教之兄接办学堂，因他有两子一侄均系中学毕业，尽多助手，他近来意思似较活动，但不卜果能一变向日主张否？

次男福来患有目疾业已数载，我想今岁下学挈他至沪医治，并测验身体各部。但我知道是上海曾有专门眼科医院，然志在营业，其实际学术难免令人怀疑，且设备方面恐亦未能充分。故我以为比较可靠的还是海格路红十字会总医院，闻说你和这总医院院长（系外国人）有一面之交，故想请你替我写一介绍书信，若你意中另有其他靠得住的医院或者医生，替我另作介绍信，那我更觉感激了。你如果出国，将来总须一年半载方回的，甚望你在离国以前将这种介绍信写好寄给我收，不胜盼祷！冒昧请求，想我老友或不致惜墨如金也。

话也说不少了，余事随后再叙吧！匆匆敬祝俪安。孩子们均此问好！

你的老友近仁谨上，念二年四月二十七日

31.近仁等人致适之书

适之先生伟鉴：

顷接上海筹备处卓林君等来函，敬悉本校校长一席曾经公推先生，承蒙俯允，同人等闻此亦深表赞同，莫不举手相庆，佥谓：先生才高学富，兼以素来热心桑梓教育，今允出而主持，将来吾校前途定可发扬光大。嗣后校务若何设施，敢乞先生随时指示同人等。俾可从命遵行也。惟校中各表册及本年度支预算表，容日准寄，楚善君策章不误。专此字布，并颂教安。余维朗照不庄！

毓英学校同人镜莹、耕禄、近仁、景周、文斋、

鉴臣、震太、文波、汝昌同启，十月二十八日

32.近仁致福保①儿书

保儿：

前寄上《中庸》白文一册，谅早投到。兹更觅得有细注的《学庸》一册，交邮寄上。此书于字体之正写、俗写、小写等，均在上面郑重注明，又念书

---

① 胡福保是近仁先生的长子，年幼即聪慧好学，近仁先生也格外用心培养。近仁先生与胡适多次通信，提到福保的教育问题。此时福保应在"省立二师"即"万安学校"读书。此信中有"、"断句。另，福保舅去世于1928年五六月间，此信当在此前。

时除句读外，有每一句中应将声调稍顿之处，均画有符号，尔尽可细玩。惟此书多说学理，须有高中程度方能领悟，尔们先生递授此书与尔们，未免躐等了。《学生杂志》和《少年》均已寄到四册，兹先将第一、二期《学生》寄给尔看，余容后寄。家内虫事不好，茧价最高者有六十元。守芝家亦只十筐虫，守节家亦然。茶价倒很好，每担高至六十元。我们均好，望勿念。

父字，四月初十日

33.近仁致跃臣①书一②

三弟如握：

前由守笏侄处所汇息洋三十元，直至笏侄启程赴申后，方由教兄交来。又渭卿侄带来预备做风水③洋二十元，亦早收到。风水事刻但由教手买有石灰，洋数十元。伊在日前宣言，须货料办齐后，再择日动工。予意若果延至交九以后，则天气寒冷，造塥容易冻坏。转不如挭过寒季再行动工。现塥砖尚未开窑，不知年内究竟能否开工。教兄脾胃，弟所素悉，伊之主张实无人可以捉摸得定。前寄来之二十元，只有暂搁在此，听候伊之调用，将来进行如何，再行函告可也。腊月间如有得便，仍望代兄酌寄洋蚨，以佐家用。此外，并望寄好阿胶一斤，该价若干亦望批明。又日前柯湘帆君托予转函三溪，代办冻米洋一元，但时期业已不早，不卜溪地刻下尚有办处否？如有办处，自属最妙。望弟即代办一元，觅便寄里。倘无办处，便乞即速函复，以便转告前途，免得抵坐。家内各宅均好，不须记念，匆匆特布。顺询冬绥。

兄近仁手启，十一月二十二日

---

① 跃臣为胡近仁弟弟，又名跃承、跃丞，信中落款不一，为了使读者便于辨识，统一改为跃臣，特此说明。

② 此信内容与跃臣"十二月初七日"来信对应。信中"做风水"和"教兄"有关内容与泾县"胡佩兰""二十二年元月二日"来信相印证，可推知该信可能写于1932年年底。

③ 风水，即坟墓，徽州人俗称。

34.近仁致跃臣书二

三弟如面：

迩来连日大雪，愈积愈深，想路中必难行走。倘店中实有需予来溪之必要时，望缓至初九，再行代予雇轿到里，似亦无碍事机。若目前可以无大必要时，则在元宵后或俟清明后，再到溪可也。匆匆特启，顺询年绥。

兄近手具，嘉平月①二十三日

35.近仁致苣生书②

苣甥如面：

昨由邮寄上一函，度当早已投到矣。兹闻发发同伊母爱环将于后日起身，你母嘱再书数语，并将已做就芬、盛两人之鞋底两双，一并托由伊母子带下，至祈检收可也。家内所雇之长工名仙保者，前日竟乘你母来上庄时，潜捆铺盖不辞而去。真出人意料之外，可见外地人氏终难相与。自伊上工至今，只一个半月，此数十日内，据你母说，差不多日日小心下气地顺着他，对他说话并未错高声一句。现在忙时将届，他却不顾而去。有人疑他被旺川旧东诱引，因虫忙到期雇人不易之故，亦未可料。但此等人毕竟难信用罢。至于工钱幸只支十元零数角，透支尚属无几。现你母嘱予迅函三溪跃弟处，令代雇一男工到里，不卜能否雇到？如能雇来自属最妙，否则上忙便费踌躇矣。屯溪于前日自卫团哗变，闻中国银行及其余大店被抢劫者十数家，损失当以万计。抢后散走，以此，日内郡城戒严颇紧。我原拟明日赴府，现在只得再延一日，到郡后一切情形当再续为报告可也。府上及舍间均安好，匆匆特启。顺询筹绥！昨夜恰九珠上门抖用，正值乏长工的机会，故你母已允雇他，并经三茂从中说合，比旧岁加工钱五元，因忙场在迩，免得再换生手，总算不幸之幸。知□注念，合并告明。雨生、明卿、镜如暨诸位乡台均候。

愚舅氏胡近仁手具，四月二十五日

---

① 嘉平月是对农历十二月的一种别称。
② 此信从"三溪代雇工"内容看，可能与苣生"二十二年四月十四日"来信对应。

36.近仁致胡运中书①

运中先生大鉴：

敬启者，日前接教育局陈君转来县署公函，具悉续修《县志》事，近经县政会议通过，弟以菲薄获参编纂之末，谅荷台端奖饰所致。展诵之余，惭感交并。惟此事民初曾经倡举，今旧事重提，似当远鉴故辙，期在观成第。未识经费状况如何？又，止、东②二公对此曾否表示意见？弟因久未来城，个中实在情形诸多隔膜，尚祈惠示大概，俾作南针。无任盼祷！忝附交末，故不揣冒昧，具函上渎，想台端当有以见教也。匆匆敬启，顺颂公绥，兼祝潭祺示备！

世小弟祥木启拜

37.近仁致润丈书③

润丈大鉴：

启者，上月造府，面商一事，比承面允，于本月中旬掷下，并令晚在二十日前抵用云云。现已届十八日，尚未蒙掷下，日夕盼望，秋水将穿。刻前途已定，念三四日起程，故连日催促甚迫，务乞俯念交谊，从速掷下，俾应眉急，不胜急切盼祷之至。匆匆敬恳，顺颂潭绥！

晚胡近仁拜，即日申刻

---

① 此信是给胡运中先生的复信，与续修《绩溪县志》有关，当写于1932年。
② "止"即胡晋接，字子承。晚号止承。"东"即仁里程东屏。
③ 此信虽短，但近仁的急迫心情却一目了然。推测此信是为了带长子福保去上海治病而筹集资金的，可能写于1928年。另，此信信纸正上方印"洪剑儂用笺"。

38.近仁致可龙书①

可龙我哥如面：

敬启者，日前由府上转来大函，又由教之兄函内附来手条，均经后先展阅祗悉。种切棕榻②三副，已于日前雇友赴临溪抬运至里，所有自渔梁至临溪船力，并上下力洋九元，亦由雇友手当面结付清讫，祈纾远注为荷。再弟前在宝号时暂借之款，虽由杨氏缴款内扣还，但不知此外尚有零项未归否？诚恐临行匆促之间，难免有失记之处，希即费神向令内弟询问一声，如果有零尾手续未理，祈将所该数目见示，以便照数奉上。倘□□无手续，得便亦乞函知，因弟实在记忆不清也。舍间不幸，第二侄媳日前服毒逝世，被曹姓纠率多人前来骚扰，结果损失当在四五百元以上，此真晦运之事，想我哥闻之，当为一叹也。又村内家骥叔、明达公次子亦客死江西之吴城，壮年凋丧，孤寡茕茕，亦我村不幸事也。天气渐暖，诸希珍摄为荷！余事续叙，匆启顺颂筹绥，诸乡台均候。

弟近仁拜，六月二十五日

39.近仁致东屏先生书

东屏先生：

昨接手书，知悉近况，佳胜至慰，鄙惟振之，君能得到笔分位撰辑，令人闻之喜而不寐。弟本拟刻日首途，只以近顷牙痛颇剧，兼天公不做美，连日日中均有暴雨迅雷，是以□复，次旦一俟气候转晴，便当就道，大约新历月尾月头间当可到馆无？良觌匪遥，诸俟面罄，匆匆先复，顺颂日绥。馆内诸同仁均候。

弟祥木，十一日

---

① 此信是这批信件里近仁写的信唯一有信封的。信封正面写"徽城察院前交胡开文墨庄，胡可龙先生启，上川董人缄"。参跃臣来信二十一年六月二十五日，又参甥程芑生二十一年七月五日来信"三舅遽受弗测，不预之祸"，与此信中"舍间不幸，第二侄媳日前服毒逝世"对应，可推知此信写于1932年，即民国二十一年。

② 棕榻，指棕毛编织的绷床。

他人写给胡近仁的信

1.族侄骍来信一

近仁老叔尊前：

半年之中通问殊少，吾叔或能谅我懒也。日前，乃以儿女之私辱吾叔殷殷垂示。侄非草木，宁不知感激遵命。实以近状如此，如此致不获已耳。侄尝为吾叔言，生平有二大恩人，吾母吾兄而已。罔极之恩，固不待言，而小人有母，尤非他人泛泛者比，侄乌忍上逆吾母之命而作此忍心之事。总而言之，予不得已也。侄对吾叔不敢打一诳语，叔宜信我耳。近来心中多所思虑，郁郁终年，无日不病。有最近之照片一帧，在吾舅处，可证吾言也。辱示赠周卿诗，第四句甚佳。惜周卿不足当此。吾叔殊未知周卿实一莽男儿，不学无术者也。近作若干首，录呈乞正。今年工课繁重，殊无暇及此，偶有所感，便一为之。六七月来，得诗不过二十首耳。近来读杜诗，颇用一二分心力，忆得百十首。余无所成，颇用自愧。老叔近读何诗？迩来上海购书稍易，老叔欲得何家诗集者，请以书名见示，当为老叔得之也。此颂道安！

侄骍顿首

侄事已于家信内详说一切，叔可于家母处索观便知。

2.族侄骍来信二（诗一首）

十载联交久，何堪际别离。

友师论学业，叔侄叙伦彝。

耿耿维驹意，依依折柳辞。

天涯知己少，怅怅欲何之。

丁未夏，余归自申江，与近仁先生别三年矣。相见依依不忍言别，而又不能不相别，赋此留别，即希教正。

（一九〇七年）秋八月族侄骅谨识

3.族侄骅来信三（诗四首）

其一

有叔有叔字近仁，忘年交谊孰堪伦。

香山佳句君知否？同是天涯沦落人。

其二

十年老友三年别，别后相逢互索诗。

含芙高吟含笑读，互拈朱笔互书眉。

其三

怜君潦倒复穷愁，愧我难为借箸谋。

吟到泪随书洒句，那堪相对共悲秋。

其四

劝君善炼气如虹，莫把穷通怨化工。

错节盘根知利器，勖哉时势造英雄。

予与近仁先生交，几及十年，亦莫知其交谊之所由始，唯觉与年俱进耳。今年夏予归自沪渎，先生昕夕①过从，其乐何极。今且别矣，敬赋此为赠，用以自附于赠言之义云尔，词章云乎哉！

丁未（一九〇七年）中秋后一日族侄谨识

4.族侄骅来信四

近仁先生大鉴：

别后于九月初八日始克抵申，明日即重阳矣。七夕尚与足下携手共观巧云，今日何日，乃不能得与足下共赏黄花令节矣。念之能无黯然魂销耶？小

---

① 昕夕：早晚。引申为整天。

诗数章附函寄呈，待足下评骘甚殷，匠石之斧断断不可不挥也。今夕即有人返里，匆此布达，即询进境。

（一九〇七年十月十四日）族侄骈顿首

英雄得自由，丈夫贵独立。

历尽诸险艰，妙理闲中得。

集随园句奉赠

附诗

挽王汇川

今年岁正始，揽胜到苏州。

下榻劳贤主，先驱导远游。

凄凉闻噩耗，儿女有遗忧。

（君有子未周岁，有女未嫁）

何日苏台畔，携尊奠故丘。

十月九（日）夜，离群索居，俯仰身世，率成右（上）律。（此诗和者甚多，先生肯赐和一二章否？）

生年今十六，所事竟何成！

苦虑忧如沸，愁颜酒易颓。

伤心增马齿，起舞感鸡声。

努力完天职，荣名非所营。

题秋女士瑾遗影

生前曾卜邻，相去仅咫尺。

云何咫尺间，彼此不相识。

身后见君影，倭刀光熠熠。

秋雨复秋风（秋女士口供止书"秋雨

秋风愁杀人"一句），斯人不可作。

> 毅斋主人未定草

（附言）途中寄怀一诗，本未入流之流，不足记忆。如先生能为我点铁成
金，则尤当九叩首以谢。

> 骍又白

5.族侄骍来信五①

近仁老叔足下：

得六月十三日手书，喜极。此函之前，曾有一书，收到后已奉答，想曾
达览矣。读来书叙年来景况，令我感喟不已。幸佳儿聪悟，慰情当不少。孩
童体弱者，不宜过于爱护，宜多令运动，步行最佳；饱受日光空气，胜日食
参、苓也。此意前函曾略及之，幸留意。来书谓拟组织一哀情小说，闻之极
欲先睹为快，望先将布局始末及回目见示。来书谓"自问脑海尚不耐过剧之
运动"。此言非。脑力愈用则愈出，不用则钝废。如钟表中机械，不用则锈蚀
之矣。曾文正曰："精神愈用则愈出。"此言是也。唯须用之有节制耳。"梦
学"，素所未窥，暇日当一研讨之。如有所得，当以奉闻，以为《梦学真诠》
之资料。美、墨并未开战，美兵在墨登岸，占一城死数十人而已，今已将了
结矣。此间并不受影响也。白特森君是此间商人，业保险，其人极古朴可亲
也。其夫人待适真如己子，异乡得此，殊不易也。承规睡少之弊，极是。适
平均睡七八时。去国后身体尚好，数年未尝入病院云。近颇作诗否？有所作
乞寄示一二，近读何书？亦乞见示。匆匆奉白即祝珍摄！并请菊坪夫人秋安！

> 适顿首，七月二十三日

---

① 该信约作于一九一二至一九一四年。

6.族侄骍来信六①

近仁老叔足下：

久不通问讯矣。舍间书来，知去冬以图书集成一事，重劳足下与禹臣兄查检数日，感谢感谢！家母处极困窘之境，犹事事为儿子设想，真令游子感激无地矣。适今已毕业，且不归来，拟再留二年，可得博士学位，然后作归计。适岂不怀归？顾求学之机，难得而易失。一旦归去，则须任事养家，无复再有清闲工夫，为读书求学计矣。故此时只得硬起心肠再留二年。适离家七年余矣（适丁未归省一次，庚戌去国）。二年之后，归期在丙申（辰）之夏。九年之别，此情不易受也。所可自慰者，堂上尚在中年，岳氏亦无责言。否则，虽能勉强忍心居此，亦难自遣耳。老叔近状如何？菊坪夫人无恙耶？膝下已有子女若干人？近常作诗文否？吾乡文献衰歇，老叔为桑梓文人魁杰，此责不容旁贷也。适近年以来，为蟹行文字所苦，国学荒落不可问，偶有所感，间作诗词，唯都不能佳。写去冬所作古诗三首，奉寄足下，即乞削正。此三诗皆写此间景物。如足下得暇，乞为家慈诵讲之，则感谢不尽矣。适在外不得暇晷，或犹有辞。足下里居，不宜永弃故人，坐令以岑寂死也。附呈英文信面二个，无论黏在何种信封，皆可寄来。匆匆即祝双安！

附诗乞示禹臣兄何如？又及。

适白

7.族侄骍来信七

近仁老叔足下：

适负老叔深矣。比年以来，屡欲作长函奉复，数次来书，而人事卒卒，终未如愿，久之积书既多，益不能即复，因循复因循，而适积欠日益深，譬之负债之家，债负日积，则益不易偿还，其不至于倒账者幸矣，今日偶有暇晷②，决计与老叔为长夜之谈，以赎前愆。老叔近有志于著小说，来书中屡言

---

① 该信作于一九一四或一九一五年。
② 暇晷：空闲的时日。

及之。今愿为老叔一陈所见。

小说在今日为文学中一大分子，其价值功用早为世所公认。吾国文人向视为小道，今世风所趋，亦不能不认附庸为大国，二十年来林琴南之译本，李伯元、吴趼人之看书皆足为吾国文学界开一新殖民地，此大幸事也。在今日文学过渡时代，看小说者殊乏异才。李南亭之《官场现形记》乃《儒林外史》之脱胎，《文明小史》亦不出此窠臼。此二书虽于世道有关，其铸鼎照奸之苦心虽不可没，然二书皆零碎不完，结构极劣。吴趼人自是今代第一作手，其书以《九命奇冤》《恨海》《二十年目睹之怪现状》为最。《二十年目睹之怪现状》亦是《儒林外史》一派，以用心命意见长，而布局极松。《九命奇冤》可称近世一杰作，《恨海》亦自非凡品，二书皆有深意，布局又佳，可传之作也。此外则《老残游记》《禽海石》皆近世名著，《孽海花》则稍逊矣。此外，则自桧以下无讥焉矣。近出之小说（看本）如来书所称之《玉梨魂》均未寓目，不敢妄为月旦。译本则林译之迭更司之《滑稽外史》《块肉余生》《贼史》，司各得之《十字军英雄记》《撒克逊劫后英雄略》，小仲马之《茶花女》皆世界名著，有志小说者不可不三复读之。君朔译之大仲马之《侠隐记》《续记》《法宫秘史》（三书是一部大书）亦可诵。

今之作小说者须取法两途，一复古，一介新。介新云者，取法于西方大家名著，如上所述诸书足备一斑矣。复古云者，以新眼光读吾国旧小说，撷其精华，法其写生之真透，布局之雄奇，用意之高苦，然后以之施诸今日之社会，得古人之精髓，发为当代之文章，是之谓复古。吴趼人、李南亭、洪都百炼生皆自古小说中得力不少，故其所著书乃是中国文学，非如近日之小说家如蒋景缄之流，但能作一二书假充译本而已。

古小说中下列之书都可以不朽：《水浒》第一。看其写生状物，置之司各得、迭更司书中，何有愧色。《儒林外史》第二。看其写人物之逼真及其用意之高，眼光之远（如科举之毒）。《石头记》第三。看其状物叙事，看其写纤屑细事，何等精密，看其写贵族社会之荡逸淫奢，何等婉而尽。《镜花缘》第四。看其见识之高，此书全书为女子抱不平，看其写女儿国一段，何等眼光，何等魄力，看其政治思想之奇特，此乃吾国希有之理想小说也。《西游记》第五。此书奇处在其无中生有，说鬼话滔滔不绝，其想象力之奇可叹。《七侠五义》第六。此书文学家多不屑道之，余独赏识之，以为杰作，看其用土语写生、写人物，为后世开苏白、粤话之先河，看其人物如蒋平、智化，何等生动。《儿女英雄传》第七。看其布局之奇。此外则无足道矣。《品花宝鉴》亦有佳处，《金瓶梅》则一无足道，人之誉之实过当也。上所举七书，作小说者不可不熟读，正如作文者之于《左传》、《史记》、韩、柳、欧、苏也，正如作诗者之于三百篇、汉、魏、李、杜也。唐人小说如《虬髯传》《红线》《隐娘》诸篇皆吾国杰作，不可不读。老叔如有志小说，不可不取法乎上，取法乎上无他道，远取诸古小说，近取诸欧西名著而已矣。

小说之宗旨有二，一以娱人，一以淑世。《西游记》《七侠五义》娱人之作也，《儒林外史》《镜花缘》淑世之作也。司各得、仲马父子娱人之作也，迭更司淑世之作也。李伯元、吴趼人其志皆在淑世，故其书甚有关世道，其人皆可附以不朽。老叔将何择乎？无论娱人淑世，小说之法不出两端，一在状物写生，一在布局叙事，吾国小说盖以状物写生胜，西方小说则兼二者之胜，今当以西方之结构补吾之不足。前所举各书中布局最奇者，莫如《撒克逊劫后英雄略》，写生最工者莫如《水浒》，而《儒林外史》次之。布局非多读书苦思不可，写生状物非多阅历不可。短篇小说尤不易为，年来译有二三篇，最近有《柏林之围》一篇，载《甲寅》第四号，乃法国名著也，曾见之否？手头无有此本，否则当以寄呈矣。大著《刀笔吏》及《柔情记》，近已有出版处否？甚欲一读之。来书以初次寄稿被退回，即欲废然掷笔，此大不可。古人怀刺三年字漫灭而不已，西方文人往往屡投稿而不获刊行，经年而不倦，一书不售，再作他书。若一击不中，即飘然远飏，则未免近于悻悻器小之流，非所望于老叔也。老叔耻于投稿他家，此亦非久计。适有时有所著作，投一家不受，则另投一家，此不足耻也。今以文字糊口者日众，而杂志业未发达，自难无遗珠之憾，然若文章有价值，终有知音之人，望老叔勿遽尔灰心也。

近颇作诗否？适去国日久，文学荒废不可问，有时偶作诗词，写意而已，不能佳也。附呈数章，即乞教正之。

今之文士结"南社"①，自命为文学坛坫，而流品极滥，屡邀适入社，不愿应之也。吴草庐注本《老子》已觅得一本，乞叔勿再钞，老叔为适觅书事煞费苦心，感谢不尽。字典诚如来书所云，无有善本。商务印书馆新出《词源》一书，可谓空前绝作，曾见之否？来书感叹身世，读之慨然。吾乡文献坠绝，今日椽笔端推老叔一人，甚望终始努力修德进学，为桑梓光宠。天下何事不可为，不朽之计者，文章特其一端耳。教育童蒙亦足以报国，尽力桑梓亦足以报国，分功易事，正是此理。儿时与观宗祠祭事，每闻唱曰："执事者各司其事。"今十余年不与祭事矣，而此七字历历犹在耳中。今人但患不尽职于所司之事耳。若官忠于其职，士忠于其学，民忠于其业，天下更有何患乎？

老叔今虽无用武之地，然教授童蒙乃今第一大事业。老叔虽屈居乡里，未尝无救国淑世之机会也。今日吾乡私塾尚用旧法教授否？适幼时得讲书之力不少，今私塾中为儿童讲书否？窃谓旧法高声朗诵，不解字义，直是误人子弟，一无用处，今日私塾教师不可不急改良。识字不在多，在通字义，若儿童入学数年而不通字义，则教师之罪不可赎也。若谓讲书太费时刻，则宜用分班之法，令诸生同读一书者，同时上书，同时听讲书，则不费时矣。其实教人子弟，不宜惜时。私塾教师之天职在教书，其他皆外务，非其本分也。本分之外而有余力乃可以作他事，吾国内地塾师多为私事分心，殊非社会之福也。此意偶尔感触而发，适去乡十余年，亦不知桑梓现状，正如村夫野老说朝廷事，可笑。

适近思往哥伦比亚大学肄业，其迁校理由见第十一号家书。适尚有一年

---

① 南社是中国近代史上规模最大的进步文学团体，于1909年11月13日在苏州虎丘成立，被称为中国近代史上爱国知识分子最集中、参加人数最多的民间组织，高旭、柳亚子是南社发起人。南社受孙中山领导的同盟会影响，取"操南音，不忘本也"之意。

之留，一年后归来亦不知作何事业，能得一教席或报馆撰述便可安身，不作奢念也。现尚不能预为归国后糊口之计，去国已久，情形隔膜，一无把握，老叔其何以教我乎。舍间多承照拂，令游子得安心远游，此意非语言所能道谢，惟当铭之心腑，俟他日面谢耳。

菊坪夫人想安好，膝下儿女无恙耶。适数月前得冬秀一书，词旨通畅，颇疑为老叔拟稿，乞老叔有以释吾疑也。

适客中平安，可告慰。匆匆即祝为故人珍重加餐。

适白，(一九一五年)七月十三日夜

8.族侄骍来信八

近仁足下：

久不通书，甚念。唯每得家书，便见老叔笔迹，相思之怀因以小慰。正如老叔读吾家书，亦可略知适近年以来之景况也。近来作博士论文草稿，日日为之，颇不得暇。故亦不能作书与老叔细谈。近来颇作诗否？昨在友人处借得《小说月报》观之，深嫌其无一篇可看之文章。甚叹李伯元、吴趼人死后小说界之萧条也。适近已不作文言之诗词。偶欲作诗，每以白话为之。但以自娱，不求世人同好之也。今写二首呈政，以博故人一笑而已。

孔丘

知其不可而为之，亦不知老之将至。

认得这个真孔丘，一部《论语》都可废。

朋友

两个黄蝴蝶，双双飞上天。不知为什么，一个忽飞还。

剩下那一个，孤单怪可怜。也无心上天，天上太孤单。

老叔以革命诗读之，可也，一笑。

适，(一九一七年)九月四日

9.族侄骍来信九（明信片）

胡近仁君：

勿勿一别，已隔百余里。昨夜宿南湾，因途中遇雨，故不及赶到三溪矣。承赠诗改稿，似更胜，可见诗不厌改也。有、否两韵改作最好。"秉铎""附骥"尚属以暴易暴。适此次归来竟不得一诗，可怪可怪。想系太匆忙之过。诗神最爱闲，一忙便跑了。深呼吸法，如得便，乞教舍侄试为之。此法无论如何，终有益无损耳。匆匆不及见湘帆一别，见时乞代致意为荷。菊夫人处亦望致意。

适,（一九一七年九月）十四日,瑯桥河

10.族侄骍致胡近仁书十（词一阕）

阴历十二月十七日夜，在夜行船上，戏作一词：

生查子

前度月来时，你我初相遇。相对说相思，私祝长相聚。

今夜月重来，照我荒洲渡。中夜睡醒时，独觅船家语。

近仁老友正之。

适,（一九一八年一月二十九日）

11.族侄骍来信十一

近仁老友：

前得手书，极所感谢。所云一切，皆极中肯要。我生平最爱率真，若于吾母前尚须饰伪，则人道苦矣。前得第五号书，言母病状，吾实不料病是真情。吾初疑此必系家庭中，如家秭嫂一方面有为难之处，而家母不愿明言之，故以病为言（此节既非事实，望勿为他人言之）。盖家信从未言吾母病发，又时冬秀方在江村未即召回，故不疑吾母真发病甚"沉重"也。吾之作书询足下，正以此故，若真知为病，决不复询问足下矣。今吾母既决令冬秀来，固是好事，唯自得足下书后，极忧冬秀出外后家中无人照应。吾母又极耐苦痛，平常不肯言病。此亦不是细事，真令我左右做人难矣。吾之就此婚事，全为吾母起见，故从不曾挑剔为难（若不为此，吾决不就此婚，此意但可为足下道，不足为外人言也）。今既婚矣，吾力求迁就，以博吾母欢心。吾之所以极力表示闺房之爱者，亦正欲令吾母欢喜耳。岂意反以此令堂上介意乎？吾之欲令冬秀早来，其原因已详说于家书中，想已见之，此亦补救之一法。不然，吾十余年独居，岂不能耐此几个月之岑寂耶？此事已成往迹，足下阅此书后，乞拉烧之，亦望勿为外人道，切盼切盼。来书言革新事业，已有头绪，闻之甚喜。革新后，里中万不可居。能来京一行，最佳。此间虽不易图事，然适处尽可下榻。即不能谋生计，亦可助适著书，亦不致糊不出一人之生活也。无论如何，总比在里中好些。足下以为何如？冬秀出来时，请足下至吾家将一部《龙川集》，一部《王文成全集》检出令彼带来。匆匆即祝进德勇猛！

适上，(一九一八年)五月二日

12.族侄骍来信十二

老近：

谢谢你的信。我的病好些了。龟甲文字的研究，要算罗振玉先生为第一，故我把他的一本《殷商贞卜文字考》另挂号寄给你，省得我写长信了。文字学须从字音一方面入手，此乃清儒的一大贡献；从前那些从"形"下手的人（如王荆公），大半都是荒谬。自从清代学者注重音声假借、声类通转以后，始有"科学的文字学"可言。章太炎的《国故论衡》上卷最宜先看，然后看他的《文始》。若有顾炎武、江永、戴震、段玉裁、孔广森、钱大昕诸人之书，亦可参看。沈兼士之说没有什么意思。石鹤舫的诗词我都有了，请不必抄寄。新近又向曹尚友先生处借得一部刻本，你的"传"何时可成？渴望渴望！做"传"时，请处处注明材料的来源，但求确实，不务繁多。绩溪做"传"的人，只有胡培系所作诸传是真有价值的。胡培翚做的次之。程秉钊先生的著作，不知邑中尚可搜求否？乞为留意之。此事比修志更重大。

你的诗——《尝试》——犯了一个大病，就是抽象的议论太多。你曾见我的一篇《谈新诗》吗？可惜我病中不能细谈诗。我的女儿名素菲，身体还好。你们修县志，修的怎么样了？

适，民国九年十一月六日

13. 族侄驿来信十三

近仁：

你的《石鹤舫传》，我收到已久，因病中不敢作详书，故迟迟未复。今天又得你十一月五日的信，我不好不先答一封短信。此"传"甚好，深合作传体裁。末一段"唉，文人多穷……"以下，略嫌浅俗，故我代删去。余如"总而言之，鹤舫实是一个感情浓厚的人啦！""啦"字即"了"字（京、津人语），用在此处，不妥，故代删去，而改"实"为"大概"，又删"总而言之"四字。此皆小节。较大者为"传"中说他病重时还亲自整理诗词，交给齐章付印。此当是根据齐"序"。但我细校齐刻本，觉得其中诗词皆非定本，其篇数之去取，字句之异同，都远不如先父手抄本之精当（眉批：抄本岭北有数本，闻皆同先父本而不同刻本），次序亦绝不同。此中似有研究之余地。依我看来，齐"序"所说，甚不可信。便中我当再作《校勘记》寄给你一看。《省志》如在上庄，请你为我一查，姚际恒（旁注：休宁人，寄籍仁和）的著作及事迹可有查处？他有《庸言录》一书，在《四库存目》里。还有《九经通论》一书，各家书目皆未著录，请代一检，何如？我的《国语文法》，并未成书。将来大概总有的，但并无"在印刷中"之说。《中国哲学史》中、下卷大概夏间可成。我又病了，现在还不能上课，但此时将愈，请勿念。《绩溪小丛书》我搜得不少种了，但须等到我余钱时始能陆续付印。此决非短时期中事，但收罗遗著仍不可不尽力进行。现在我随时作一《绩溪著作存佚考》，于城中诸胡略有眉目了。祝你健康！

适，民国十年一月十八日

14.族侄驿来信十四

近仁叔：

前不多时，曾寄一信，谈宗武事，想已达览了。五月二十二日手书已收到。福保的问题我以为可先进二师。现在真没有好中学堂！那里不是你说的"机械教育"？二师的危险是很明白的，所以不足怕。易卜生的儿子少时，易卜生送他到俄国去留学。人问："你是爱自由的人，为什么不送他到美国去？"易卜生说："美国人得着了自由，故不知道自由的真价值。俄国人没有自由，故真能赏识自由的意义。"二师虽专制，却是制造革命党的好地方。胡子承不但替胡适之造了许多信徒，还替陈独秀造了无数党员（但这个消息，你千万不可让子承先生知道）！福保不妨先去二师，等到他被子承先生开除出来时，他已是饱尝自由的忠心的信徒了。如果将来福保的经济有不足时，我定可以帮助你一点。福保的白话诗，都通顺了，《月》一首最好。做诗先要文理通顺，将来总有进步。绩溪一班少年诗人，无论如何，总还当得起一个"通"字。大概将来绩溪要出不少的诗人！我记得你曾集山谷句送我，中有一句是"少年有功翰墨林"。但将来的少年人，如果都去学胡适之做白话诗，那么，我就也许遗害他们不浅，将来我也许得着"少年流毒翰墨林"的墓铭呢！素菲又大病，恐不易好了。余都平安。

适，民国十三年六月四日

15.族侄驿来信十五

近叔：

校事得你主持，再好没有了。我今年底也许能回来走一趟，但行期还没有定。秬嫂说曾代为相定一地，在曹家湾。此地须请你费神一看，如干爽可作坟，便可决定买下。近年选词一册，日内出版，附呈一册，请你指正。学校同人乞代致意。

适之，民国十六年十一月二十五日

16.族侄骅致胡近仁书十六

近仁叔：

前不多时，学校各位同人在我家中会议，对于来书所提各节，均讨论过。大致如下：

（一）本年先汇一百元。

（二）十六年份捐款照旧收齐。

（三）祥善、吉卿、衡卿、在斋、绍之五人均应在学校内立一种永久纪念。（1）校内悬挂他们的照相。（2）请近仁就近征集各人事略，为作小传，用青石刻小碑，嵌入学校墙上。

（四）本校历年捐款，除造清册报告外，应在校内立碑。

关于（三）项，鄙意拟定一普通格式，略如下方：

□□□（谱名），字□□，出生于□□□□年，死于□□□□年，曾任本校□□，自□□年至□□年。服劳甚勤，本校为立此碑，以垂久远。中华民国□□年□月立。

立碑文用楷书，字不必大，如此措词，可省许多主观的褒词，可免许多口舌。老叔以为何如？

关于课程一事，我年内不能赶回来，请你斟酌办理。老叔不可不任教课，薪俸请照聘请教员常例，不必客气。其现有教员，请你酌量去留。石家有石原皋，北大学生，现在家中，似可与商量，请他暂任一点功课，课程也可与商酌。他的成绩还好，人也极忠厚。

剑奴处我们未有信去。如校中不需人，可不必去函。如实需人，请你直接去函。匆匆即祝府上新年大吉！

适上，民国十七年一月五日

17.族侄骅来信十七

近仁老叔：

你的信已收到了。你太客气了！其实我原信的意思是请你援照聘请教员最高年薪之例。你既不肯自定，现由我定为年薪二百四十元，自十七年一月起算。上海同人，由我去通知了。一切费神，十分感谢。

适敬上，民国十七年二月十二日

18.族侄骍来信十八

近仁叔：

上次失迎，真正对不住！我五月一日一定在家，你可以来吃中饭吗？或饭后来也可。福保的病现在怎么样？我虽敬爱王仲奇先生，但我以为此病终宜请西医诊看。所住的地方亦须注意，如在煤烟重而空气不佳的地方住，不如带了方子回家乡去吸新鲜空气也。

适之，(一九二八年)四月二十九日

19.族侄骍来信十九

近仁老叔：

前得手书，具悉一切。学校事有小不如意，此固是意中的事，千万请勿灰心。家乡日即衰落，救济之道只在兴实业与教育两途，而实业需要资本，非吾辈所能为力，故只有教育一途尚可为。此时姑且尽人事而已，我们亦不必存大奢望。不存大奢望，则失望亦不大。此乐观主义的唯一根据也。舍间坟前新塝，闻汝昌说此块地无税。此事可否请观兴公一查，将税拨清，以免将来有纠葛。税拨清后，即可动工作塝。款已交汝昌带一部分来，但汝昌甚忙，恐不能多顾及此事。可否请赞祖兄代为照料工事？如有工事纠纷等情，请他同老叔代为作主决断。此事能早日作完最好。我们此时不能分人回家，十分歉然，故须劳烦你们两位，千万请原谅。又闻汝昌说，水如曾将我家的大小买全业田向人押草粪。此事大荒谬。可否请老叔代为一查？如真有抵押之事，似非起佃不可。此事亦乞老叔查明后作主办理为盼。如水如仍要佃种，非写租批不可。祝府上都好！

适之，民国十八年四月一日

20.族侄骍来信二十

董叔：

特刊和手示都收到了。"博士茶"一事，殊欠斟酌。你知道我是最不爱出风头的；此种举动，不知者必说我与闻其事，借此替自己登广告，此一不可也。仿单中说胡某人昔年服此茶，"沉疴遂得痊愈"，这更是欺骗人的话，此又一不可也。"博士茶"非不可称，但请勿用我的名字作广告或仿单。无论如何，这张仿单必不可用。其中措词实甚俗气、小气，将来此纸必为人诟病，而我亦蒙其累。等到那时候我出来否认，更于"裕新"不利了。"博士"何尝是"人类最上流之名称"？不见"茶博士""酒博士"吗？至于说"凡崇拜胡博士欲树帜于文学界者，当自先饮博士茶为始"，此是最陋俗的话，千万不可发出去。向来嘲笑不通的人，往往说"何不喝一斗墨水？"此与喝博士茶有何分别？广告之学，近来大有进步。当细心研究大公司、大书店之广告，自知近世商业中不可借此等俗气方法取胜利。如"博士茶"之广告，只可说文人学者多嗜饮茶，可助文思，已够了。老实陈词，千万勿罪。

适之，民国十八年十月二十七日

21.族侄骍来信二十一

近叔：

见着莘麓，知道你已到了家中，并且身体见好多了，我们都很高兴。千万多住山中，多晒太阳，此是妙方，可不费一文，而功效极大。此问双安！

适之，民国十九年三月四日，冬秀问好

22.族侄骍来信二十二

近叔：

谢谢你的信。我们都很高兴，只希望你能继续休养，先把身体养好了，再作别事。莘麓现仍回里，鄙意似可请他到育英去教书，总比家内一班旧人好点。尊意如何，乞酌夺。

此祝府上都好！

适之，民国十九年三月二十六日

23.族侄驿来信二十三

近叔：

前托焕文信客带上药一箱，不知收到否？如已收到分送，乞赐一信。如未收到，乞向信客询问收取，免日久霉烂。里中设图书馆事，不必大规模去做，只须有一所勉强可用之屋，一间储藏，一间阅览，有几十个书柜或书架，有几千部书，便可成立。若侈谈几千元、几千元，则此事必无望了。匆匆问好！

适之，民国十九年七月十一日

24.驿致胡近仁、文波书

近仁叔、文波兄：

近与世界统计学者威尔廓先生谈论中国人口问题。他主张中国人口不过仅仅回到"长毛"反前的人口数目，此时决没有四万万五千万人，不过约有三万万五千万而已。中国学者多不赞成此说，我独很以此说为然。曾为举一证据。先父年谱中说，我族宗祠道光年间落成时，全族人口六千人。至同治乙丑冬至查点乱后孑遗，只有一千二百余人，十分已去其八。吾乡七十年中未遭兵乱，然吾族人口仍不能回到六千人之数，其他各村，似亦有同慨。闻去年村中调查户口，系文波兄办理。可否请文波兄将吾族人口（户与口）实数抄一份寄给我。村中近有若干外姓人口，也望示知。近叔历年修谱，必知各村人口盛衰。如有各村谱上之反前与反后至今之人口表，也望抄寄，十分感谢。此问题关系国家民族的病态，近仁叔素有学问兴趣，千万不可放过乡居的好机会，多收点好材料。盼望复信。

适之，民国十九年九月十一日

25.冬秀来信一

近仁叔：

来信都已收到了。承你问适之的病，我们都狠①感激。他的病完全是因为

---

① 狠：应为"很"。

劳苦寒热所致。他的劳苦，是不必说了。六月里他因为要到南京去，《水浒传》序不得不在北京赶快做成。那时露水本多，他每天坐在天井里做文章到半夜后，怎样不受寒？后来到南京去，南方天气热，据说他每次下课，一身的汗都像水似的。一天又要会三四十个客，每晚只睡四五点钟，他如何能受这种劳苦？他回京时，就说脚痛，后来简直不能走路了。医生看看之后，才知道心脏因劳苦寒热受伤了，由心脏影响到脚，所以脚也不能走动。不过那时饮食仍如旧，也不发寒发热。这病虽由外国医生考查出来的，但吃外国药却毫不见效，还是吃黄芪吃好了。现在医生说他的病已好了三分之二了。不过这病是要静养的，所以他现在也不会客，也不做文章，也不到大学去上课了（旁注：告了两个月的假）。

两个小孩子身体都很好。福来现在想也好玩了。惠生公来说，他在家时，吉娘对他说，细姑要来法。我们以前本预备托惠生公带来法回家给细姑，但是来法在外面太变了，他竟不肯回家。现在已托闰祥公说与一个歙县人，几个月之内那人就要来带来法了。他既不愿回家，我们也无法。若那歙县人不来带他，或不要他，那时再说罢。这些话，都请你转对吉娘说明。适之有一本书送你，已付邮了。无别事了，再谈。

冬秀，十月十七日，九月六日

26.冬秀来信二

近仁叔公：

许久未通信了，近来很好吧？适之的病已完全好了。在医院里住四十多天，现在还在家里静养。前几日接秤嫂一信，知已将后进房子租给生辉公了。据说生辉公已和我说妥，这件事事先我一点也不知，最近几日才接着生辉公一信。房子既已租给他也没有什么，不过听说生辉娘很欢喜赌钱，要是常赌钱就难免闲杂人进出，与我们名誉上很有关系，请转告秤嫂注意。附上一信，请烦转交。匆上，并祝康健！

冬秀上，适之附候

27.冬秀来信三

近仁公:

倾接来信,知道月仙和士全公家大闹,此事实在情形如何,我还不很清楚,请烦代为调查清楚,给我一个信。月仙太不懂事了,烦你当面申斥她一顿,叫她俟后必要守规则,再要给我听见闲话,我就不寄钱给她了。又附上给士全公一信,亦烦转交。此事很麻烦你,将来再面谢。匆上并祝健康!

冬秀敬上,七月二十二日

28.逸民来信

近仁先生:

惠察远违,光彩倏已月余□,动定多佳慰符远颂,民本拟如期到校,奈家父病体缠身,至今未见稍松,殊觉可憾,又贺碓屋定于本月初八日竖柱,目下工人齐到,一时不能乏人照应,处此情形之下,民实万难抽身赴校视事,校内所授各科,只好请先生转托校内诸位先生代民分担以免误事。

容俟初十后,民当可返校,一切违情之处伏乞见谅,为荷惠此手泐①。

敬请教安! 教弟逸民谨启,五月三日

再者下期事,民决不再就,请先生早日于□别觅高贤以振校事,至盼至盼又及。

29.程应龙来信一

近仁姻长先生尊鉴:

久鲜函候,抱歉良深,敬惟起居多福,潭第吉祥,允符下祝! 敬启者,兹因沪地徽宁思恭堂办事同人集议事,因旅沪各同乡会及会馆大都办有特刊记载各项事实,对于徽宁旅沪人民亦众创办特刊势难容缓,惟特刊登载序文等品须征两郡名士佳作,胡适之先生□□系当代大文学家且亦绩人,委雨代为恳求,但晚又系办事之人之一份子,无可推诿,惟适之先生佳作,恐难求得索,稔姻长与适之先生情深知交,专函请托必不得至推却,故恳代专函恳

---

① 手泐:手写。

记撰一序文，但恐未明情形，故托宣太君带呈《征信录》①一本，请代转寄，计邮费代垫若干，当即奉□，种种有烦。

金神容当叩谢，专此恳托并请夏安！舅□大人均此请安！

弟姻晚程应龙叩，四月二十四日

30.程应龙来信二

近仁姻长先生尊鉴：

久鲜函候，抱歉良深。敬惟起居多福，潭第吉祥，允符下祝！敬启者，兹因先生函托右君，尚卓林君处划款事。因渠事未了，毫无头绪；又因新茶上市，须赴杭采办应新，故将尊票请祥枝君保留。目下幸渠事已告结束，今庚里中收茧客系渠介绍，其亦托友筹保巨款附股其间云。晚因尊款事，曾数度接洽，准将尊款附入茧股，免得先生再受损失云。卓林兄与冯连生君，准于今晚搭轮由芜返里，茧款由杭起获，且请□介徽以应收茧需用云。卓君日内度可抵里，请与面洽。尊票仍存祥枝兄处，一切候示遵行。专此具禀，并请夏安！舅母前均此请安！

姻晚程应龙鞠躬，五月十日

31.钟山椎子来信

晓蓉先生钧鉴：

久违雅海，抱歉良多，每怀求见之忱，徒作畏途之戒，时局风云变迁，靡定杞忧难免，何处是世外桃源？虽久住深山之中不得□，致于草木皆兵，猿惊□怨，能无恐乎？究之谈岂无稽传闻属确，从此逡巡退缩，莫解疑团，莫往莫来，似与先生隔若万重矣，晚拟来乞书中堂一幅，无非年关，已届不可求思，只俟来春想当可得耳。令甥处之馆事，不知新岁有意邀之否？尚祈冗务稍暇裁复数行以免悬念，匆此上读，并颂，复书请由竦岭转递，因有肩粮人之便带。年禧教晚！

钟山椎子上言，□□月念一日

---

① 《徽宁思恭堂征信录》，为徽州、宁国两府旅沪商人重要的社会活动记录。

32.莘麓来信一

近仁世兄大人钧鉴：

久未承教，近稔起居康胜，文祉增祥，顺颂无量，教敬启者。徽社发行之《微音》①月刊现将出版"徽州教育专号"，素仰先生文章深邃，敢乞撰稿赐刊，无任感盼，关于吾徽先贤诸大教育家能有统系之历史见惠尤所欢迎，便中并恳为先严撰一短序，盖晚拟将先父遗像刊诸《微音》故也，千万希拨见一撰，速即赐下，至为感幸。再者晚近在家兄处毫无善状可陈，可愧也。日内拟赴东南医科大学报名入院实习，但不卜可能如愿否耳？前途漂渺，极深怅惘，尚乞不时赐教以匡不逮，乃祷匆匆奉达，并颂秋祺。

世晚莘麓再拜府上均，八月十日

33.莘麓来信二

近仁先生史席：

久未承教，系念殊深，想百事胜常，定符所颂。《春晓》刻将付印，先生允锡鸿文尚祈早日见惠，俾吾侪有所遵循而为故乡造福，盼切盼切。再者顷有友人欲求先生墨妙，如天气晴朗即恳大笔一挥，感激无量，专此奉达，敬扣潭安。

教晚莘麓拜上，十二日

34.莘麓来信三

近仁世大人文席：

揖别以来瞬经数月，少候为歉迩稔。潭祺晋吉，道履绥和，定符下颂。

晚命不逢辰，屡更波折，伊郁穷途，□□志短，此所以人之善可陈而徒自悲者也。近复悲境遇之清寒，技能之幼稚，几欲仄心而自杀然，而生为大事来，当为大事去，岂可稍存消极之思，遽萌短见以贻羞于人？更何以答慈亲抚育之恩及长者之厚爱耶？故不敢生厌世之想，日惟读书补拙而已。湘兄近任本部秘书长之职。日内当即开赴前方工作，前日新闻中刊有《西北军近

---

①《微音》，由绩溪旅沪人员程本海主编，为胡适、汪孟邹等成立的绩溪学社（后改为徽社）组织的刊物，发刊于1923年。

状》一文，谅已早悉不赘，惟所委晚任旅部军医之职业已辞去。盖晚方深技术之秤，目前用世虽可暂济燃眉而于进展中不无自满而有阻。然而计划难酬，端在金□掣肘，此所以告退亚东而欲求适之先生于书铺中代觅一职以图自立，俾免减少家庭负担也。此意曾托馨广兄与大人道及，不卜已达到来。昨日遇亚东书馆主人汪孟邹先生，谓乡间最乏良医，人材不易，嘱勿厌心，并允于德医黄钟博士处托其介绍，汪君乃适之先生至友，事当有谐，敢乞再修书一通与适之先生，请其留意，或医院，或与铺，务乞能代谋早成功，并乞为我多多致意。此事若成，乃晚毕生幸福之所系，受惠亦最深，感幸亦非晚一人已也。

金风渐凉，请乞珍摄，不胜耿耿，顺祝潭祺百益。鉴臣、景周诸先生均乞致意。

晚莘麓敬白

35. 镜莹来信

近仁姻兄如晤：

别久思深，想指挥如意，为祝弟自徐北返沪，即拟息影淞滨，专为民众团体之下层工作，乃上月闻同事吴汉民新膺西北独立茅二师长兼右翼正指挥后即由宁电促就秘书长职，固辞不□，尸位堪虞，刻参谋长张庆武等均随师长由扬州行营进抵泗阳，宝应弟因兼驻沪通讯处主任留申未行，而前方暂由张映歆秘书与三四书记官勉负责任，日前叠得前方电告本部队伍前锋已抵汤沟沐阳一带，指日便能直趋徐海会攻鲁南，而秘书处人才惟觉欠缺，弟意拟请我兄担任中校秘书代行秘书长职务，舍弟莘麓曾述及我兄亦思来沪，戒绝黑累，果能成行则努力革命中，兼可脱离苦海，似于党国个人均得裨益，况前方一经进展，希望颇有□□，但北方环境稍异，南人大都不惯耳，用特专函奉达如荷赞同，请即命驾来沪，以便专人伴赴江北也。忝属知己，故敢冒昧上渎，希我兄为□夺后而赐复音，为荷匆匆草此，敬颂潭祺不备。

鉴臣、姻弟柯湘帆谨启，及诸友均乞致意！

镜莹，民国十六年十月十七日

36.门生胡乐丰①来信一

近仁夫子：

先生给生的信收到常久了，当时未答复，因为有几种原故。想先生定不责我呢？先生来信说了被张子蕃先生荐与郭曾琛衙门内的事，生闻之不胜欣喜！夫先生的学问，不惟生等所敬仰，即吾邑的人才，怎样不知先生的学问呢？先生现在虽任县中的事，将来的名誉，奈有不日就月□呢？

吾邑迎郭拒张，想郭知事的学识定能出超张知事呢，望先生于暇的时候示知为要。郭知事这个名字我觉得很相识的，当生在里的时候，曾看见知事的卡片过，想彼与余之父亲定能相识，倘先生在县中可和他谈谈予父亲的历史，昨天向友人处借来《新潮》第三卷一号内，看见静之的诗文，也居然登入了，先生知道吗？生到汉已将半月，天气颇冷，又加之降雪十余天，心甚忧郁，店中内容，笔难细说，目下账虽未结，以大概论之，亏本非一千即二千有奇，生当此困难之时欲进不能，欲退不忍，诚生不幸中之不幸也，况生之意难欲读书，而经济即不为我所欲也。先生请看，读书这个方法，岂不是一个难问题吗？生定于月半前回申，先生之信请寄至大马路新世界内汪裕泰内罢，倘□到无暇答复，即请寄到院中。恭贺新喜！

门生乐丰，财神日

37.门生胡乐丰来信二

人间岁改，天上星回，恭维近仁夫子大人：

献岁以来，履祺纳燕，文祉迎羊，师母并诸弟辈等俱各天相吉人，定符量颂。忆去复暑假归乡，虽因时间匆促，又因各以事牵制，未能仰沾化雨，寸衷□切帐帐何之。生自抵校以后功课繁多，而商科所读之书又皆生昔日见所未见，是以未能早日敬书奉候，罪甚黄□□，校中寒假为期一月，生本欲

---

① 胡乐丰（1903—1989），绩溪上庄人，出生在一个茶商世家。1928年毕业于上海大夏大学商科。在校期间参加上海"五卅惨案"的罢工大游行，又参与徽社《微音》月刊的编务工作。先后任职浙江建设厅、安徽建设厅，后又在安徽大学文学院任助教，抗战时期，在多地任中学教师。生平热爱书法。

在申庆年，岂知店事纷纭，安能如愿，即于九日搭轮来汉矣，汉上市面较昔日为清，盖鄂豫接触所致，同乡所创之业□□□□生之两店，莘与前□□匆匆敬上，此请春喜。门生乐丰鞠躬贺。

春正月初九日，时日阴

38.云峰来信

近仁先生惠鉴：

日前驾临诸多□间慢歉甚，令交小侄奉上洋二十元，请先生行收用，仍有十元俟边，当即奉上，因弟有亲事关系，遂致经济问题殊感困难，屡次延期，尚希原谅，是幸次儿授室择于月之十八日薄治杯茗，请先生大驾光临以添蓬荜之色，□任欢□特此奉启，益颂时佳。

弟云峰谨上，十二月初七日

39.与续修《绩溪县志》有关的来信一①

堇人兄大鉴：

手教敬悉，续修县志马公兹具决心，并定近日开一会议，嘱带函请执事，准于十七日到城。东屏已留城相候矣。余托欣安，弟面告。即颂刻祉！

弟运中拜，四月十六日

40.与续修《绩溪县志》有关的来信二②

近仁叔：

今日由城回所，代运中先生带上一信，邀吾叔于明日赴城会议，续修县志。侄所坐来之轿，明晨着其到府。望整理行装，如约前去可也。匆匆草此，即颂大安！

侄安，四月十六日

41.与续修《绩溪县志》有关的来信三

堇人先生大鉴：

驾返□里闻抱贵恙，造化小弄，想占勿荡，伫仰念日内馆中连接各方复

---

① 此信与近仁先生写给胡运中先生的信对应，又与"绩溪县第三区区公所"胡竹安的来信相印证，与续修《绩溪县志》有关。因此可推知，此信写于1932年。

② 信纸上方印"绩溪县第三区区公所用笺"，信封正面写"交胡近仁先生胡竹安"。

函，并修志凡例，我兄系原事起草凡例，昔参互考订□，待高贤维絷，有心务盼，凡驾用特专函奉渎并乞，鉴□□外是所至□□此，敬颂潭安。

弟马吉笙顿首，六月十五日

42.与续修《绩溪县志》有关的来信四

近仁先生惠鉴：

迳启者，续修县志久已进行，万难再缓。昭甫先生于旧岁来局编辑已将兼旬，查诸君分任各志现俱脱稿。闻台端担任门类尚未交局，想大笔鸿才早有成稿。务希早日来局或将尊稿寄交，以便交局汇纂，再行择日邀集士绅开会订正。不胜盼望之至，专此敬贺。

春禧

愚教弟 名正肃

43.与主修《新安柯氏族谱》有关的来信一①

董人先生伟鉴：

别来数日，如隔三秋，矜维潭第增祥，文坛集圭为慰。启者，前代王、胡二君所议桃源谱事，现已开局，屈指旬余。而彼族众刚值秋收，管理人全无主张，全体谱司不能就绪，夕夕坐食。昨日弟到谱局，观其情形很为难做事，似是骑虎之势，欲进不能，欲罢不得。勉拟一法，是以烦竟成君来前，敢劳大神介绍一事。如先生在坦川局中更好，托向贵族执事说项一番，合修最妙。倘蒙见允，速赐示知，以好派人接洽一切。如何办法，祈对竟成君谈妥答复可也。种种费神，容后图谢。专此奉托，并请铎安。列友先生，均此候之。

弟柯见如免冠上，七月二十日泐

44.与主修《新安柯氏族谱》有关的来信二

近仁先生卓鉴：

接来覆书，示以节近清明，有种种家务，不得抽身来局云云。闻言之下，

① 根据胡祥木撰写的《新安柯氏族谱》序文，修谱始于"壬戌（1922年）之夏"，"四易寒暑"，到"民国十五年（1926年）四月"完成，可推知有关书信都在此期间。

亦知事出实在。本不应一再固请，奈局内工人坐待开工。虽示以忠一①所抄之文苑，先付禾民。弟等揽而观之，尚有不清之处。倘一误印，诚恐损失浩大。因此不嫌烦渎，再请大驾，于十六日降舍，到局中停顿一二日，再行回府。则弟等径当面表示，亦可放心付印。事关万要，祈勿吝书，祷甚盼甚！今交来人奉上洋二十元，请收为清明之用。前信所以未提者，指望来局当面奉交耳。专此渎陈，即询潭安！

弟见如、云峰上，祝三附，候二月十四日

45. 与主修《新安柯氏族谱》有关的来信三

近仁先生大鉴：

前接来书，嘱寄杂记及《像赞》稿。本应早日送上以副先生雅命，不意多印一份之稿，被临久私行携去，所剩二份只够订两部草稿，是以至今未践前约。兹已嘱忠益抄录，伊云待子茶忙完工，当即代为抄就寄上，不得有误。前托带上校训代裱，经今多日，谅当裱就。望先生与来人言明在何处，任伊去携，以便悬挂。舍下演戏，约在本月二十五六日，敢请大驾届期贵临，以增蓬荜之光。祈弗吝玉，是所盼祷。烟霞已备，可勿庸累及也。专此布意，即请潭安！

弟见如云峰上，六月二十日

46. 与主修《新安柯氏族谱》有关的来信四

近仁姻兄如握：

久疏通候，歉悚殊深。此维凡百遂心为祝。湘寄居春浦之涘，足陈奔走，依人靡增太息，其不令我入于消极者难矣。吾兄英才超特，亟宜及早鹏飞，终老故乡未免可惜。日前寄上家严《像赞》，烦即专人往粘为盼。匆匆草此，敬讯暑安，合府均候。

弟名正肃，六月二十六日灯下

---

① 此信中"忠一"应与见如、云峰六月二十日来信中的"忠益"是同一人。

47.与主修《新安柯氏族谱》有关的来信五

近仁老先生惠鉴：

桂月下旬颁来大章，适弟不家。重阳边又接大示，本拟亲自踵府接洽，奈连日收款兑江西案之款。以致稽覆，抱歉之至。刻接令本递来华简，拜读种切。前在府约筹，通融半数，以尽八月为限。弟返舍百计筹措，只望如期奉上，以昭信用。不料竟难如愿，刻下仍无法可想。缓后一步，前所通融之数，当尽绵力筹奉。一切苦情，□宅□场时，当造府一谈。失信之处，请兄曲为原谅乃荷。特此申覆，并颂潭安！

弟柯云峰拜，九月二十一日

联上名字请书"心斋""钧廷"①

48.与主修《新安柯氏族谱》有关的来信六②

近仁吾兄台鉴：

叙别后又阅三月矣。想道躬纳祜，潭祉迎釐为慰。敝姓修谱之事，已于前月初八日召集各派到祠会议表决进行，编辑一层，当日曾对大众宣布，敦请吾兄为主任，一时全体赞成。弟以此事诸多未谙，拟恳吾兄先行指教，得暇请即乘舆来，舍弟等预备欢迎，一切容俟面叙定夺。适挺然侄赴校之便，手此，顺询文祺，并候驾临无任祷切！

五月初十日，弟章钟馨上言

49.办学有关及学生来信一

近仁叔台鉴：

逖后希接读，手谕诵悉一切，正泰叔业已晤面，诸事将已接洽矣，□释□念学校事承热心兼□□欢无任感佩，毓英校长已举定适之兄为校长，业已允许堪以无虞，惟代理之责，据其恳托吾叔代为行之事，甚相当津贴一层，

---

① 信末一句是写在一张小纸条上的。另，信封正面写"托覆呈胡近仁先生启 谷川柯云峰缄"。

② 此信虽与《新安柯氏族谱》无直接关系，却是章氏族人请近仁先生前去修族谱的，与近仁先生修谱牒有关，故收在此。另，此信无信封，信纸左下侧印"姑苏艺兰堂制"。

由其担任酬谢，洋□百二十元聊表寸意，想叔素□提倡教育热心公益，定不为却也，□□□处适兄有函致彼，聘为学务主任，借剑奴地址，适忘怀该函尚未发出，祈示明为要。毓英之办理不善，望即扫除或更新思想以发展为目的，所有经济之接洽，侄暂负责接洽并转。编号赐云便可，进行□捐事如侄在内者，准照来函办理可也，此复即请钧安。

侄卓林，九月二十三日

50.办学有关及学生来信二①

近仁先生惠鉴：

尊示敬悉，贵校本期员生一览表暨视察表，已由周君逸民携送来局，惟立案表三份迄今未见寄来。祈与前期各项表册，一同从速寄下为荷。再日前令通告及奖励金钤领据一纸寄奉，日内定能送达。兹先由来人带上贵校本年度奖励金，票洋一百元，到祈核收。并将本局颁发钤领据，分别盖章盖印，即行寄局换取临时收条，是荷。匆复。即颂近祺！

绩溪县教育局，一月二十九日

51.办学有关及学生来信三②

校长先生大鉴：

迳启者，贵校学生江受晖、江受明于本期转学敝校，经考试后编定学级中班。未接到贵校转学证明书，未便呈报教局。兹具函由该生面呈，请贵校即办转学证明书两纸，交来生带下，以便转呈。无任盼祷。专此并请教安！

六月二号

---

① 信封正面左下侧印"绩溪县教育局缄"，正下方印一行小字"屯溪科学书馆石印"。

② 此应是歙县私立务本小学给担任上庄毓英小学校长的胡近仁的信函。信后落款是"歙县私立务本小学校"印章。信纸上方印"歙县私立务本小学校用笺"，左下侧印"校董许肇熙赠"。信封正面左下侧印"歙县私立务本小学校缄 校址歙东叶岔"。

52.办学有关及学生来信四①

菫人先生文席：

客春曾领教于申江，虽浮水一面，语亦幸事也。至今思及，犹存余味于胸中。近维道范晋吉为颂。友人柯莘麓兄，来鄂一游，虽无佳位足资其材，尚能偷间借读其书，此足呈告者也。特修寸楮，敬请铎安！

钟道泉拜，二月十四日

53.办学有关及学生来信五②

今收到近仁叔交来毓英学校账簿、图记等件，计开于下：

十九年份薪资膳食册一本；十八年份立附十九年份收支总册一本；高级小学图记一个；初级小学图记一个；明角方校记一个；明角长校记一个；木方校图书馆印一个；建筑校舍筹备处图记一个；第一国民学校长图记一个；校图记寄来往物件长图记一个；校齐封元印一个；第一国民学校元图书一个；贩卖部腰式图书一个；贩卖部长式图书一个；和记旧折七个（系取货折）不作用；现余四元五角三分。

此致近仁先生暨诸君台(同)，民国二十年十一月十四日
立收条人：胡镜莹(鉴)，胡鉴臣(押)，胡文波(写)

54.办学有关及学生来信六③

近仁老叔大人尊右：

敬别后，敬维福体绥和，为无量颂。方姓馆事，日前已专函接洽，讵料事出突兀，目下情形又生变化，以致侄所满望，终成镜里，云华曷胜怅怅。吾叔应怀若谷，当乞有以恕之。方君复函附奉，祈鉴启。此上，敬请

---

① 经胡适推荐，柯莘麓于1930年3月后到上庄毓英学校执教，内容见《胡适家书》中"致胡近仁，民国十九年三月二十六日"。此信意属"挖墙脚"，想把柯莘麓先生挖走。信纸左下侧印"钟道泉用笺"，信封正面左下侧印"私立武昌美术专门学校缄"。

② 此是毓英学校开给近仁先生的收据。根据时间推测，应该是近仁先生受聘后，要去县政府参加绩溪县志的编纂工作，这是将毓英学校的工作做个交接。

③ 信封正面左下侧印"旌德县立中心小学校缄"，背面有邮戳1枚，时间"二十二年二月二十八日"较清晰。

福安！

侄以录　鞠古二, 二

55.办学有关及学生来信七①

近仁先生：

顷奉手示，欣悉起居佳胜，潭第多绥，至以为慰。生生不辰，命运多乖，满拟茂炎弟渐成长大，坐镇汉皋，为我分外臂助。岂知一病呜呼，一切仍须自理。顾诸身世，命也何如？□□无赖蚕食吾村。今既死去，实为庆幸！联合若不再悟，败子回头，前途亦系可忧！

先生为梓里独一无二之人，学识尤啧②人口。今也□害已去，家乡事业，曷不再度一试？先生拟作黄海游，际此兵燹频仍，疮痍满目，哀鸿遍野，道德沦离，更有何处，足以赏心悦目耶？现在家乡学校，败坏胜前。诚如先生所云，此实吾乡教育整个问题，亦为办学者先决之事，盖必先有好教员，而后才有好学校。青年如此日趋堕落，学校岂有好的产生？彼青年开口闭口高说大话者，何梦梦也。生为家乡青年悲，生更为家乡教育悲。固不暇为若辈计，亦不屑为若辈告也。毓英学校，舍先生莫由。一方借教育为名，一方行整家乡为实，即大玉殿□不难造就矣。一举两得，先生岂肯置于不顾耶？

屡接乡友来书，谓绩城一带，盗匪迭起，昔日之安乐窝今亦变为非善土。我岭北本皆平靖，久而久之，岂有不受其波及之理！守芝等身为区长，何不设法整顿？清查户口为部颁定各县市乡自治之一，外人入境，自必严加考问，察其行动，一有不对，即行报县。如此一来，即宵小自难施其恶技矣。质之先生以为如何？

生也一生谨慎，六都洪子珍岂愿与交？子珍，本无一面之缘，去夏由守芝再三介绍，一见而知其性情乖谬，行为不检，乃不相见数月。日前以彼回

---

① 此信信纸左边侧末印"安徽建设厅公用笺"，信封左边侧落款印"安徽建设厅缄"。信中两次提及的"马"，应是民国二十二年任绩溪县县长的"马吉笙"。另，近仁先生的学生"胡乐丰"的3封来信，文中都有标点符号。

② 啧：争辩、大声。

家（流落在外状）至狼狈，借其数元，促其归里。讵却得寸进尺，要我向马介绍，严拒之。复要生代为致信运中，以情不可却，忝属同乡，允之而免厌也。此信一出，责问纷来，不言不语之老友朱小石，亦在信中谓："……如果属实，则吾兄荐人不免失当……迨其（马）到绩后必有所闻，及一朝发觉，恐于吾兄颜面有关，此应为兄所不取也。"今吾师亦以此见问，足见爱我之诚，待我以切矣。故将经过禀达，免讹传讹也。通志馆事未受若何影响，省库虽形枯竭，幸中央津贴十万，足以暂顾日前，一旦沪汉发生他故，则一切不免受其虞矣。江馆长多病，常驻沪江，闻子承先生有来皖说，不悉确否？六月善会，生拟离此一观，相见非遥，容当面罄。专复敬请崇安！

门生乐丰拜，师母前致候，四月一日

56.办学有关及学生来信八①

近仁先生：

别后匆匆，瞬将一载。屡欲作书禀候，只奈不悉吾师所在，致而作罢。今日之信，亦不过试试罢。四月间，程振钧先生来皖长建，相见之下，托为帮忙，以昔在浙同事，义不容辞，只得暂为代理。彼位以会计之职，自知人微责重，力所难伸。兼之安大事务未离，工作实形繁剧，直至下半年乃别校务而专建厅会计矣。

家乡社会越弄越糟，盗贼纷起，匪氛日炽，长此下去，真不知伊于胡底？生虽无舍亲离家之决心，但有不愿作徽州人之志。如某项计划成功，恐不免要做异域之鬼了。

前谈之建设事业（大路及坝），终以事务缠身，至今仍形大寺。午夜三思，实觉愧对家乡父老！如乡人认此二大工程为急需，吾师出而掌理，生当尽力以赴，更不作迂阔之言、风凉之论（生不愿在家乡做第三件正经事，此事成功，生之脱离徽州也迫矣。所以近来很想在外面买一所小小房子，以备

---

① 此信应写于"二十一年"即1932年。信纸左下侧印"安徽建设厅公用笺"，信封左下侧印"安徽省政府建设厅缄"。

此二大工程成功，再别故里，对得住家人，或则另组家庭，以促离徽之决愿。吾师知我、爱我，故敢直陈，敬希暂守秘默也）。

日前接鉴臣、镜荣、松太、文波诸长辈来快信，谓以杨林桥之大路暨坦下水圳直至林桥之石板，要生捐募，要生发起。生以非生素志，答复无从。该二大工程一未实现，生决不参加任何公共事业。人家恨骂，只有装聋作哑。盖棺论定，始知生之为家乡！

顷接舍下来信，知毓初嫂死了，茂六兄愿将细屋押给我家。生自当家以来，未曾押过丝毫物件，尤其在这个欲想脱离的当儿，就是售的东西亦不愿要，何况还是押？无奈丽来信，我又未便严拒他。加之六兄又是一家，明知将来不讨好，多话说，现在不帮忙他，何时再押呢？为情，为亲，只有听丽罢。不过一切的一切，我已有信叫丽请托吾师从中帮忙，当希示禀。是祷！肃此敬请年禧！师母福来弟均此。

生乐丰拜，十二月十五日

57.办学有关及学生来信九①

近仁吾师：

流光如驶，一别经年，"一年三百六十日，风刀霜剑严相逼"。曾几何时，二十一年度又将过去矣。敬维阳和在抱，福禄来同，引念兰阶，弥深鹭祝！生驹光虚掷，马齿徒增，感物候之鹜新，觉年华之易老，频年浪迹，故我依然，所幸贱体粗安，堪以告慰远□。顷接舍下丽来函，茂六兄之佃屋，拜谢吾师代为押下，足见爱我之忱，无微不至也。此之闻省府改组消息，谣言纷纷，报载张治中来皖继长，不悉确否？政界事如此一梦，谈什么上轨道不上轨道？专肃恭贺敬请新禧，阖府统此。

门生乐丰拜

---

① 此信无信封及落款时间，但文中有"曾几何时，二十一年度又将过去矣"。可推知此信写于民国二十二年（1933）元月初。另，信纸上方印"浙江省政府建设厅用笺"，证明作者此时已到浙江省建设厅工作，与十二月十五日来信内容相印证。

58.办学有关及学生来信十①

晓蓉先生阁下：

久承青盼，获益良多。驹隙流光，几易星霜矣。晚也幼年失学，于今搔首徒嗟，罔知稼穑之艰，未遂江湖之志，谋生乏策。比来糊口异乡，去鲁之齐，尽是羊肠险径。自顾毫无寸进，未展一筹，不如更换方针，奚必养生藉砚。谬蒙先生殷勤推毂，肯施薰沐于无盐。争奈鄙人谫劣学肤，讵能解嘲于边孝，未操刀而试割？窃滥竽以自吹，汗颜何以！揆诸义有不容辞知己感。深纵曲衷于焉以诉？桃岑地方仅睽二里许，家严意见，以为朝夕往还称便，如是而已。箬岭较远，兼之薪资不相上下，有所借口。惟鄙人甚不满意，毅然坚辞。桃岭地方不愿去，且因曩年曾有移居之志，辄向贵区一带问津，未果云云。方今生活程度太高，即乞先生转达，令亲方面倘能多招学生，较增薪水，事当左袒。匆此布意，伏希原谅，即赐教言为盼。顺颂年禧！

晚生质庵上言，腊月二十八日灯下

59.办学有关及学生来信十一②

近翁先生雅鉴：

灯期乍过，春雨连朝。晚自趋候崇阶，领悉种切。旋因他事绕宅川至十三日来复，未承面命耳提。本欲鹄立以俟，无如风饕雪虐，恐其没径，不能敬效游□，只得抱空而返。倏经旬日，僻处往来人少，未奉芳讯。逆料该馆必是别处订成，兹特专人造府，即乞示复现状。如不遐弃，极好之至。桃岭早作罢论矣，惟西坡再三来说，嫌其村落荒凉，水土不美，犹豫难决。吞在岁末，俾免望空秋水为祷，草此。敬颂潭安！

晚生万彬上言，元月二十三日早晨

---

① 此信是答复近仁先生介绍"质庵"去"桃岭或箬岭"教书的信。该内容与"二十二年二月二十一日芑生来信"及"二十二年四月十四日芑生来信附给母亲的信"相对应，这里的"质庵"，很可能就是芑生信中的"周子元"。据此推知，此信可能写于1933年元月。

② 此信无信封。信纸用的是一张红纸，与落款时间"元月二十三日"即过年时间对应。可见信作者是一位有文化、懂礼数且细心的人。另，从信内容及书写笔迹来看，"万彬"和"质庵"应该是同一人。

60.洪润章来信

近仁兄□：

前由怡泰奉上大洋五十元，已荷收到。仍有五十元稍改数天即行寄奉不误。手此，并颂大安！

弟洪润章叩，即日

61.程右泉来信一①

近仁先生台鉴：

昨接奉尊函，展悉承情，代拟代书成之招版说明书，极好极好！感情无既。所委办崇新书局《科学问答》一本计大洋三角，进化书局二本计大洋五角，邮□大洋者二角，赠品联一对，并交寄府上，然书内附有优待券一纸，至祈收惠复免盼，连前共大洋二元，便交舍下可也。东方文库出时取寄不误，再所求托敝村桥碑序文，何时有暇，即希金神挥赐，是所至祷专此，即请署安。

弟程右白水顿首，民国十六年六月

62.程右泉来信二②

近仁姻兄台鉴：

前布复一函谅早投电览矣。兹久未通申候，因今夏炎热太甚，如昔年在汉之热度。做事工作未能过分进行。然今庚受中日战事以后，百业不景气，本外埠生意均减，呆滞不行，吾业同情最大。缘因金融□紧，加银行钱庄不轻易放款，各业更受到打击，而今丝茶影响最大。敝行今新茶幸未独进，与曹泰生合三分之一，共计二千两，仍亏有数。本行接客茶亦因银紧少进，而市价步低。不及赶市求卸，即必自搁息租双亏。今查存幸不多，即少亏耳。近今以来，渐落未止，刻呆滞已极。店方观望不进，尤恐再贱。总言之，上

---

① 此为程裕新茶号请胡近仁代写"说明书"的信函。程右泉，绩溪上庄瑞川人，上海程裕新茶号总店经理。

② 此信封上落款时间"七月二十日"，另有邮戳5枚，其中芜湖1枚"二十一年"清晰。信封正面右上侧印"上海大东门外程裕新茶号内"，左下侧印"裕新隆茶栈缄寄"。再，右泉信中笔迹正楷，可看出近仁外甥名"芑生"而非"苍生"。信中的"中日战事"指1932年1月28日的"一·二八淞沪抗战"。

年大半未结束款未清，未可多发货。有名誉之店，今受银紧，不敢多进货。有此二层，价之步跌，今为客无不亏本。如后洋庄客帮不大动，市价升提不易，而本店及三号生意平平，不见起色。如此年头为商为民，均苦极不堪细告。再者，练母上年托君与蕴翁及舍本家，当册书面立约，托右保管更立淇记户，众所共知。而右此田决不要当负保管之责。今闻小春私强买，已由苑臣出信。小春、玉兰收回不收回又是一事。兹特拜托代向册书处，千万止其过户，并托雨生转润叔代止。无保管人出条不能过户，此事拜托阻止乃要。今接明卿嫂来函云及各事，毫无根据，并未立折，亦无此言语。为明兄脚疾延久未愈，视看与生命无关系。视此脚疾一时确不易全愈，延久不生变化不加外感，决无妨碍，望转言明卿嫂。□今彼亲笔信寄与家中，千万不可来申。如不受劝来申，确然加病。今住店中，彼乃女流，店中不便住；外之女人处又不可住。除此，衣食住何来？所急与阻止故也，为明卿兄一身节俭，余积有数，目倘有不测事，前询明当然双方顾到，望转言勿虑。今明兄闻此心恨极，乃芹侄无中生有，多事生波，所以亲笔函，勿听外人言等语。专此并请暑安！潭府均安。

弟程右泉拜

芑生接外来三信，已布置并托友，未见接洽，宜防未有大事，容告。

63.程右泉来信三[1]

近仁姻兄台鉴：

前接来函云及明卿兄事，后又接芑生函内各情。总而言之，现今世界人心不古，不及前之多矣。明兄脚疾比前好些，然伊侄芹玖父函云，已病加剧，谅另有用意，待明兄家内加急来沪等情。今明亲笔函阻止勿来，乃事实不可来为至要。为明兄一身谨慎，今查见实在存布庄六百元之折，乃外面女人收执，余则无有其事。今正大祥一千元股份，外本店中存数百元。所以不肯大

---

[1] 信封无邮戳，可能系托带。但据内容，与芑生"二十一年七月十四日"来信对应，可推知此信写于1932年。信封正面右上侧印"上海英租界东新桥北首"，左下侧印"程裕新第三发行所缄"。

化用治疾，亦此之故也。苣生接外函三次均以安排，意无接洽人。今又旬日，未见函与动静，谅无大碍。然七月三十一，右接一函，云右患烟，有人串合军警来搜敲诈。而右接函后，将物收晒以防之。不料八月五日，竟发生四人来搜查，见无形迹而去。为右叩吉幸甚！不卜此后有何变化否？此次乃失业者行之，而后右步步防之。待秋凉戒之，册书请代叮嘱，右本无意，由他后较。专此并请潭安！

姻弟程右泉拜，八月七日

64. 程右泉来信四[①]

近仁姻兄台鉴：

日前接苣函附来令姐手示，展悉各情，所及伊之本家如有发生事故，乃极其不易办理。然雨、苣两方互相推诿，待到最后地步，双方却不去，尔怪我、我怪尔，仍必出手而了。双方不生成见，乃先商办法、和衷共济，合力除之。久而言之，遇着此等本家，勿可如何？今次来申，寓新店，借过二十元，后代调□一场，计彩洋约二十元，另以外未借分文。每日在店不出外，视他自节省用，而烟日吞夜食□□，而右负之。此外，前苣赴河南，右略探询，无大表示。然后苣返申，至今亦未有何言语。为苣在栈多，来店时少，或则朝北会见时少，今不见表示与动静。右度在申作长期住宿，视雨、苣如何。如作急催归，乃时似必摆出条件，而今无事亦不询问。此之情形，希转达令姐免盼。今托自惠内兄，带上税簿一本，拜托君劳神代向册书收过税户二处，即上年面托过之税：一则程和记户，土名"庙后田税"七分七厘；一则程有来户，土名"水圳便田税"二分一厘，计费若干代付或向自惠收取为托。舍孙女夭亡，乃讨债的不作惜，加之瑞开不成器，专入下流，此乃最伤我痛心。而今虽在京都，谅难改过自新。右思再四，想不出善法劝他醒悟，

还祈指导方法处置。并请金神直达函致他，解释指示规劝为托。专此并请潭祺集吉！外桂圆一斤，祈收笑纳为荷！

姻弟程右泉启，十二月八日

65. 程右泉来信五[①]

近仁姻兄台鉴：

今接到示函聆悉种种各情。前托自惠带上税册，托劳大神扒过税户。已蒙劳大力过入，又未花费，心感五中，谢谢！所及旧茧已卸，委向楚善收取洋一百元，昨日照收来入册。然前兴业之二百元早入计，前调三百元今□冲合符，已作清册，随为之息不计。为茧售此价未见过，可谓生意之难。敝上年芑生进修水办红茶，上年存搁□，今售三十元，亏血本十五六元，加利栈租要展三千余元。而上年结归山内，已亏三千多矣，可谓利害。核之本年生意，首即注意，因银紧缩少，大约平稳，无甚关系。今所亏短，均受上年之故。一则存货，二则旧账借口难收。本店生意清淡，同业同情，他业亦不景气多多。三号七枝生意开支难减，亦必亏血，而来年又则改良，又则忍痛收歇。欲长此不赀，而右思之再思之，真无善策矣。所最苦者人才，今老店月十三被人骗去贡菊三担五百二十元，今登报通缉，刻无端倪。专此并请潭府年安！

弟程右泉拜

66. 程右泉来信六[②]

近仁姻兄新祺迪吉：

潭第近祥，为之祝颂贺之！右入春来诸叨粗安，敬释锦念。兹者，上年生意幸早紧缩，亦因银根金融界不易放出，致各家存茶不厚。今正红盘开价，均有利占。而全年结束，敝老店叨庇获余。为行中除去开支，并上年烂账及倒闭外，所余不过几百金。幸未短屈，亦云侥幸矣。三号短去三千五百元，

---

① 信封落款时间"一月十八日"，邮戳4枚，背面2枚系上海的，正面1枚余杭的，1枚老竹岭的，老竹岭的时间"二十二年一月二十一日"。这封信的邮路比较特别：以往来信都是由"上海"发出，经"芜湖""旌德"再到绩溪，唯独这次是经"余杭""老竹岭"的。

② 信封落款时间"二月十六日"，邮戳2枚，较模糊，依稀见"二十二年"。

比较上年少短二千元。内中已去利息近三千元而官利不计。照此情形，为有努力再维持，以最后收效果。然雨生有不及待之意，且怨他人不明白太甚，乃有包赚钱之伙计。虽人不自开店，然右自问忠东无二心，尽吾心力矣。而同事不能同吾一心，又非一人之力可支。即他在店不负自持，又无主张，候视盈亏为转移，询商至再不负责之言，欲云收歇，受亏已大。今年努力再试一年，成绩如何决定之，无他法。为三号之情形，吾君所深知。请教指示一切，感之无既。再正大祥上年仍余三千多，除首二两届亏本，□比仍余一千四百元，内中尚未十足。再此一二年乃就的实矣。万全昌交账来看，两年余一千一百元，内亦未十足。因账作洋二千二百元，右未暇去过目，又此成绩总算侥幸。南桥亏短几百元，连以前亏去不少，细核资本无有矣。旧年被吾外嫂多用几百元以上，为我君知，已直告耳。但令甥苣生十六动身，由余杭返里，谅早抵里，各情询之便知。再者右今思之，兹特与君商之：上两年茧子不好，一落不起，谅未之有过。如此，收者寒心。右想今年收价必贱，决不似旧不起耳。右想今年拜托代附带股五百或一千。雨、苣二人望便询问，有意附搭股否？而右望君宽附一二。不符望复函，当代力筹借，而内中君可谋执一权否？一切均望赐复为荷！专此并请春安！府上均安。

姻弟程右泉拜

苣生未另具函，请与接洽。

67. 程右泉来信七

近仁姻先生台鉴：

前接来函，未即修复，抱歉。想府上诸大吉祥为颂！兹者，前云及茧事，如前股多，而右等作罢是也。今明兄谢世，令人痛悼，况身后无多款项，正大祥股本洋一千元。近年茶行失败危险大，今几友商之，该股推让与本行，将洋生息为万委。今附上函托递，并望解释。如同意，托代书推据，伊母子签字。如此，谅君亦同情耳。专此并请大安！

弟程右泉启，四月十三日

68.程右泉来信八①

近仁先生台鉴：

前来手示，恰弟在山，未即致复。为前书已取于十五日交邮，谅可不日投到，代付邮力大洋二角。仍有之书，待出版取寄是也。今者无别，兹附上包皮纸一张，恳求金神大力代做说明书，及赛会得奖章并招牌，一并求书寄申为感。目今商战竞争时代，不得不改良，且今庚茶之山价贵极，借此改良易见推销。如能畅行，均蒙君所赐，感德无既耳。乞求快速寄下，乃托乃感。专此即请大安！客祉集吉。

弟程右泉启，五月二十三日

69.汪柏林来信一②

近仁先生钧鉴：

日昨接展台札敬悉。文祉增绥潭祺，叶吉慰如所颂！承委购之福寿药房无忧宝一瓶，连《宝鉴》一本，早已备来。惟三友之透凉罗二尺之门面，并无此种名目，只好向该社剪来小样两种，请观检定。透凉罗每尺六角四分，美色卫生帐料每尺三角五分，还有白色每尺三角，与美色帐料相仿。门面一概六尺阔，如合尊意，需料若干，乞示遵办可也。知关锦注特邮敬复，时届浔暑，诸希珍摄，专此顺颂履安！

小弟汪柏林谨启，民国二十一年七月六日

---

① 信封上落款时间"五月二十三日"，邮戳共4枚，其中旌德县1枚依稀可见时间"二十二年六月二十七日"。另，信封投递地址"芜湖转旌德县城内交亲逊学校胡近仁先生等"，背面又小字补充"如先生旋府，即烦转寄绩溪八都上庄交。请勿致误，至托至感"。可知，近仁先生在旌德县亲逊学校教书，可能系在1933年前后。再，《近代乡贤胡近仁学术研讨会专辑》中"董人"遗作"程裕新茶号之过去与将来"没有时间落款，本人推测，此篇可能就是应右泉此信之求而作的，时间在1933年。

② 信末都有时间落款，年月日清晰。四封信用的信纸信封都相同：信纸上方印"汪裕泰茶叶第三发行所"。信封正面右上侧印"英租界四马路望平街口"，左下侧印"上海汪裕泰茶叶第三发行所缄"。信中夹带"福寿大药房发票"一张。信封正面写"芜湖转濠寨送上川投胡近仁先生台启 汪柏林"，背面写"七月六日"，另有邮戳2枚，上海、芜湖各1。

70. 汪柏林来信二①

近仁先生钧鉴：

日前奉上芜笺，谅邀台阅矣。兹逢董家王君鉴臣返里，顺道托带上暑剂一瓶，（附内）代办之无忧宝一瓶，附送之痧药水十瓶，如有不适者，代施为荷。其余六神丸、痧气丸与痧药水，统乞代交卓倓兄转屯。有劳大神，不胜感激。嗣后如欲委办物品，尽可请来示说明，遵照办理，原无不可。特肃寸简，敬请健康，并祝潭第百福！

小弟汪柏林谨启，民国二十一年七月七日

71. 汪柏林来信三②

近仁先生赐鉴：

昨读华翰，就谂起居安吉为慰。敬启者，福寿药房之品早烦鉴臣兄代陈，谅已投到。附达同仁福药丸，该邀先生代为转达，惟红色补丸两瓶，匆匆疏忽，未曾托鉴臣兄奉上，抱歉良多。透凉罗购就七尺，因现行市尺也。兹逢焕文兄来里吉便，连补丸两瓶一并托伊代陈。附上南枣二斤聊表寸忱，幸希莞纳。肃此敬复，顺颂暑安！

小弟汪柏林谨启，民国二十一年七月二十三日

72. 汪柏林来信四③

近仁先生赐鉴：

昨接台札拜读种切，承委代办之品至今未曾代陈，殊嘱遗憾。况董家鉴臣兄于上月二十四抵里，见仁寿堂秀峰兄致杏清弟函中，兹读惠书，正百思不解之间，适见杏清弟函中云，途次水涸，现仍逗留渔梁。由临至渔三道水闸均已封锁，须要三、六、九开放半天。可见吾徽辗转运输之艰，真如蜀道也。闻家乡七、八两都已递旱状矣。此间久晴不雨，酷热非常，禾田龟坼。

---

① 信封正面写"外暑剂一并拜烦台驾吉便代陈胡近仁台收 汪柏林托"。

② 信内附"三友实业社发票"一张。信封正面写"浙江昌化转绩溪濠寨上川交胡近仁先生台启 汪柏林寄"，背面写"七月二十三日"，另有上海邮戳2枚。

③ 信封正面写"芜湖转濠寨送上川投交胡近仁先生台启 汪柏林"，背面有上海邮戳2枚。

于十号晚间忽然乌云密布，至十点四十分，雷雨大作，倾盆如注，倒泻银河。昨上午又大雨一阵，约一小时之久，得雨颇畅，民众莫不喜如色。今日天公犹有大雨欲来之势。苍苍者，何独厚于苏而薄于皖，天公亦有之不公允耶？近日家乡能邀甘霖之降否？沪上东洋军不时越界示威，居民不无惴惴。未识国府如何交涉，制止贼货源源进口。现有组织血魂团锄奸，专警告进贼货之奸商，或附子弹或投炸弹，制日贼之死命，喝醒奸商之良心，效否？以观其后耳。承询敬复，顺颂福绥！

小弟汪柏林谨启，民国二十一年八月十四日

73.祥钧来信

近仁老弟惠鉴：

月前大驾言旋，愚因事羁身未及趋前话别，至今怅之。昨得惠书，欣悉贵恙早已痊愈，不胜欣慰。前蒙面允代做遗嘱一事，如弟得有余暇，费神代为起一草稿，寄下一阅。至于愚所草原底稿，已命兰泉侄带上，请弟向他取来以作参考。做就即祈将稿寄来。吾弟何日回申？亦祈示慰。因愚对于正式立据，亦须费神也。五弟媳闻近以感触发疯，令愚闻之颇为哀怜。望弟就近挽托五弟媳之姊妹，前去劝他（她），能得五弟媳心地明白，可以行动，可代托信友带他（她）来申，与愚同住，免得孤寡无依。旅费多寡，概归愚担认，请放心。再祠中族簿，请弟代领一部带来。如弟一时不来，可先交妥友寄来，计洋若干，候示当即上奉不误。一切费神，容图面谢。此复，并候近安！

愚兄祥钧拜，五月二十四日

以上各事信到，请即详示玉音为祷。

74.乡弟程炳玉来信①

近仁乡台先生鉴：

久不道候，挂念殊深。此维阁第千祥，是以为慰。乃者特布无别，昨夜托程右泉宗兄，代划三□景春堂，由令弟转寄尊府，代邮三百元转递金山家兄春玉手收，应家中茶户之急。倘前途交到，有劳先生转达家兄，亲手收去，祈勿拖延。是所拜托于清神，容日面感不尽。匆匆此达，并拜暑安！

乡弟程炳玉,七月一日

75.程敏斋来信②

近仁先生台鉴：

久疏函候，歉仄良殷。敬维潭祉延宜，起居多福为颂。顷接小女品珠来信，阅为阁下手笔。关于守笏之事，台端知之甚详。此次闻说其仍来申经商，小女惟恐自后发生事变，意欲随其来，外请命于弟。因觉此事重大，未敢多所主张。想阁下与其家咫尺之隔，一切知其概况。惟烦台端探询教翁及守笏之意旨，俾小女之为准绳。此颂秋祺，潭第统此！

弟程敏斋手启,九月七日

76.程苣生来信一③

近舅大人尊鉴：

敬启，前在徐修邮奉上一章，想当投到细知。但前在徐时，拟于上月十二返宁，因届期各事匆匆未了，所至又停二天。斯及上月十四晚十点钟，始再登车。此车乃系（平浦）车，较徐专开浦口之平常车尤为快速。因有

---

① 信纸上方印"汪裕泰总栈用笺"，下面无小字，相对比"程敏斋九月七日"来信的信纸粗糙。信封正面写"要紧信面递前胡近仁先生亲展程炳玉七月一日具"，印"法租界福煦路口陆家观音堂对面上海汪裕泰总栈缄"。

② 此信无信封。信纸上方印"汪裕泰总栈用笺"，下面一行小字印"上海法租界福煦路口一百九十七号洋房"。

③ 苣生是近仁先生的外甥，上庄瑞川人，当时为上海程裕新茶号老板。来信最多，有信封的21封，无信封的1封。信中落款多用另外一个名字"尔丰"。此信信封正面印落款"南京东方饭店号缄"，背面印"东方饭店广告"。另有邮戳2枚，背面芜湖的相对清晰，时间"十八年四月二十七日"。

七八百里之游，久登车中，宜当疲困。今反不测，弗知途经乌衣站，于上月十四夜，在此两车相触（一乃徐专车，一乃浦开徐兵车）。相拼之时，两方车首均都折坏，兼伤损各三四列车，并伤亡人十余。待平浦行此双方损坏之车，以及各列车，咸皆睡困于铁道之中，非一两天可能搬理完竣。如斯，酌平浦车在此歇停有七八小时之久，自此电告浦站零（时）开十数列车赴乌衣站。平浦车的货若是直达，十五下午六时始再安抵浦矣。当在黄昏之际，即行渡江至下关，当夕在此觅一旅社安歇，□及今早赴城内。因下关与城内相离十余里之途，往返甚不为便，斯至城内，另觅此饭店耽住。兹准明日返申。顷预自返申后，在申不过耽留两三天而矣，即须赴杭。届时如何，再另告奉。幸自申至徐，由徐返宁，途中甚叨安好，仰祈勿注。并祈便咨母亲一声，请希释念，乃托乃感。再，自申赴徐之上日修奉之函，度该早至，莫识可有锡复耳？但未抵沪，亦不知晓，未知此中究系如何？曾得雨生云及，函后，而甥朝夕似有弗安之念念也。但刻下甥家现养茧若干，便祈可一一赐知，乃祷！匆此敬请大安！舅母大人、福来弟均此道安！祈代道候。

甥尔丰拜叩，三月十六日

77.程芑生来信二

近舅大人尊鉴[①]：

敬奉者，顷接上月二十六发邮手谕致悉，三舅遽受弗测不预之祸。甥等闻之，无不惊叹追念。大人关及手足，更有不安。不过事及如斯，无可奈耳。刻下，最已于废历六月朔午时，分娩产下一男，大小均好。望祈解注，母亲之处仰希代言乃祷！匆此奉致敬请金安！舅母大人暨来弟均此，不另此候。

甥尔丰叩，七月五日

---

① 信封上有上海邮戳4枚，其中3枚清晰可见时间：二十一年七月五日。信封正面写"芜湖旌德濠寨上川交胡菫人先生启 程芑生自申寄"，背面邮戳4枚，其中芜湖的2枚日期"二十一年七月"比较清晰，"十□日"模糊。

78. 程芑生来信三

舅父大人尊前：

敬启者，兹于上月六号修由奉给母亲一函，一切谅已知晓了。但最自分娩以来，身体颇为强健，不过迩日天气暴热，对于产妇当不甚适。虽目前无关，将来恐生疯气，及致乳孩。近亦安好，以及桂来等均各平安，仰祈莫念乃祷。再自月朔遽连接恐吓信数封，因此桂来等各俱停学以防不测。自此再细三思，沪埠难以抛套，当即一方□□报局，特转瞬数日间均未有消息。而桂来等，概均着伊等在栈内毋许外出耳。一切请祈放心，并祈□□可使母亲知道。亦望万不可外泄。因自此发生事故后，店内同人概不与伊知道。此事然非有内线，今甥拟托各友，非达至为其破获不可。□□莫使外人泪洩之故。内中详细等情，望巧询翼鹏便知。伊在昨日由余杭返里，日当已至矣。自后展谕□□此事千万莫提及。因甥于今晚登道再赴归德一行，大概往返只在两礼拜耳。匆此禀告敬请金安！舅母大人暨来弟均此不另。

甥尔丰叩，七月十四

79. 程芑生来信四[①]

舅父大人尊鉴：

敬奉者，兹于上月十三修邮奉上一章，谅已赐知。但云甥拟赴归德一趟，本宜早行，赖迩日来天气遽然暴热，故此改期。至于最自产后，身体甚为舒适，小犬亦颇玲珑。顷适天气如斯，故此不能安逸静养，恐一时难以复原。现均安好，以及桂等，甥刻留心。仰祈莫念！并希再代小犬取一乳名及行名，速即嘱下，以及他等各情，望可一询翼鹏便知（母亲之处祈代转达，亦希莫注乃托）。匆此，并祝暑祺！舅母、来弟均此敬候。

甥尔丰叩，七月十八日

---

① 邮戳上年份模糊，但与前一封信的字迹、贴的邮票等均相同，信中内容也相衔接，因此可确定这封信也是写于民国二十一年（1932）。

80.程芑生来信五①

舅父大人尊前：

敬奉者，前承赐下各谕，均已次第收到，望希莫念。兹附呈母亲一奉，便望交至乃托。兹在两月以来，甥颇命运欠佳。自最未产以前，受某事冤费数百金，至今犹然未了。且最在分娩期间，身体甚安健。不料十余日后，又或冒风暑，寒热不清一连旬日，后服仲奇②之剂，渐以愈矣。不料自愈之后，又发出变身疖毒，刻又请西医视治。虽无重要，对于最的身体，恐一时难以恢复原状。此真麻烦也。专此敬祝秋祺！舅母大人暨来弟均此前敬！

甥尔丰叩，八月十四日

81.程芑生来信六③

近舅大人尊鉴：

敬启者，前上由转奉之函，谅转达矣。但某事自接第三来示以来，迨今犹有影响。甥准置之于不闻也，或最后若再信来，那时再作布之。如斯，为桂来等对于下学期均为伊等住入校内，以免早晚往回而多忧虑。大人以为何如？不过目前多耗费用一点金钱也。今有一知友因甥受此之事，拟为代介绍拜入张啸林，大概费用数十番耳。若入此后，对于此事当作无忧。大人以为奚何？但知友者（即王仲奇之妻舅）杨斗枢是也，顷由仲奇介绍之，故此不费几何耶。顷闻余空□于上月间入之，故此已允于前途矣。再，又由杨友拟为甥介绍谋一税收一县局长，甥因进益不望，故此未落实，此后或□元公卖时甥准就一县公卖局长，或不成他事准不干也。因公卖一层现下由邓文郁向政府接洽，大概尚有成效，惟他各派甚难洽当，故此停顿。在此前，甥与邓

---

① 信封上有邮戳3枚，其中上海2枚，可合并看出日期"二十一年八月十五日"，芜湖的日期是"二十一年八月十七日"。

② 汪仲奇（1881—1945），歙县人，著名中医，是近代新安医家的杰出代表，此时坐诊上海。

③ 信封正面写"芜湖濠寨上川交胡堇人先生启 程芑生缄 八月十七日"，背面邮戳数个，其中上海邮戳模糊见"二十一年八月十八日"字样。

199

会晤时，据云，不过时机未至，将来定有成日时。前河南亦系伊包办之。此人亦是徽州人，现居浙省，对于徽语还未荒忘，甚为直快，此人将来当可与其共事耳。或他日能成，那时再通函奉。望大人再为甥掌之，或烟酒公卖局事可干乎？便祈秘密赐教。乃或此后如有赐谕，请希直寄中华路沙场街栈内收为要。因甥非向托他人而作运动谋此之事，此当甥不干也。假投邮部下，乃系同乡而又不耗费金钱，此事谅定可干。大人可为如何？此后无论各谕均祈寄入栈内为要。以上等事不过现为预言，而未成事实，请祈万费□风，免受他人之讥耳。专此笔告，敬请秋祺！（再云，前赴河南事刻作缓行，一因天气过热，二因其处高粱正盛，土匪群生，生人难走。故此再待他日。如何，再另函禀此及）舅母大人暨来弟均此附候。

甥尔丰叩，八月十七日

82. 程芑生来信七[①]

舅父大人赐鉴：

敬奉者，兹于十七修邮奉上一章，内附母亲一章，谅均已赐悉转达矣。刻下的病已安痊，而疠毒亦渐痊愈。望希莫念。母亲之处便祈言及一声，亦请勿虑乃祷。再者上奉述及某事，谅亦赞成。不过目前难以实现耳。一俟他遇机，再另奉达。时值秋收将届，甥等又弗能来里，因桂与盛等不久又作入学。故此再看他等住在校内如何，匆此禀告敬祝秋祺！再者望向立奎兄询及一声，甥前有函致其，托其即寄芥末叶露七八瓶来申，示复乃托。舅母大人暨来弟均此前敬候。

甥尔丰叩，八月二十六日

83. 程芑生来信八[②]

近舅大人尊前：

敬奉者，前接上月二十九一谕，业已敬悉。前委办希布等已早寄，托观奇

---

① 信封上上海邮戳日期"二十一年八月二十七日"清晰可见。

② 信封落款"芑托十二月八日"。"逸某之事"可能是指"喜芬回家"。如果此估计合理，此信应写于二十一年，即1932年。

公带上，谅今当已交到。兹得自惠所云，舅母拟办女丝绒帽一顶、草席一条，顷已代办至祈检收。再望代向三舅处，如能得便，仰祈代寄龟板胶四斤，计洋若干，那时再行寄奉，乃托乃祷。现下逸某之事，目下渠亦不发言，而甥亦置之不理，望可告于母亲一声，请莫虑念。此祝金安！舅母大人暨来弟均此敬候。

甥尔丰叩

84. 程芑生来信九[①]

舅父大人尊前：

敬奉者，日昨接奉母亲掷邮一谕，述及喜峰之女事。前不久伊养父遽来甥家，要带此女回泾，当由母亲不许。并云开春后非复来带不行。如此各情谅闻得知，此后或遇暇时，望代具一函给同仁东家，请伊先以言骇之：既已立约卖出，奚能带回之理。并祈后以善言疏导，一切各情，仰祈酌行。顷亦有函致斗臣，因伊介绍，并当具有买约一纸交甥收执。奚怕伊耶？刻下甥等均各平安，望祈释念为祷。此请金安！舅母大人及来弟均此敬候。

甥尔丰叩，十二月十九日

85. 程芑生来信十[②]

近舅大人尊前：

敬奉者，前接各谕，均已详悉。但"瑞生和"之款，刻已前去收来。至于息率一层，无须计算，以作两讫，请希莫念，乃祷！再，前番修表事，早已修竣。本宜早为寄上，因未对毕，故此候配毕后，又未逢便人来正，再行亲作带上可也。顷拟于旧历元初十边，甥草拟来里一行。便望咨照母亲一声，乃托！此请福安！舅母大人及来弟均此前敬。

尔丰叩

---

① 信封上邮戳日期，年月清晰，日模糊，可见"二十一年十二月"。
② 信封落款时间"一月十八日"。另有邮戳4枚，其中上海3枚，标有"二十二年一月十八日"，泾县的1枚有"二十二年一月二十一日"。

86. 程芑生来信十一①

近舅大人尊鉴：

敬奉者，兹于十七请别，次早登程，当日住伏岭下。第二日宿颊口，第三日早至汤家湾，搭汽车达下午一点到杭，当即乘下午快车到沪，已七点钟。但在昨晨已匆具一明片，托原轿夫带禀母亲，谅已赐见。途中俱甚安好，一切仰祈莫念。母亲之处顷未另禀，望即转告。再此后谅母亲有不时之虑，烦祈劝导。此祷！今询桂来等在校以及最等，亦各叨安，惟惠来目疾近亦稍好，定无妨碍。再带下桂等之鞋，容他日礼拜回来再行穿配若何？以后另奉可也。前与母亲云及，代七都另办上花洋布丈许。今来申闻及，此花洋布刻已另寄七都，但吾的布包内的柳条布，系自甥家自己的。以上等等各言，烦祈转述母亲。此托外，或子元来时，教嘉来的书，均是西厢房之内，可差伊检出，抑或大人有暇来舍时，烦代祈查检。此书俱系桂来的读过便是。匆此敬祈，此祝康安！舅母大人暨来弟均此敬祝！

甥尔丰叩，二月二十一日

87. 程芑生来信十二②

近舅大人：

前抵沪上，修上一奉，谅已赐知。顷因房事，于前日来京。一俟手续完毕，即行回沪。再桂来等，烦代赐取各学名表字。因在校均以行名代之，故请托为伊取之，乃祷！匆此敬祝福安！舅母大人及来弟均此并候。

甥芑生敬上，三月二十一日

---

① 信封上写"三月十六日缄"；有上海、芜湖邮戳各1，但时间的字迹模糊，仅看清"三月"。但从内容看，与二十二年一月十八日上海来信衔接。另，信中提到"惠来目疾"，在"二十二年四月十四日"给芑母的信中有回应。

② 信封上有南京、芜湖邮戳各1，南京邮戳上日期是阿拉伯数字标，只见"3.22(TO)"，芜湖邮戳可见"二十二年三月二十七日"。另，该信的信纸上方印"徽州胡开明用笺"。

88.程芑生来信十三①

近舅大人尊鉴：

前云芜湖某墨店事，甥赴京时未曾办妥。今接培之兄来函，大局已定，准以五千股本合作云云。顷甥已详细复函，究分作若干股，或系何人，待他日回言再作细详奉告耳。今盘大约店内生财，以及存底等约三四千之数。大人之意可为如何？甥前已承培代允，只好照行，或能还可参加。大人是否便祈赐知，以便进行？今附母亲一章，烦祈即递，乃祷！匆此奉闻。再，甥今拟同右泉公赴杭山内一行。目还未决，大概启行大而耳。覆谕希仍直寄上海转可也。此祝福安！舅母大人及来弟均此敬祝康健！

甥尔丰叩，四月十四日

89.程芑生来信十四②

近舅大人尊前：

敬奉者，兹在日前于申接奉一谕，嘱述各情，统均拜悉，似印花事。自接办以来，值此荒月，接销甚微，致暂留摆。须待中秋后，只可畅销，大概将来结束，定无大风险，望祈放心乃盼。兹思秋收将届，甥家定当乏人，由此前于申间修有一函，致瑞州子宇庭，差伊代为帮忙，未知可能允诺？今又复托胡风铎来乡，托其代为照应收租，夜间可能住守？否则恐又被人所害。兹言定以阴历七月起八月止，按月六元。此薪金可待伊回沪，归甥面行给算可也。乃时，宇庭亦可来助之，此为更善。以上一切等情，望可咨告母亲。及至伙食，随茶便饭耳。刻下甥等各均叩安，请祈勿念，此祷！耑此特请福安！舅母大人暨来弟均此敬祝秋祺！

甥尔丰叩

---

① 信封正面右上侧印"上海英租界东新桥北首"，中间红框内下方印"台启"，左下侧印"程裕新第三发行所缄"，落款时间"四月十四日"，背面有邮戳共5枚，其中旌德县1枚字迹较清晰。综合可看出时间是"二十二年四月"。

② 芑生苏州来信。此信无日期，信封上也无邮戳。但同样信封信纸由苏州寄出的信，有邮戳时间"二十二年七月二十一日"。见下。

页头上内容：

前寄道生公带来蚕豆等物，已早发收。

或八月底，谷仍未晒干，可差伊多帮忙一月亦可，望酌行。再伊薪资或由母亲付给若干亦可，望赐悉。

90.程苣生来信十五①

近舅大人尊前：

敬奉者，月初在申得奉一谕，敬悉一切。本早作覆，不料浦儿于月九日起病，先泻后热，再又加呕，竟然不起。一连五天，呜呼天伤，真是甥之不幸也！如斯，最珍终天号哭。暂只带伊等一同来苏，以作解忧。拟一二日间，即行回沪。因伊等素少外出，故难久于外。母亲之处，望可不必言及，免作愁忧，乃祷！此请金安！舅母大人暨来弟均此敬祝。

甥尔丰叩

此后如有赐谕，请仍寄上海栈中收。

91.程苣生来信十六②

舅父大人尊前：

致奉者，前于苏州寄奉一章，谅已赐悉。顷对苏州印花局内诸事，业已布置妥帖。刻下特税即上大约八分成效，甥拟办一县。此事当较他等事件好得多，决无危险耳。大人如近来尊体康强，望可拨身来沪一走，或《省志》在最短期间可能修毕，此为更善。刻下甥等在沪均各平安，专此敬祝暑祺！舅母大人及来弟均此特祝。

甥尔丰叩，七月二十四日于灯下

---

① 信封上写"七月二十一日"，另，邮戳2枚。苏州的日期是"二十二年七月二十一日"，芜湖的日期是"二十二年七月二十二日"。

② 此信与其他不同，不是毛笔写的，应是用钢笔写成。另，此信与二十二年九月二十七日上海发出的信前后呼应，可推知此信应写于二十二年。

92.程芑生来信十七①

舅父母二位大人尊前：

敬奉者，昨接光辉带下一谕并各物照收一切敬悉。但前请大人拨冗来沪，今望缓行，因某特税暂告停顿，一时难以实现，而印花税现无所事。兼又值此余暑未清之期，故请止行，容后或再遇有相当情事，乃时再特奉前来敢请，以免空受行程之苦。再前浦儿不幸，母亲延今未知，兹闻光辉来沪所云，母亲仍作东祈西祷，并还拟请释道过关云云。照此等情，非但损耗金钱，反为被人讥笑。今特奉托请大人可为疏通说明，请莫怀虑，否则甥等值此之时又无暇归里以慰。母亲□曾，甥等之罪也！一切仰祈切力劝导，千万弗可被外人讥笑。至托至感！再于日前托胡凤托兄来里代帮忙甥家收租，因此中非是全托伊回乡，伊亦兼有家务情事，故此顺便面托，按月贴补薪资约六元。今悉甥家内已蒙大人代向三溪已经雇有一临时工人，此中谅当可免。并兹又接宇庭来函，亦承允诺。或对凤托兄处如何，望代处置。或回头亦可，此亦无妨，乃托！刻下甥等各俱叨好，望代转告母亲一声。乃祷此祝福祺！或舅父赴绩望代略书一笺寄之，免伊念耳。来弟均此并候。

甥尔丰叩

93.程芑生来信十八②

近舅大人尊鉴：

敬奉者，前得赐下等谕，业已奉覆，嘱办之物俟兴业兄动身，即当就寄上不误。刻下伊已同兴国至浦江，大约有期日。再于日前寄附雨兄函内，给奉母亲一章，谅母亲已收到。近下桂来等各均平好，仰祈释念。再，所办印花税事，刻下预算未有进出。甥决以大检查后，即行辞退。大检查日期，照

---

① 信封上经芜湖的邮戳清晰可见"二十二年九月二十九日"，即1933年9月29日。上海的邮戳模糊二十七日，可推测此信九月二十七日经上海发出。

② 信纸上方印"上海裕兴隆茶栈用笺"。信封正面右上侧印"上海大东门外程裕新茶号内"，左下侧印"裕兴隆茶栈缄寄"，背面邮戳3枚，上海、芜湖、旌德县各1，年份皆"二十二年"，月日依次是"九月二十九日""十月一日""十月四日"。彼时邮路迢迢，可见一斑。

规以国历十一月一日起，月终止。今甥拟以提前半月，约在下月十六日起。因苏州四乡广阔，大检查以一月为定，来之不及。故拟提早一点之故耳。匆此奉告，敬祝福安！舅母大人暨来弟均此敬候。

甥尔丰叩，九月二十九日

94.程芑生来信十九[①]

舅父大人尊前：

敬奉者，前直寄奉上川一章，谅已收到赐阅矣。兹印花税事刻已于上日执行，先下各乡大检查。四乡检，以本月底止，下月即十一月，再检苏州本城。大约一月内，苏城当可检毕。乃时甥决拟辞职，因自核办以来算之，莫甚好趣，何必连下多劳枉费神力。大概俟结束完毕，须至十二月初旬矣。一切俱安排妥当，望祈莫怀。再桂来儿等现各在校，身体均为粗安，望希转达母亲一声，请仰释念乃祷。专此敬祝福安！舅母大人暨来弟均此前祝。

甥尔丰叩，十月十日

95.程芑生来信二十[②]

舅父大人尊前：

敬奉者，兹闻载阳来申述及，母亲迩来身体不甚舒适，想系忧愁所致，仰祈切力疏之。年老之人不能久虑。今最珍又在旧历九、十月期生产，近下身体还好，仰祈莫念。一切母亲详细情形，敬祈赐告，乃祷！此祝福安！复谕仍望直寄栈中为盼。舅母大人、来弟均此敬祝！

甥尔丰叩，十月十九日

---

① 信封正面右上侧印"南市大东门里咸瓜街口"，左下侧印"上海程裕新茶号缄"，背面有邮戳2枚，日期清晰：上海的标"二十二年十月十日"，芜湖的为"二十二年十月十三日"。

② 信封上落款时间为"十月二十一日"，邮戳2枚，上海、芜湖各1。但邮戳上时间字迹不清，特别是年份。从芑生其他来信联系来看，此是最珍第二次生产，应在二十二年秋季，即1933年秋。

96. 程芑生来信二十一①

近舅父大人尊鉴：

敬奉者前委办之物，顷已早为办就。兴业约不日遂程，此物毕行托其带上。计，肥皂一元，铜壶一把，海参一斤，干贝二斤。至希照收，谕复免念。再，桂来奉寄母亲一章，述及最在月（即旧历九月）生产，意请母亲东下一行。时值天气渐寒，不免行程当为受苦。斯特奉托即转告母亲一声，请祈切莫此举。刻下对于最生产之事，业已早为排置妥帖，无须挂念之必要，奉至望即转咨乃托。顷下，俟最产后，准定以年底来里一行。专此奉告，敬请金安！舅母大人暨来弟均此敬候。

甥尔丰叩，十一月八日

97. 程芑生来信二十二②

近仁舅父大人尊鉴：

迳启，右泉之恙没见稍愈，未隔数日，偶然伊男老二瑞城感授风湿，病势颇重，数日未能言语，况又未知世事。此势恐难得好。不知右泉急之不堪，是为父母之秉性。不知病后未复，竟成复病。其势颇重，下痢白垢带紫，后又红白。伊等女眷，托甥修章前来，敬请见信望速雇轿来舍，为其开一病源。差人赴郡，总以初六晚定然抵舍。总总此祈，千祈勿误。匆匆奉告，敬请时安！

甥尔丰叩

98. 侄寿鹤来信③

近叔大人尊前：

敬笔者，拜别尊颜，且逾半月，光阴很快，何胜感慨耳。所嘱买热水瓶一双，已照购就。由张嗣惠代足带上，到祈台收。区区不腆，请勿见却，是荷。专此即请冬安。婶母大人均此。

侄寿鹤拜，民国二十一年十二月九日

---

① 信封上有上海、芜湖邮戳各1，上海邮戳时间是"二十二年十一月八日"，芜湖邮戳是"二十二年十一月九日"。

② 此信无信封，也无时间落款，可见当时情况紧急。

③ 信封正面印"上海城内小世界对面丰泰昌华洋杂货号缄"。

99.培之来信①

近兄座左：

日前在申晤别，十八日午车动身，下午九时抵宁。途隔七百余里，费时八点有另，人力巧夺天工，可谓神速矣。临行时因时间急迫，未能趋前告辞，心甚惭愧。除疾药服下如何？由兰泉兄转达服药出院情形，谅在注意之中。弟此次来申，本无耽搁，时间极其短促，致慢诸君长之雅爱，抱愧万分。如兄知我者，深知弟之苦衷也。老兄目疾近日痊愈否？弟拟应时出样，欲求吾兄撰句并书，未知贵目能如弟愿否？风水事倘前后合做，必定多出两倍。果尔，弟方面拟先预定两棺，未知兄意如何？备先父等安葬。如后身不做，单造原址，所多有限。无论如何，亦祈预定一棺。弟意如此，若何办法，抑祈指教为幸。总之，改造必多，多必摊放。弟恐临时误会，故此预为通知。是否祈代留意可也。容日吾兄返里，如过此间，务祈下榻敝处，俾同往"中山墓"名胜，以快眼福，盼甚！专此顺请夏安！并祝保佺恙安好！

弟培之谨上

100.侄肇荣来信②

近仁尊叔大人钧鉴：

忆自春间，杨树滩遇别，忽又新秋。遥维潭祉增绥，慰符下叩！上月间得接家母来函，理应比即章复。此函所到之日，恰值侄身体不适之时，以致延今未复。今又接明片，读阅之下，不外分家事。我家素无田地，先人所遗者不过一小屋耳。近来家用，本系二人共同担负。我家人口不多，况老母在堂，以鄙见，暂时可不必另行起爨，未识华弟以为然否？至于内人同弟媳脾性不合等事，敢乞大人转托坪姨，代为训导，使他（她）等有以觉悟。如其

---

① 信封正面印"开设南京城内承恩寺街南京胡开文笔墨发行所缄"，写"上海大东门程裕新茶宝号胡近仁先生收 培寄"。背面印"注册商标文琳氏"及广告，另邮戳4枚，南京的"六月九日"较清晰，年份模糊。上海的可见"10.JUN28"，再从信中问候"保佺恙"来看，此信应写于1928年。此时近仁先生在上海，住"上海大东门程裕新茶宝号"。

② 信封正面印"长街三圣坊 电话四百零七号 芜湖满江春药号缄"，手写"濠寨转上川胡近仁先生启 胡仰之寄"。背面芜湖邮戳一枚，字迹不清，模糊猜测出时间"二十一年八月"。

仍然执拗，即分折亦可。一切务请转告家母，酌行可也。有渎清神，容当面感。专此敬叩文祺！坪姨及福来弟均此候（内附致舍弟一函，祈递转）!

侄肇荣谨章，八月十六日

101.侄肇华来信①

近仁族叔大人尊前：

敬启者，前月望日由邮局送寄禀函，谅早投呈文案矣。昨接邮局递来钧示，均照拜悉。即维文祺潭祉，两俱如意，定符私祝！侄寄迹兰江，所幸贱体粗安，请释锦注耳。所悉家母仍照前主张，意已坚定，侄何敢不从之理？前两次宣言，乃系试试而矣。如无设法之余地，则照旧主张是也。侄此次所为之事，可称逆子。如若一旦与人知之，贻笑大方。敝处现下市面平靖，生意稍为清淡。前次政变，所幸地方未受损失。败兵过境，资遣回籍，或者缴枪给费。总算不幸中之大幸矣！今附家母一信，拜烦族叔代阅转言是幸，专此奉复并请冬安！合府均此候之。

侄肇华叩

102.姻弟汪祥恒来信②

近仁姻兄先生台鉴：

顷奉手示，聆悉之余，所委购养女一事，时刻在怀，宁敢忘意。据云，年关时候，购买在期，此言极是。缘此种上门市货者面貌不端，稍符可观者，诚难易得耳。斯事须缓缓代觅，容待报命可也。价艮一节，后日如果购成，当代设法，勿烦悬虑。谨此布复，并请潭安！

姻弟汪祥恒拜，旧十二月二十二日

---

① 此信无信封,内容与上信来信内容相对应,此信"肇华"即上信"肇荣"之弟。
② 信封正面左下侧印"汪益生老栈缄寄",写"芜湖濠寨转八都上川胡近仁先生启 浦江汪缄元月(二十八日)。圆形邮戳共4枚,其中浦江1枚时间"二十一年一月"较清晰。背面邮戳1枚,模糊可见"二十一年二月一日",另有两行蓝色印字"中华民国二十一年一月二十九日回单"。

103.跃臣来信一^①

董人胞兄台鉴：

敬启者，兹逢仲室乳侄吉便，烦携上钞票二张，计大洋二十元，附入信内，至望点收清楚。外，又托肩上加料酥糖五斤、山楂糕两盒、陈阿胶一斤，共扎一包，至望查收，乃盼乃要。力资已归溪结讫，望勿再付可也。再望吾兄早日来信，俾弟代为雇轿上行。仰勿自弃贻误，乃盼。便望示复，以免念念。余容面谈。匆此敬请筹安，合第均此。

十二月十五日灯下，弟跃臣手启

104.跃臣来信二^②

三阳开泰，万象回春，时随景至，气象一新。

恭维近仁胞兄：

入新以来定卜指挥宏远，筹祉吉祥，凡事遂心，不胜颂祝之至。

敬启者，兹附信内寄上二十年份红单一纸，至祈台核乃盼。年内时局百变，且又外患来临，在商界已受沉重之负担，莫名之痛。及此良期结束，尚有如此之裕，实深侥幸之至。惟弟经营乏术，获利甚微，曷胜抱歉之至。景隆二十年份租谷，除完纳等项外，仍存租谷一百二十担，照例均分。吾兄名下租谷刻存店中，待兄来示脱售可也。客岁为风水，由印祥户支出大洋二十元未入，兄往仍作悬。借此叩贺新禧！近嫂及来侄均此。

弟跃臣手启，元月初二日

附：

恭贺近仁伯父母二位大人新禧，敬颂福安！福来弟均此道贺！

侄启瑞叩贺

---

① 跃臣是近仁的胞弟，排行老三，常年在三溪做生意。这里的生意分红，是近仁一家经济的一个重要来源。三溪即今安徽省宣城市旌德县三溪镇，民国期间因交通便利，是当时有名的商贸繁华地之一。信封正面写"内函并票洋二十元，外茶食等物一包烦递胡近仁家兄亲启，跃自溪寄"。

② 信封上写"元月初二十日发"，邮戳有"安徽三溪，二十一年二月七日"字样。

105. 跃臣来信三①

近仁胞兄台鉴：

敬启者，顷接原友递来前章，敬悉尔志。接洽之事，最好望我兄问其权宜，谈判处决为盼。因弟刻下碍难抽身，在丝场时期，生意较为活动，是以不能擅专。彼方索价洋二十元，祈兄酌夺若干。如果赏尔志个人洋若干元，□实际固属须在索价之内为目标，不过尔志因可尤代鼎力处理，界限须要划清，以免后生枝节。双方正式写契时期，事关众业，对于凝和堂内公正人理宜传到，以免众夺。手续清楚，方可接受。在兑价时期务须预先声明，要在执业完竣之后再行兑付为妥。未知吾兄以为然否？今烦担友肩上菜油一瓶，□称净油二十五斤，洋五元，担力由溪结算。又双英煤油一斤一听，计洋四元七角，力资由溪结算，祈勿再付。至祈一并查收清楚，乃盼乃要。时值天气不一，望贵体珍重为盼为慰！店中一切如常，祈勿锦注为荷！特此（奉）复敬颂！筹安！示复免念！近嫂及来侄均此。

弟跃臣手启，侄应启瑞附笔问安

106. 跃臣来信四②

近仁胞兄台鉴：

敬启者，昨日观生到店递来手示，惊悉家门不幸惨剧发生。闻之曷胜怨恨！何弟之命运颠沛如此耶！惟赖吾兄力特应付，足见手足之情犹关义重，一体同仁，不胜感之。事既出于无奈，亦莫可如何。惟以空长叹息耳。弟负尽一生劳碌，是为子侄辈克家昌后，始告无愧耳。不料中途遭此大劫，剧梦波来，实令人志趣消磨之感。因子侄而耗费已为世上风尘，不料产生意外，实为终身怨点。反躬自省，事已木于成舟，万分痛惜，已莫可挽回。弟大约荷月初旬来里一转，所度耗之资如有不能待缓者，祈示知，早日专人送上。

---

① 信封背面落款时间"五月十四日封"，另手写"福神伴道"。

② 信封上有"税足快送，夏历五月二十二日封，6.25，saturday"，邮戳上有"安徽三溪 二十一年六月二十五日"等字样。

时逢天时不一，望吾兄等在家珍重贵体乃慰。弟等在溪均安，祈勿注念。临书不胜泣感，余容下详，敬颂潭安！

五月二十二日，弟跃臣谨启

107.跃臣来信五①

近兄大鉴：

启者，前嘱办冻米一事，实因忘记，以至延误许久。今接来函后，即行采办好冻米十九斤，洋一元，交老花车友带上，力钱已付清楚，祈勿付。今庚溪地银根与家中无异，各业生意可想而知。兼之时局不靖，商界前途日非一日也。嘱寄洋二十元，待遇妥便即行寄上不误。近嫂身体欠佳，望兄设法调理，勿令久延乃要。但印公书田，正铎之子愿将大干田十五六秤，调换吾家之田。吾兄主张办法，弟无有不赞成。总之有利于吾家方好。不过此事，可以进步而行，达到目的地方止，祈兄酌行乃盼。弟等在溪均安好，希勿念。尚此肃复，并请冬安！

古历(十二月初七日)，弟跃臣启

今日老花急忙即行，当时未曾具函，大约初十可到里中，又及。

108.跃臣来信六②

近仁胞兄台鉴：

敬启者，许久未克音问，不胜抱歉之至。日前得章明示，知我兄已旋里，欣悉。潭祉迎祥，祈禧如适，为颂为祝！并荷委各物等情均悉，今着花友挑上新鲜栗子上秤十九斤半，计洋一元，入装一包。至祈台收乃盼，力资归溪结算，祈勿再付可也。此间新收较旧相差大抵八折之数。店内租谷行将告竣，天时阴雨，至今仍□积禾仓。今秋谷价较旧为差，是以各处乡民尤为之苦，

---

① 信封上写"护元旦日封"，邮戳有"安徽，一月三日"字样。此信内容和近仁先生"十一月二十二日"写来的信，以及胡佩兰"二十二年元月二日"来信都对应，推知此信可能写于1933年。

② 信封上有落款时间"护九月三日封"，另据内容，和芑生"二十二年九月二十七日"上海来信对应，可推知此信写于1933年。

以致商场冷淡，生意凋零。况值匪风之来，实令经商之维谷。前代莲姊雇上工人，至今近月，未知合宜否？时逢天气渐寒，秋风多厉，望我兄等玉体珍重，乃盼乃慰！弟等在溪均好，祈勿注念乃荷。专此字告，容后再详。敬请潭安！近嫂及来侄均此。

弟跃臣手启，侄启瑞附笔问安

109. 跃臣来信七①

近哥大鉴：

启者，今着有桂送上真菜油十五斤，计装一并，至祈检收。兹前接大札云卫公等寿期，弟决归兄合办，惟贺仪一层请兄作主，一切劳神，容日感之。再，三溪日下非常干旱，田禾皆未种下，未知家中如何？附报本镇丝价，曹零三秤百两三十六七元之谱。特此并请夏安！

弟跃臣手启，四月二十九日

110. 汪茂祥来信②

近仁姻兄先生撰座：

月前令侄国栋弟锦旋，荷蒙椽笔赐书屏联各一副，顷由令侄亲带来溪。感谢之余，曷胜忻幸。迨至展览，始知带来两联，一是陶园老叟，一是金紫胡氏家训所书，想是令侄动身时匆遽检错。弟已卜定中秋节后回里，再行登堂首谢，借便调换原联。特此奉达，聊申谢忱。敬祝冬安！姻嫂夫人均此矣。

姻弟汪茂祥谨上，九月六日

111. 胡启琏来信③

恭贺近伯大人万福金安新禧，侄启琏鞠躬。

---

① 此信无信封，无年份。
② 信封落款"竹琴缄于三溪"，背面有三溪邮戳1枚，字迹不清。
③ 启瑞、启琏是近仁先生的两个亲侄子。这是一封拜年信，内装三张书写上述贺词的红纸条。信封正面写"赤东绩八都上川交胡近仁伯父新禧，三溪胡启琏鞠躬"，背面写"福星相伴，新正月初二日"，另有三溪邮戳1枚，时间"二十二年一月"。

恭贺近嫚大人万福金安新禧，侄启琏鞠躬，迪侠弟均此道贺并颂祝。

恭贺伯父母二位大人新禧，福来弟均此道贺，侄启瑞鞠躬。

112. 侄禹畴来信一[①]

董人老叔大人尊前：

逐禀者，日前接到家书，惊悉柱叔次媳业已服毒丧命，阅后不胜骇异。然事已至此，无可奈何，只得逆来顺受而已。事后由老叔力为主持，达到对方和平谈判，尚无暴动行为。足见老叔处置有方，勇于负责，促其实现和平。总算不幸中之幸也。匆匆数言谨告，老叔及诸婶前为劝。本月中旬承赐笋衣、香椿两种，均已照收拜领，谢谢！再者，家母昨日来信云及，阴历六月初十边来溪一游，届期雇轿来里可也。溪市丝价每担二十二三元，市面甚疲，家中之丝请勿寄下。老华带下干菜五扎，亦已收到，便望转知，至盼。修此奉告，即请大安！

侄禹畴鞠躬，六月三十日

113. 侄禹畴来信二[②]

近叔大人尊前：

逐复者，顷接来示，一切均照拜悉。前嘱办鸡子一事，兹已办就半数。日下市上买者多而卖者少，故未照数办齐。日内果能好买，自当从速寄至里中应用。刻前实无便人，且系分量较重之物，非比信札之易托也。若以从速为前提，必须专工特送，犹恐不合算耳。再柱叔处之栗，现尚未办，已向问过道生姑丈处，花生之事已向说明矣，请勿念。草此奉复并请大安！诸长辈前乞代请安不另。

侄筹上，十月初十日

---

① 信封正面右上侧印"三溪商市大街石库门面"，左下侧有一椭圆形印章"三溪胡正隆发记"，另一邮戳，可惜年份不清。从文中"惊悉柱叔次媳业已服毒丧命"事件，与"跃臣""芑生"等"二十一年"六月左右来信相印证，故此信应写于1932年。

② 信封正面写"复函托带旌城内交宋永昌宝号收，下转递胡近仁先生升启，三溪胡缄，十月（初）十日"。

114. 侄守策来信[①]

近叔、婶二大人尊前：

敬禀者，拜别返溪，屈指又将匝月。光阴迅速，无可讳言。迩知大人在堂安吉，诸务胜常为祝！兹接家书阅知，大人命侄儿将去年所存之布尾，再嘱为统买白糖等语。兹已遵命照办。奉白糖四斤，除糖价外尚多同元七权归□□（去年的同元放到今年，吃点少亏）。经年之布尾洋六角四分，如数清讫。至乞查收便祈示复为叩。再者，近叔往申，目前曾否返里？保弟的恙刻下定已全愈。总之，宝弟的恙是运气上的恙，一转了好运气，自然而然的好了。侄儿这个毛病从前也得过，在大人亦所深知的。据我看，如未全愈，可令他到山里（上金山、黄柏山）去停停，吃些新鲜空气。这样做去毛病，也好得快些。侄儿因为二大人照应我很厚意，所以你老人家有点什么事，我都也在负担之中的一个。闲话少说了，敬祝你二大人身体强健。此禀敬请金安！宝来二弟均此。

侄儿守策叩，三月十七日

这封信文言与白话合参起来了，真不成文呵，请恕！再，宝弟如已到家，得闲望来溪，现现[②]又告。

115. 胡菊舫来信[③]

近仁老叔大鉴：

敬启者前奉大函，得聆种切。当即由邮片覆，想叔洞鉴矣。兹值侄妇返里之便，着其前来尊处，告移大洋四百元，已书凭据一纸，请祈收存，以资取信，乃祷。如是凑手，则请将款交付侄妇，其凭据则请晋存。刻下敝地，上等丝三十四元零，中等三十二元零。货数虽多而收客亦多。若论本年蚕丝年成，则甚歉也。余容后陈，此上敬请大安！

侄英谨上，六月三日

---

① 此信无信封。从信中谈到"保弟的恙"，可推测该信可能写于1928年。

② 现现：方言，"现在"的意思。

③ 此信无地址信息，因内容与收购蚕丝有关，故推测是发自三溪。信纸上方印"通用启事笺"，下方印一行小字"胡开文沅记制"，信封正面写"即呈胡近仁先生启，六月三日，胡菊舫缄"。

116. 胡佩兰来信一①

近兄如握：

昨接到上月二十八来示种种拜悉。承及劝慰，心甚为感。盖此事弟早已丢开，因自身自古历五月十八日感冒，延至上月十七更甚，至十八日午后，坐卧不安，形似走马，伤寒四旬半钟后，大吐特吐，再见松好。债儿亦于十八日午后牺牲，这是与弟相冲，代弟之死，固无丝毫心痛也。日来贱体已见痊好，一切请勿念乃荷。此间天君不雨，田禾均干。上月二十九及本月初一均得小雨，杯水难救车薪，现下旱象仍然。下面圩场均大收特收，已到家矣。家乡二十九、初一谅已得雨。现当初秋伏，祈兄和嫂嫂玉躬自重。乃祝此复！叩请秋安！

弟佩兰叩上，七月初三日

117. 胡佩兰来信二②

近兄如握：

顷由淮叔交到上年二十一台札，各情敬悉。惟正铎之子意想开拓门前一坦，彼此情关一本，这有何说？不过□换倍数，要兄斟酌。教兄与余川早有成议过矣，一切祈为作主，弟当赞成。兹有告者，弟在里时，教兄来面云及做风水事，弟此答做风水当赞成，最好敬芳宜人搬来同做。好在教兄早日买有观□公空棺基一座。当买时，教兄已曾云过，将来做风水便利一点，计价洋几元可归决派。当时教兄似觉不可。依教兄意敬芳搬做很好，不过原处要归其私有。教兄这□意思，弟决不赞成。依弟意，敬芳搬出原地作为敬德公派下公有，以派下先死先葬、后死后埋之主旨。未悉兄以为然否？这□办法已与胜弟谈过，胜弟已赞成公有，不赞成私有也。一切祈为接洽。倘明正兴工，不是与公理上说不过去？弟决不赞也！专此即颂大安！

弟佩兰手叩，二十二年元月二日

---

① 佩兰系近仁先生本家族弟，此时在泾县公益号。

② 信封正面左下侧印"泾县公益号缄"，写"濠寨速转上川局投交，胡近仁先生启，二十二年一月二日"，背面邮戳1枚，字迹模糊。

再托者，淮叔带泾舍下转来栋儿致里一信，已收到。栋儿所说各事不合人情，祈咨贱内，依我等主旨办理可也。里中未另函告，拜烦代咨。至托至感！佩又叩。

118. 胡观国来信

近仁姨父大人膝下：

敬禀者，专前无别，因友凑同合股本，城北门石恒益地址开设药店，资本若八百之数，专做门市。不知大人合意否？目前泾城药业利路颇好，若有三分钱毛利，柜上完全现易，可能做得。大人若有之意者，或来合伙股，或合二百元，听其指令。乃盼！祈速原班赐示，千祈勿延。敬请潭安！

观国叩上

119. 庚旺、立铭来信①

叩贺，诸位舅父舅母大人，新禧并请春安，甥庚旺谨拜。

恭贺，诸位表兄表嫂，新禧并请财祺，弟立铭鞠躬。

曹制立铭，根旺皖绩。

120. 甥胡泽生来信一

姨父母大人尊前：

跪禀者，兹接福铨兄递来手谕，各情拜悉。为委办东西遵行购就，当托福铨兄带呈，至希检收。计洋几何列名于后，乞荷核之。今奉赠美最时桅杆灯一支，伏乞笑纳。想大人尤需之品，定不却责。至于所谈大莲姑代借款事，应当照数璧赵，缘甥屡受枝节，是难臻备。是照将代垫之洋，划交大莲姑，洋五元。乞代说知，仍有之数，甥常悬五内。为受年头轧紧，总缓□□归清，不负当时爱吾也。再乞划付姨母收洋四元，托代归前途，子息仍数。甥下季来里，一结余划。此二项之外，尽烦交妥带屯为祷。再前时，甥感冒风寒，

---

① 此是拜年信，内有二张拜年红纸和二张名片。信封正面印"河沥溪镇桥西大街怡和油磨坊通讯"，写"赤东绩北八都上川胡近仁舅父 鸿发曹拜"。背面邮戳2枚，其一河沥溪的时间"二十二年一月三十一日"较清晰。

幸已治愈，总不能受憾也，亦是常屡后患。甥常刻小心缓步，定可弱变而强，乞莫远念。匆匆草笔，即请福安！诸长辈切代请安！

甥胡泽生草草布叩

计开：

苏穿八卦一个，三元六角；鳌鱼一对，一元二角；花莓一对，九角；帐须一付，一元二角；大袜三双，六角；小袜三双，一角八分；洋纱一尺，二元六角二分；香水一瓶，三角六分；发油一瓶，四角五分；香水精一瓶，一角五分；宫肩一个，一元二角五分；八卦上丝绳打结，洋七分；大莓一只，六分；苏办香橼绣一个，一元；前代福保办东西，一元一角五分；邮力洋，二角五分；共计十五元零四分。

121.甥胡泽生来信二[①]

姨父母大人安启：

前托福铨兄所代弟呈安书，定升朗览，各东西谅也如数代邮，为款所详划付，度亟接洽。日前彦桢之子来屯，据说保弟放暑假，直由岩寺回家。何不同他到屯旅游一趟？未尝不可。刻下已经长大，仍系小儿见识。仰家中祈大人教他一番，以长知识。今托根应带呈外祖母，酒一罐，至祈差保弟递去屯至里，挑力尽行付讫。为恐挑友不到石家，故烦一转。匆匆草笔，即祝合宅安宁！

六月初四,甥观兰上

122.甥胡泽生来信三[②]

姨父母大人安启：

少修函候为歉。但屯溪剿师前日全军开赴祁属值据，谢文炳师又由黟来剿据又返。屯溪市面静靖，店家结束不堪。启者，观武坚意改业，甥思伊已年龄长大，再做小徒甚不像样。兹代谋为苏省京货庄客处从学，不卜有为适

---

① 此信无信封。

② 信封正面印"屯溪八家栈镇海桥东首屯溪胡同和缄寄"，背面有屯溪邮戳1枚，时间"十六年"较清晰。

宜否？特函烦代甥一决。匆匆事忙草布，即拜宅安！附子钫书托递。

胡观兰拜，十二月十七日

123.甥胡泽生来信四[①]

上月托汪辉庭君代寄白莲，定荷投到，值今未得示复。近想家乡忙于秋收，□符旧岁？而休属稍好，为谷价异常高昂，势于人之立身不易耶。□□洋竞争风声鹤唳，商界受幻变不堪，收果欲何听凭天命。节关迫近，乡账为难店家，不堪设想也。附奉邮资，祈为笑纳，而待便用。草草奉章，恕不周礼。颂祝姨父母大人尊前请安。

甥胡泽生叩，八月初二

124.胡可龙来信[②]

近仁先生大鉴：

昨日守笏侄交来惠书，拜悉一切。承先生赐我佳茶，拜领谢谢。守笏侄因国庆今日搭早班车至岩寺，再步行至万安学校投考也。匆匆手此，拜后敬请文安！

弟可龙拜，八月二十七日

125.胡观诚来信[③]

近仁姨丈尊鉴：

兹启者，俭妹来郡医病，现寓甥家中，与向琴有伴。昨日至黄予石女科看过，据方不难医，治法已项加减。特此奉告，请关会伊家中一声，一切请可放心。费神之处，容后面谢。手此即请大安！

甥胡观诚谨启，七月三十日

---

① 信封正面左下侧印"屯溪胡同和缄寄"，右上方印迹模糊，依稀可见"镇海桥"，写"绩溪八都上川胡近仁先生启 八月初二 胡泽生"。背面原有邮戳1枚，但已损毁，字迹不清。

② 信封正面写"敬请代交胡近仁先生 可龙托"，落款上有一红色印章"徽州城内胡开文墨庄总店行所"，背面写"获八月二十七日封"。这应是近仁先生六月二十五日来信的回信，故也是写于1932年。

③ 信纸上方印"胡济和参燕药号用笺"。信封正面印"徽城胡济和堂信缄"，背面有"安歙"邮戳2枚，"二十一年"较清晰。

219

126.侄守节来信①

堇叔、婶：

侄由府寄上信一纸，谅早投到；但前信所云，想接到迪弟信返，必云侄诳语也！前请约略辩之：侄沿途所寻各信均是令人生疑，及至义隆衣庄，再问再兴兄，答云："确见。"侄以为可信矣，于是遂书信一纸，云确一齐到府；谁知俟侄抵校，问迪弟头晚究宿何处？乃云吴山铺！侄闻是言，实突惊异！何其不信如是耶？尚希有以恕侄诳语也！前比迪弟既已到校，并有详信寄家，亦无庸侄赘述矣。余容后禀，敬请春安！

侄节鞠躬,（一九二六年）三月四日

127.胡灶泰来信②

今收到，近兄手交来三溪店内大洋三十三元整。

民国十年腊月 日

立收字人：胡灶泰

128.侄雪芝来信③

近仁叔：

素未修函问候，抱歉之至！近维贵体康健为颂！敬启者，胡景磻、胡步洲两先生，新造房屋，拟请吾叔代书三个匾额，兹托春波预备纸墨，请吾叔大笔挥就。琐渎清神，容后面谢。专此奉达，即颂潭安！

侄雪芝,六月二十九日

"和气致祥""梧州旧第""棣阁流风"。每字大约七寸见方。

---

① 此信无信封,信中有标点符号。这里的"迪弟"应是近仁的长子福保;这里的校,应是"省立二师",即"休宁万安学校";这里的府,应该是"徽州府"。

② 这是一张收条。名字"胡灶泰"下方有一印章。信纸正中印"胡肃"两个镂空大字,下方印"光绪丁亥集 夏承碑字制笺 铜尺斋"。

③ 信纸左下方印"安徽绩溪胡氏小学校用笺"。这是一封代人求字的信。这封信的特点是文中标了标点符号。信封正面写"烦交近仁叔收 雪 六月二十九日"。

129. 洪尧臣来信①

近兄大鉴：

忝属知交，浮文恕叙。敬恳者，弟因俗务忙碌，笔砚荒疏，拜托代拟舞台上长、短联两对，匾额四字。有便早日寄惠，否则念又驾临随身带赐。专此布恳，并颂大安！

弟洪尧臣上言，十二月初一日

130. 表弟逊来信②

近仁表兄鉴：

上月阁六由三溪来，道经舍间，说起汪祠楹联改好寄交家父转递。乃家父事忙，将此稿遗失，后石臣伯又将原稿抄呈，谨请斧削。不知阁六原稿还在否？后蒙致舍弟函承，阁六代该祠拟就一联，当日交去，前途所请斧削稿件，烦矫正即请寄来，勿延为托。特此希请潭安！

表弟逊拜，七月一日

131. 表弟宋永锡来信③

日前托拟挽联二对，轴字二付。兹专人来前，请交来人带回，乃盼！此请近仁兄台鉴。

表弟宋永锡拜

---

① 信纸上方印"追庆立峘公九旬纪念笺"，正中印有"立峘公"的照片，左下侧印"绩溪旺川曹务本堂敬赠"，信封正面印的内容相似。经旺川曹氏后人曹伟中查阅族谱，了解到"立峘公"生于道光二十年(1840)，卒于宣统三年(1911)，享年72岁；90岁纪念应该是1929年。

② 信封上写"烦交上庄胡近仁先生启 坦川洪缄 七月一日"。

③ 信封正面写"专呈胡近仁先生 东川永锡寄"。近仁之孙胡从认为，这里的"东川"很可能是指原浩寨公社东山大队所在地，离宋家庄台上不远。

胡近仁书信整理过程

一、胡从口述家藏近仁书信①

近仁是我的"朝（祖父）"，谱名祥木，15岁考中秀才，18岁到南京参加乡试，考举人未中。据说是因为家境困难，他跟人约定，一场考试做了两份答卷，将其中的一份以四十块大洋卖给了另外一个考生，结果自己的那份时间来不及没做完，落选了。买试卷的这个人却考取了举人。落选回家后，遭到家人亲戚的责骂，但他自己不当回事，讲下次再去"拿（举人）"，笃定自己有这个能力、有把握考上举人。结果，第二年清政府废除了科举，取消了考试，走仕途的路被阻，这成了他终身遗憾。

近仁是个读书人，平时喜欢看书，家里更是收藏了许多书。原来的老屋楼上有一房间，堆满了各种各样的书。我母亲说，刚解放时，人民政府号召有文化人家、有藏书人家捐书，县里派人去乡村选书，我家被挑选去好几担书籍，都是无偿的。到"文革"时，家庭经济确实困难，三分钱一斤当废纸卖给了供销社许多书，用作买油盐了。这包括夹在书里的许多胡适给近仁写的信。最后剩下的一部分书，不多了，放在柜里没有卖掉，包括几百封往来书信。

我父亲学名叫健民，谱名洪赟，又名福来。1945—1949年在北京工作，

---

① 该部分为胡从先生于2019年12月13日口述，方静整理。

去时就住在胡适家里。胡适帮忙找了几份工作。先是在上海亚东图书社做校对，后到北京。北京回来时，刚解放，就在本乡宅坦小学当教员。怕与胡适有牵连，就把与胡适有关联的一些书信、照片、书籍、对联、中堂全烧了。据我母亲说，每个星期回家，父亲都要找相关的文字来烧。当时烧了许多东西，包括胡适送给我祖父的许多书。

侥幸留下的书信和手稿，信有几百封，放在板箱里。这些信，有的有信封，有的没有信封。都是近仁与他人往来的信件，这是祖父日常生活的重要部分，包括写好没有寄出去的几封信。

这次交给你们整理的一百多封书信，只是很少一部分。内容大部分我也没有看过，可能都是日常往来的一些事，有一部分是与胡适往来的书信。另外，还有胡近仁写的一些诗稿、小说。诗稿中《咏史》手稿是胡适整理的，作了装订，其他部分诗稿没有整理成册。为什么我家有这么多信，民国时，上庄有个邮局，收寄很方便。我祖父在时，我家每天都会收到邮件，不是信就是报纸，外面的信息十分灵通。这在当时是很特别的。

祖父去世时，家人通知了胡适一家，胡适没有来奔丧，只汇了十块大洋来。事后，给我"婆（祖母）"写过信，叫把近仁手头的文稿、资料、作品打包寄到北京去。寄出的这些文字资料，一直没有"露"过面，台湾也未曾发现。

二、《胡祥木（近仁）致胡适书信三十一通编年考订》[①]

中国社会科学院近代史所的耿云志先生主编的《胡适遗稿及秘藏书信》（黄山书社1994年版）收录了《胡祥木（近仁）信三十一通》。这三十一封信都是写给胡适的，其中有些写明了年月日；有些只注明月和日，未明年份；

[①] 此部分为胡泉雨对收入《胡适遗稿及秘藏书信》第30册的胡近仁致胡适书信三十一通的考证文章。

有些则年月日均无。为更好地了解近仁与胡适之间的交往、交流，笔者以胡适到胡近仁的信为佐证或以近仁的信自证，将这些书信的年份弄清楚（顺序依《胡适遗稿及秘藏书信》中的顺序）。

1."许久未得教言"

此信当写于1907年。近仁在信中提到："许久未得教言。"（《胡适遗稿及秘藏书信》第30册，第321页，以下简称《秘藏书信》）胡适在1907年的《致胡近仁》信中写到："丁未夏，余归自申江，与近仁先生别三年矣。"（《胡适书信集》（上册），北京大学出版社1996年版，第3页。下引此书只标书名和页码）由此可知二人之前已许久未有书信来往。故此。

2."顷得赐书"

此信当写于1910年。近仁在信中提到："适君今既去国问学，偿夙昔志愿。"（《秘藏书信》第30册，第323页）即指胡适于1910年考取庚子赔款的留学生。另近仁在信末落款处写有"庚十月廿九日"（《秘藏书信》第30册，第327页）字样。故此。

3."迩日省府上家报"

此信约写于1910年。近仁在信中代胡适之叔请求提到："闻适侄每年发费大有赢余，君能为我一道窘状，使吾适侄分润我乎？"（《秘藏书信》第30册，第329页）胡适在1911年1月25日《致胡近仁》写道："适在此数月，甘旨之奉尚未有分文……岂国家津贴士子之金钱而可以为养活废民游手民蠹国蠹之用哉？"（《胡适全集》第23卷，安徽教育出版社2003年版，第29页）两者之间相互印证。故此。

4."顷在府上得读"

此信约写于1914年。近仁在信中提到："顷上府上得读三月初二日安函并致江宅信。"（《秘藏书信》第30册，第330页）此处提到的时间是"三月初二"，而胡适1914年《致母亲（第八号上）》的开头写道："今晨得第三号信（三月廿日），知儿所发第二号信已收到，甚慰。"（《胡适书信集》（上册），第39页）另于近仁信中有"令慈又云，人情变态不可端倪，况在重洋异国，此后于社会交际上种种"字样，当知近仁写此信时胡适已在美国留学。故此。

5."前由五月十号奉上"

此信当写于1914年。近仁在信中提到："将来候身体健全时纂《梦学真诠》。"（《秘藏书信》第30册，第339页），又于信末提到："美墨战争尊处有影响否？"（《秘藏书信》第30册，第340页）对于此信胡适有一回信，其在回信中回复了这两个问题："梦学素所未窥，暇日当一研讨之。如有所得，当以奉闻，以为'梦学真诠'之资料。""美、墨并未开战，美兵在墨登岸，占一城，死数十人而已，今已将了结矣，此间并不受影响也。"（《胡适家书》，金城出版社2013年版，第212页）回信时间是1914年。故此。

6."读七月□一号□"

此信当写于1914年。近仁在信中提到："比阅东京出版之《甲寅杂志》内□申张中□问题序一篇。"（《秘藏书信》第30册，第341页）据查证，《甲寅杂志》是1914年5月10日由章士钊在日本东京创办，胡适为撰稿人之一。另信中说"战云日恶"，1914年7月第一次世界大战爆发。并联系近仁此书信前后而得出写信时间，故此。

7."本日偶捡老友前年来书"

此信当写于1914年。近仁在信中提到："屯溪变乱之兵闻已捕获十余人，枪毙九名，此兵驻淮山寺，先杀二队官（一姓汪，婺人；一姓程，绩人。）而后抢掠钱庄当铺茶厘局，计被抢不下万余金，隶兵籍者，类开化、玉山人居多，现各处调来之兵，闻均开往该二县地方缉捕矣。"（《秘藏书信》第30册，第351页）据检视"屯溪历史大事记"中说："民国三年（1914年）7月20日晚，驻防屯溪华山禅院（今戴震公园内）的徽州六邑巡缉队士兵突然哗变，击毙队长汪孔璋、副队长程万人，后向浙江开化逃散。"此与近仁信中上述所提及相吻合。故此。

8.“日前奉上芜笺”

此信当写于1914年。近仁在信中回复了胡适在家报中提出的五个问题，即胡适在1914年8月9日《致母亲》（第十九号上）中写道：“儿现所若知者数事，望吾母下次写信告知其事如下：一、吾邑自共和成立后，邑人皆已剪去辫发否？有改易服制者否？二、吾乡现有学堂几所，学堂中如何教法？三、乡中有几人在外读书（如在上海、汉口之类）？四、目下共有几项税捐？五、邑中政治有变动否？（近仁、禹臣或能告我）县知事由何人拣派，几年一任，有新设官否，有新裁撤之官否，县中有小学几处？”（《胡适家书》，第41页）两者相互印证。故此。

9.“久未通函”

此信当写于1915年。近仁在信中提到：“新岁比来荏苒，春秋遂已三十。”（《秘藏书信》第30册，第365页）据近仁生年是1886年，由此推算在1915年。信中亦提及“近为汪铁舫作《汪氏义冢记》”，还说“俟碑刻成后拟搨一份再行呈教”。此碑刻于1915年四五月间，与此信书写时间吻合。故此。

10.“顷以阳历十一月下浣”（“题适之《尝试集》即次集中《朋友篇》元韵”）

此信当写于1914年。近仁在信中提到：“今附上哀情小说回目一纸。”（《秘藏书信》第30册，第366页）胡适在1914年七月二十三日的《致胡近仁》一信中写道：“来书谓，拟组织一哀情小说，闻之极欲先睹为快。望先将布局始末及回目见示。”（《胡适家书》，第212页）近仁此信的落款是：“十一月二十六号，时在三溪。”（《秘藏书信》第30册，第368页）两信前后印证，故此。

11.“前接手书敬悉”

此信当写于1918年。近仁在信中提到：“《新婚杂诗》之卒章甚佳。”（《秘藏书信》第30册，第370页）据胡适生平年表，胡适与江冬秀是1917年12月30日在绩溪上庄结婚。《新婚杂诗》作于1918年1月12日。故此。

12."日昨接奉手书备聆"

此信当写于1918年。近仁在信中提到："足下固已接到第五号信矣。"（《秘藏书信》第30册，第373页）又信末提到："予之革新事业日来已见效果。"（《秘藏书信》第30册，第374页）而胡适在1918年5月2日《致胡近仁》一信中有相应的回复："前得第五号书……来书言革新事业，已有头绪，闻之甚喜。"（《胡适家书》第218页）两信前后印证。故此。

13."你寄来的西洋参我已收到"

此信当写于1920年。近仁信中提到："冬秀夫人坐蓐后还康健吗？……他新添的女妹不知取什么名字？"（《秘藏书信》第30册，第379页）即指1920年胡适女儿胡素菲的出生。另胡适1920年11月6日《致胡近仁》末写道："我女儿名素菲，身体还好。"（《胡适家书》，第220页）两信前后印证。故此。

14."惠书具悉关于选举一事"

此信当写于1918年。近仁在信中提到，"选举一事"和"阁下所发三电措词均近浮廓，恐难动听"。（《秘藏书信》第30册，第381页）胡适在1933年《致胡近仁》中回道："前论选举事不过是有激而发。"又："来函所说三电措词浮廓，此亦系不得不然。"（均引自《胡适全集》第24卷，第149页）两信前后印证。胡适此信无年月日，全集收入1933年是编者所为。不可作证！而据中国社会科学院近代史所宋广波副研究员考证此信当写于1918年（详见中国社会科学院近代史所网页之宋文《考释胡适的两封书信》，发表于《安徽文史》2015年第6期），宋广波先生考证可信，建议采用。

15."数日来连接尔送来再版《尝试集》和《文字学形义篇》"

此信写于1920年。近仁在该信的落款写道："九·十·二七"（《秘藏书信》第30册，第386页），其中"九"指年份，即指中华民国九年，按此即是1920年。

16.**"你的病体想总完全复元长久了念念"**

此信写于1920年。近仁在信的开头就写明"九·十二·一〇"（《秘藏书信》第30册，第387页），同样，其中"九"即指"中华民国九年"，也即1920年。另，近仁信开头提到："你寄给我的《贞卜文字考》，我已收到许久了。"（《秘藏书信》第30册，第387页）这与胡适1920年《致胡近仁》信中说到的："龟甲文字的研究，要算罗振玉先生为第一，故我把他的一本《殷商贞（占）卜文字考》另挂号寄给你，省得我写长信了。"（《胡适家书》第220页）相印证。故此。

17.**"《石鹤舫传》你竟破工夫代我修正"**

此信写于1921年。近仁在信末的落款写明"十·三·十八"（《秘藏书信》第30册，第392页），其中"十"即指"中华民国十年"，也即1921年。另，近仁在信中提到了："《石鹤舫传》你竟破工夫代我修正。"（《秘藏书信》第30册，第389页）这与胡适1921年1月18日《致胡近仁》中提到："你的《石鹤舫传》，我收到已久。"（《胡适家书》，第221页）相互印证。故此。

18.**"你寄来信片我早收到了，谢谢你"**

此信写于1921年。近仁在信末的落款写明："十·四·八"（《秘藏书信》第30册，第393页），其中"十"即指"中华民国十年"，也即1921年。故此。

19.**"你五月二十三日发出的信我已收到了"**

此信当写于1921年。近仁在信中提到："寄九兄的《西湖新志》大约阴历五月内总可出版。"（《秘藏书信》第30册，第394页）经过查阅，《西湖新志》初版在"民国十年"即1921年。故此。

20.**"月来因无大暇好久不曾给尔信了"**

此信当写于1921年。近仁在信中提到："里中新办的国民学校"（《秘藏书信》第30册，第396页），据《绩溪县志》记载："11年易等为级，高级小学称完全小学，国民学校易名初级小学。"（黄山书社 1998 年版，第 705 页）其中"11 年"即指"民国十一年"，亦即 1922 年，而近仁此信还称"国民学校"，故当在 1922 年前。另近仁信中又提到："此君新辑《西湖新志》一部，现已印刷将竣"（《秘藏书信》第 30 册，第 396 页），经过查阅，《西湖新志》初版在"民国十年"即 1921 年。故此。

21."我和你分别后眨眼间又是两月了"

此信写于 1921 年。近仁在信末的落款写明："十·十·二八"（《秘藏书信》第 30 册，第 398 页），其中"十"即指"中华民国十年"，也即 1921 年。故此。

22."今天接到亚东图书馆寄来《胡适文存》几部"

此信写于 1922 年。近仁在信末的落款写明："十一·一·二一"（《秘藏书信》第 30 册，第 402 页），其中"十一"即指"中华民国十一年"，也即 1922 年。故此。

23."六月四日的信我早收到了"

此信写于 1924 年。近仁在信末的落款写明："十三·七·八"（《秘藏书信》第 30 册，第 407 页），其中"十三"即指"中华民国十三年"，也即 1924 年。另，近仁在信中提到："福保求学的事，我就决定叫他先进二师了。"（《秘藏书信》第 30 册，第 403 页）这与胡适 1924 年 6 月 4 日《致胡近仁》中提到："福保的问题，我以为可先进二师。"（《胡适家书》第 224 页）相互印证。故此。

24."前由莘麓携来一函内详各节"

此信当写于 1930 年。近仁信中提到："组织图书馆因属美举……将杨林桥屋外余地一并圈入建造则范围又似太广……此项建筑恐非四千以外不办。"（《秘藏书信》第 30 册，第 408—409 页）胡适在 1930 年《致胡近仁》中写道："里中设图书馆事，不必大规模去做，只须一所勉强可用之屋，一间储藏，一间阅览，有几十个书柜或书架，有几千部书，便可成立。若侈谈几千元，几千元，则此事必无望了。"（《胡适全集》第24卷，第44页）两者相互印证。故此。

25."**学校账务自经手人景周于上月揭出**"

此信当写于1927年。近仁信中提到："校事前承在里诸人会议暂时推我接办维持到本学期终了，以作过渡办法。"且落款时间为"十月三十一"（《秘藏书信》第30册，第413页），而胡适在1927年11月25日的《致胡近仁》中写道："校事得你主持，再好没有了。"（《胡适家书》，第225页）两信相互印证。故此。

26."**前接讨论人口问题的一函本应裁处**"

此信写于1930年。近仁信的落款是"十九·十·十一"（《秘藏书信》第30册，第419页），其中"十九"即指"中华民国十九年"，也即1930年。故此。

27."**我运气真不好，当在困□中时，还听贤伉俪尚留海上**"

此信写于1930年。近仁于信的落款是"十九·十二·三十"（《秘藏书信》第30册，第421页），其中"十九"即指"中华民国十九年"，也即1930年。故此。

28."**去冬沧州一叙未尽所怀**"

此信写于1931年。近仁于信的落款是"二十年三月五日"（《秘藏书信》第30册，第424页），其中"二十年"即指"中华民国二十年"，也即1931年。故此。

29."**前由海昌携来《词选》并函及邮局寄来之函都先后收到了**"（"**再者向例开些教员**"）

此信当写于1928年。近仁在信中开篇提到："前由海昌携来《词选》并函及邮局寄来之函都先后收到了。《词选》一书我只忙里偷闲粗阅半册，觉着还有些古典未曾注明。"（《秘藏书信》第30册，第425页）且于信末写"新年安好"祝语，近仁此信应是对胡适1927年11月25日及1928年1月5日《致胡近仁》的回复。胡适在《致胡近仁》中写道："近年选词一册，日内出版，附呈一册，请你指正。"（《胡适家书》第225页）两者印证。故此。

30."适之、冬秀：我们长久未通信了"

此信写于1932年。近仁于信的落款是"念二年四月二十七日"（《秘藏书信》第30册，第434页），其中"念二年"应是"一九三二年"，而不是"一九二二年"。另，近仁于信中提到："在半月前由邮局送到你们结婚十五周年纪念影片。"据胡适结婚是在1917年，过十五周年，当即1932年。

三、胡近仁往来书信106通的整理①

由胡近仁之孙胡从收藏的《胡近仁往来书信》共106通，其中无信封的有25通（含收条1张），有信封的81通（含钱据1通）。在这106通书信中，胡近仁写寄出的有7通（无信封壳6通，有信封1通），收信占大多数，有99通。另外，从这106通书信看，胡近仁往来书信所涉50多人或部门，当中有他的两个儿子福保、福来，也有兄弟、学生以及学校教育部门等。福保、福来各1通，其他则是他的外甥（落款叫"尔丰"）最多，有21通，其余大部分为1通。

胡近仁往来书信

① 此部分为胡泉雨整理胡从提供的胡近仁106通往来书信文稿。

（一）无信封的信笺

1.程右泉致胡近仁

信笺上方印有"上海裕兴隆茶栈用笺"；下方印有"第号民国年月日第页"。

2.胡近仁写致润丈

信笺上方印有"洪剑依用笺"；右边印有"字第号第页"；左边印有"民国年月日"。

3.章钟馨致胡近仁

信笺左下方印有"姑苏艺兰堂制"。

4.程敏斋致胡近仁

信笺上方印有：第一行大字"汪裕泰总栈用笺"，第二行小字"上海法租界福煦路口一百九十七号洋房"；下方印有"电话三四一三八号"；右边印有"第号"；左边印有"民国年月日"。

5.胡近仁致运中先生

信笺左下方印有"上海元大昌监制"。

6.门生胡乐丰致胡近仁

信笺上方印有"浙江省政府建设厅用笺"。

（二）有信封和信笺

1.程右泉致胡近仁6通

（1）信封封面右上印有"上海南市大东门大街里卤爪街口"；左下印有"上海程裕新号信简"，中间写有"内函寄芜湖转旌德县城内交亲逊学校胡近仁先生收"。

封底贴有"中华民国邮政三分的邮票"，并写有"如先生旋府即烦转寄绩溪八都上庄交请勿致误至托至感五月二十三日"。还盖有4个印戳（上海、芜湖、旌德各1个，另1个看不清）。

信笺上方印有"上海程裕新茶号用笺"；下方印有"第号民国年月日第页"。

程右泉致胡近仁书信信封

（2）信封封面右上方印有"上海大东门外程裕新茶号内"；左下印有"裕新隆茶栈缄寄"，中间写有"芜湖转绩溪县八都上川交胡近仁先生收申右寄一月十八"。

封底贴有三枚邮票：1枚是"中华民国邮政四分"，2枚是"中华民国邮政半分"。还盖有4个印戳（2个在封面、2个在封底）。

信笺上方印有"上海裕兴隆茶栈用笺"；下方印有"第号民国年月日第页"。

（3）信封封面右上方印有"上海大东门外程裕新茶号内"；左下印有"裕新隆茶栈缄寄"，中间写有"芜湖绩溪县八都上川交胡近仁先生收申右发七月二十"。

封底贴有4枚印有孙中山先生像的中华民国邮政一分邮票，并盖有5个邮戳，其中一个"芜湖"二字看得清楚，其他字迹已不清晰。

信笺使用与（2）的一样。

（4）信封封面右上方印有"上海大东门外程裕新茶号内"；左下印有"裕新隆茶栈缄寄"，中间写有"芜湖绩溪县八都上川交胡近仁先生收申右寄二月十六"。

封底贴有5枚印有孙中山先生像的中华民国邮政一分邮票，并盖有2个邮戳，字迹已不清晰。

信笺使用与（2）的一样。

（5）信封封面右上方印有"上海大东门外程裕新茶号内"；左下印有"裕新隆茶栈缄寄"，中间写有"内函托递交胡近仁先生收右泉托"。

封底无任何痕迹。

信笺使用与（2）的一样。

（6）信封封面右上方印有"上海英租界东新桥北首"；右上方印有"第号"；右下方印有"程裕新第三发行所缄电话六三四七七号"；中间红框下方印有"台启"二字。封面手写有"内函烦希上川（新或祈）交胡近仁先生右泉缄八月七日"。

封底上方印有"上海"；中间印有"程裕新茶号"；下方右边分三列印有"大东门外大街第一发行所电话南市八七七号"；左边分三列印有"中华路沙场街第二发行所自造三层楼屋"。

信笺上方印有"程裕新第三发行所信笺"；下方分两行印有"上海英租界东新桥北首电话六三四七七号"；右上方印有"第号"；左下方印有"年月日"。

2. 胡近仁致胡可龙1通

信封封面写有"徽城察院前交胡开文墨庄胡可龙先生启上川董人缄"。封底无痕迹。

信笺上方印有"上海裕兴隆茶栈用笺"；下方印有"第号民国年月日第页"。

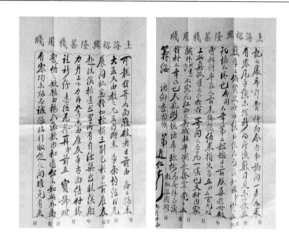

胡近仁致胡可龙书信手迹

3. 胡可龙致胡近仁1通

信封封面写有"敬请代交胡近仁先生可龙托",另有邮戳1枚(可看清"徽州城内"等字样)。

封底写有"获八月二十七日启"。

4. 汪柏林致胡近仁4通

(1)信封封面右上方印有"英租界四马路望平街口";左上方印有"电报挂号六四五五电话九○三四○号";左下方印有"上海汪裕泰茶叶第三发行所缄"。封面写有"外暑剂一并拜烦台驾吉便代陈胡近仁先生台收汪柏林托"。

信笺上方分两行印有"上海汪裕泰茶叶第三发行所英租界四马路望平街口";下方印有"电报挂号六四五五电话九○三四○号";右边印有"第号",左边印有"民国年月日"(共1页)。

汪柏林致胡近仁书信信封

（2）信封封面右上方印有"英租界四马路望平街口"；左上方印有"电报挂号六四五五电话九〇三四〇号"；左下方印有"上海汪裕泰茶叶第三发行所缄"。封面上写有"芜湖转濠寨送上川投交胡近仁先生台启汪柏林"。

封底贴有2枚印有孙中山先生像的邮票，其中1枚是"中华民国邮政一分"，另1枚是"中华民国邮政四分"。并盖有2枚邮戳，已看不清字迹。

信笺与（1）同（共2页）。

（3）信封封面右上方印有"英租界四马路望平街口"；左上方印有"电报挂号六四五五电话九〇三四〇号"；左下方印有"上海汪裕泰茶叶第三发行所缄"。封面上写有"浙江昌化转绩溪濠寨上川交胡近仁先生汪柏林寄"。

封底贴有2枚印有孙中山先生像的邮票，其中1枚是"中华民国邮政一分"，另1枚是"中华民国邮政四分"。并盖有2枚邮戳，"上海"二字看得清。还写有"七月二十三日"。

信笺与（1）同。

（4）信封封面右上方印有"英租界四马路望平街口"；左上方印有"电报挂号六四五五电话九〇三四〇号"；左下方印有"上海汪裕泰茶叶第三发行所缄"。封面上写有"芜湖转濠寨送上川投胡近仁先生台启汪柏林"。

信笺与（1）同。

5.程苣生致胡近仁22通(选其中10通)

（1）信封封面右上方印有"上海大东门外程裕新茶号内"；右下方印有"裕兴隆茶栈缄寄"。写有"内函烦带交近仁舅父大人安展苣生托"。

程苣生致胡近仁书信信封

（2）信封封面右上方印有"上海大东门外程裕新茶号内"；右下方印有"裕兴隆茶栈缄寄"。写有"内函外女帽一顶草席一条交胡近仁舅父苣托十二月八日"。

信笺上方印有"上海裕兴隆茶栈用笺"；下方印有"第号民国年月日第页"。

（3）信封封面右上方印有"上海大东门外程裕新茶号内"；右下方印有"裕兴隆茶栈缄寄"。写有"芜湖濠寨上川交胡堇人先生启程苣生托八月十七"。

封底贴有"中华民国邮政半分"的邮票9张，并盖有7个邮戳，字迹已不清晰。

信笺上方印有"上海裕兴隆茶栈用笺"；下方印有"第号民国年月日第页"。

（4）信封封面右上方印有"上海英租界东新桥北首"；右上方印有"第号"（在此处还贴有1枚印有孙中山先生像的"中华民国邮政五分邮票"，并盖有邮戳），下方印有"程裕新第三发行所缄电话六三四七七号"；中间红框下方印有"台启"二字。

封底印有上方"上海程裕新茶号"；下右方印有"大东门外大街第一发行所电话南市八七七号"，左方印有"中华路沙场街第二发行所自造三层楼屋"。

信笺上方印有"程裕新茶号信笺"；下方印有"上海英租界东新桥北首"。

（5）信封封面右上方印有"上海大东门外程裕新茶号内"；右下方印有"裕兴隆茶栈缄寄"。写有"芜湖旌德濠寨上川交胡董人先生启程芑生□十二月十九"。

封底贴有"中华民国邮政四分"邮票1枚，"中华民国邮政半分"邮票2枚，并盖有3枚邮戳，其上"上海""芜湖""二十一年十二月"字样清晰可见。

信笺上方印有"上海裕兴隆茶栈用笺"；下方印有"第号民国年月日第页"。

（6）信封封面右上方印有"南市大东门里卤瓜街口"；左下方印有"上海程裕新茶号缄电话二二三八五号"，上面写有"芜湖旌德濠寨上川交胡近仁先生启程芑生□十月十日"。封底贴有印有孙中山先生像的"中华民国邮政五分"邮票1枚；并盖有2枚邮戳，上面的"芜湖二十二年十月十三/八WUHU"和"上海二十二年十月十日/二十四SHANGHAI"字迹清晰。

信笺上方印有"上海程裕新茶号用笺"，右方印有"第号"，左方"民国年月日第页"。

（7）信封封面右上方印有"上海大东门外程裕新茶号内"，左下方印有"裕兴隆茶栈缄寄"；写有"芜湖旌德濠寨上川交胡董人先生启程芑生□八月二十六日"。

封底贴了印有孙中山先生像的"中华民国邮政肆分"邮票1枚、"中华民国邮政半分"邮票1枚。并盖有3枚邮戳，其中"芜湖WUHU""二十一年八月二十七/SHANGHAI"字迹清晰。

信笺上方印有"上海裕兴隆茶栈用笺",下方印有"第号民国年月日第页"(共1页)。

(8)信封封面右上方印有"上海大东门外程裕新茶号内",左下方印有"裕兴隆茶栈缄寄"。另写有"芜湖旌德濠寨上川交胡菫人先生启程芑生自中寄"。

封底贴了印有孙中山先生头像的"中华民国邮政一分"邮票1枚,并盖有4枚邮戳,字迹已不很清晰。

信笺上方印有"上海裕兴隆茶栈用笺",下方印有"第号民国年月日第页"。

(9)信封封面右上方印有"上海大东门外程裕新茶号内",左下方印有"裕兴隆茶栈缄寄"。另写有"芜湖旌德濠寨上川交胡菫人先生启程芑生□三月十六日"。

封底贴了印有"中华民国邮政四分"邮票1枚,并盖有2枚邮戳,字迹已不清晰。

(10)信封封面右上方印有"阊门外大马路",左下方印有"苏州第一旅社号缄"。

封底印有"苏州阊门外大马路第一旅社特别广告""敬启者,鄙人自接盘以来,竭力整顿,以谋旅客之便利。凡蒙光顾诸君一再称道,殊觉□颜,添办欧美铜床以及绸纱被褥,床铺格外清洁,空气充足、房间宽畅。夏用电扇、冬令火炉,被褥全用新花加厚,茶壶一律用藤茶桶。上用热水袋,下用脚炉,安睡时调换白铜汤蒲,茶房全用老手,侍候周到,大厅喜庆,格外价廉。厨房筵席完备,饭菜清洁。如蒙贵客惠顾,不胜欢迎之至。账房/二楼电话:九六四/一七○七号本旅社主人启"。

信笺上方印有"苏州第一旅社用笺",右方边印有"本旅社开设阊门外大马路鸭蛋桥塊,房内陈设清洁布置完备",左方边印有"房价特别从廉,饭菜每客二角四分,光饭七分,本主人谨启",下方印有"账房电话九六四号(二楼电话一七〇七号"）。

印在信封封底的广告

（三）其他信封信笺使用

1.程炳玉致胡近仁1通

信封封面右上方印有"法租界福煦路口陆家观音堂对面"，左上方印有"电话三四一三六"，左下方印有"上海汪裕泰总栈缄"。

信笺上方印有"汪裕泰总栈用笺"，下方印有"电话三四一三八号"。

2.胡裕安致胡近仁1通

信封左下方印有"绩溪县第三区区公所"。

信笺上方印有"绩溪县第三区区公所用笺"，右方印有"第号第页"，左方印有"中华民国年月日"。

3.钟道泉致胡近仁1通

信封左下方印有"私立武昌美术专门学校缄"。

信笺左下方印有"钟道泉用笺"。

4.胡观诚致胡近仁1通

信封封面左下方印有"徽城胡济和堂信缄"。

封底贴有中华民国邮政四分和一分邮票，盖有邮戳2枚。

信笺上方印有"胡济和参燕药号用笺"。

5. 胡观兰致胡近仁1通

信封封面右上方印有"屯溪八家栈镇海桥东首",左下方印有"屯溪胡同和缄寄"。

封底贴有1枚"中华民国邮政四分"邮票。

6. 运中致胡近仁1通

信封封面左下方印有"地址设县前□绩溪县修筑公路办事处"。

信笺上方印有"绩溪县公路办事处信笺",右方印有"第号第页",左方印有"民国年月日",下方印有"徽州福生书局印"。

7. 洪尧臣致胡近仁1通

信封封面上方印有"追庆立峘公九旬纪念",下方印有"绩溪旺川曹务本堂敬赠",并写有"托交胡近仁先生启坦川尧缄"。

信笺上方印有篆体"追庆立峘公九旬纪念",左下方印有"绩溪旺川曹务本堂敬赠"。

8. 侄胡寿鹤致胡近仁1通

信封封面右上方印有"上海城内小世界对面",左下方印有"丰泰昌华洋杂货号缄",并写有"外热小瓶一只烦交近仁叔大人台收鹤拜"。

信笺上方印有"丰泰昌华洋杂货号通用笺",下方印有"上海城内福佑路小世界对面便是",右方印有"第号",左方印有"民国年月日"。

9. 程应龙致胡近仁1通

信封封面右上方印有"上海英租界大马路浙江路口",左下方印有"程裕新三号信简";写有"芜湖旌德濠寨八都上庄胡近仁先生启雨生自沪寄"。

封底贴有2枚"中华民国邮政一分"邮票并盖有3枚邮戳。

信笺上方印有"程裕新第三茶号用笺",右方印有"第号",左方印有"民国年月日"。

10. 绩溪县教育局致胡近仁1通

信封封面左下方印有"绩溪县教育局缄",下方印有"屯溪科学书馆石印"。

信笺上方印有"绩溪县教育局用笺"。

11. 胡肇荣致胡近仁1通

信封封面右上方印有"长街三圣场",左方印有"电话四〇七号芜湖满江春药号缄"。

12. 胡祥钧致胡近仁1通

信封封面左方印有"注册商标'广户氏'老胡开文总店缄上海河南路三八四号抛球场北首",并写有"芜湖转濠寨上川胡近仁先生祥钧"。

封底印有"营业要目:徽墨湖笔、端歙古砚、北京墨盒、各种墨汁、罗盘日规、八宝印泥、□礼部墨、信封信笺、□□笔架、宜兴水盂、黄山野术。文房四宝名目繁多、一应俱全,诸君光顾、无任欢迎。总制造厂:上海闸北南山路;制烟厂:安徽宁国河沥溪镇;分店:北平琉璃厂东太平巷对门、天津法租界老西开、天津锅店街中间路北、汉口前花楼张美之巷上首、汉口后花楼笃安里口正街、南京门帘桥三十号"。

信笺上方印有"广户氏用笺",左方边印有"第页;总店:上海英租界河南路三八四号抛球场北首;总厂:上海闸北南山路;制烟厂:安徽宁国河沥溪镇",左方边印有"民国年月日;分店:北平琉璃厂东太平巷对门、天津法租界老西开、天津锅店街中间路北、汉口前花楼张美之巷上首、汉口后花楼笃安里口正街、南京门帘桥三十号"。

13. 培之致胡近仁1通

信封封面右上方印有"开设南京城内承恩寺街",右下方印有"南京胡开文笔墨发行所缄;电话城内一五四一号(注:原号二三七八)",下方印有"良晨制"。

封底印有"'文琳氏'注册商标营业要目:名墨湖笔、端歙石砚、罗盘日规、八宝印泥、黄山野术、松烟墨汁、京铜墨盒、画图颜料，文房用品一应俱全"。还贴了1枚"中华民国邮政四分"邮票，并盖有邮戳。

四、胡近仁往来书信再整理①

去年冬至，我回绩溪祭奠父母。方静老师找到我说，由胡近仁之孙胡从收藏的《胡近仁往来书信》106通的整理工作还未完成，但原来承担这项工作的江西航空职业技术学院的胡泉雨又有别的任务了。他问我愿不愿意接手继续完成这项工作。我当时认为有胡泉雨前面的工作做基础，完成这项整理工作应该不是太大的难事，兼之有方老师的信任，再加上是外祖父近仁先生的事情义不容辞，于是毫不犹豫地就答应下来了。历时将近半年，胡近仁往来信件的再整理工作终于告一段落，在此略作小结。

（一）信件的内涵丰富

我拿到的胡近仁往来书信一共106封，其中有信封的81封，无信封的25封。这些处于历史大变革年代的信件涉及当时社会的方方面面，所以承载了那个年代的许多信息。

首先从来信人的信息，直接就可了解当年的上庄在外经商人的分布区域的一些情况：有上海、南京，浙江的兰溪、浦江，江西，省内有芜湖、泾县、三溪、宁国、沥溪、屯溪、歙县等等。其中上海的来信最多，加上近仁先生写给外甥程芭生的一封，以及"柯湘帆"来信，一共41封，可见上庄与上海间的联系之密切。上庄过去曾有"小上海"之称号，从这些信件来看，此言不虚也。再比如，当时上庄人在上海开设的"裕兴隆茶栈"的经营情况，可以从经理程右泉及茶栈的继承人之一程芭生的诸多来信中得以了解。从"上海汪裕泰"的汪柏林来信中，除了可以瞥见当时上海南京路商业的繁华，看

① 此部分为洪芹对胡近仁106通往来书信再整理的文稿。

到"三友实业社"的发票模样，甚至还能了解到在沪徽商的关心国事，以及"一·二八"淞沪抗战前后的一些情况。如"民国二十一年八月十四日"来信中说："沪上东洋军不时越界示威，居民不无惴惴。未识国府如何交涉，制止贼货源源进口。现有组织血魂团锄奸，专警告进贼货之奸商，或附子弹或投炸弹，制日贼之死命，喝醒奸商之良心"。

从程芑生的来信中还可看到，回乡探亲的徽商，是如何走"徽杭古道"返沪的："十七请别，次早登程，当日住伏岭下。第二日宿颊口，第三日早至汤家湾，搭汽车达下午一点到杭，当即乘下午快车到沪，已七点钟。"（见程芑生来信十一，"二十二年三月十六日缄"）我们不仅可以体会其中的路途遥遥和艰辛，还可以感受他们在外经商的不易。由于当时上海大环境的混乱，茶栈会受到敲诈勒索，不得不花重金寻求上海滩流氓头子的保护。我们可以从侧面了解到上海滩的青帮头目之一张啸林的一点蛛丝马迹：程芑生来信三"二十一年七月十四日"中"自月朔遽连接恐吓信数封，因此桂来等各俱停学以防不测"；来信六即"二十一年八月十七日"又有"今有一知友因甥受此之事，拟为代介绍拜入张啸林，大概费用数十番耳"。

从柯氏家族的来信，可看出他们对编纂《新安柯氏族谱》的重视，以及认真严谨的态度。从毓英学校同仁"民国二十年十一月十四日"开给近仁先生的账单收条，似乎看到了当年毓英学校办学的规模和规范性，也可想见近仁先生要去绩溪县政府参加编修《绩溪县志》前，对毓英学校校长交接的工作一丝不苟。当然，从编修《绩溪县志》有关的来信中可以了解到，民国期间，县政府曾两次组织编修县志，但两次都不了了之。近仁先生在写给"运中先生"（即民国十六年曾经担任过绩溪县县长的"胡运中"）的信中说"日前接教育局陈君转来县署公函，具悉续编《县志》事……惟此事民初曾经倡举，今旧事重提，似当远鉴故辙，斯在观成第。未识经费状况如何？"胡运中先生"四月十六日"派人带信说"董人兄大鉴：手教敬悉，续修县志马公兹具决心，并定近日开一会议，嘱带函请执事，准于十七日到城。东屏已留城相候矣"。这里的"马公"是指民国二十二年任绩溪县长的"马吉笙";这里的"东屏"指"程宗鲁先生"。由此,当时政府的经济实力以及办事效率,也就可想而知了。

这批信件还能让我们了解当时徽州水运的一些影子。近仁先生在给"可龙"的信中说:"种切棕榈三副,已于日前雇友赴临溪抬运至里,所有自渔梁至临溪船力,并上下力洋九元。"汪柏林"民国二十一年八月十四日"来信四说:"途次水涸,现仍逗留渔梁。由临至渔三道水闸均已封锁,须要三、六、九开放半天。可见吾徽辗转运输之艰,真如蜀道也。"这里应该都是指从新安江到歙县的渔梁坝再到绩溪的临溪的水路运输情况。

近仁先生的长子胡福保的上海来信,不仅让我们知道胡适先生关心他的病情,还记录了当时上海小有名气的"新安医学"的代表人——王仲奇先生治疗肺结核的一个药方,"得适之先生介绍就诊,德医黄钟先生以为肺病";"迨清明后三四日,王仲奇先生由杭返沪,就访其居"。近仁先生的学生胡乐丰,当年曾分别在安徽省政府建设厅和浙江省政府建设厅任职,从他的来信可了解1932年左右,上庄修路及杨林水口大坝的情况和安徽省政府当年的一点人事(比如,其在1933年元月初来信中,提及"一·二八淞沪抗战"后,有张治中将军来皖主政的传言:"此之闻省府改组消息,谣言纷纷,报载张治中来皖继长,不悉确否?"),及省政府财政捉襟见肘的窘境;还可见证像他这样在外发展颇顺的游子,对家乡那种爱恨交加的矛盾心理。

近仁先生在"屯溪胡同和"做生意的外甥胡观兰(泽生)民国十六年的来信,让我们知道,1927年的屯溪,曾经发生过兵变,导致商户被抢,损失严重,老百姓生活饱受干扰而怨声载道:"但屯溪剿师前日全军开赴祁属值据,谢文炳师又由黔来剿据又返。屯溪市面静靖,店家结束不堪。"从诸如此类的信中,我们可以了解到当时普通老百姓的一些生活生产的情况以及民风民俗:如种桑养蚕的情况,一些年度的茶价茧价(如近仁先生给正在"万安学校"读书的长子"保儿"的信中说:"家内虫事不好,茧价最高者有六十元。守芝家亦只十筐虫，守节家亦然。茶价倒很好，每担高至六十元"）。过年时写信用红色的信纸，路远的晚辈不能当面磕头拜年，可用红纸写上吉祥祝福的话语，也同样表达敬意。还有大量的民国期间的邮政信息，如邮票、邮戳、信封、信纸、邮路等等。如果想要研究民国这期间的徽州邮政，或许可以从这里面找到丰富的资料。当然，这些信件里也如实呈现了中国历史上的一些耻辱记忆：上海不少来信的地址中赫然有各种"租界"的信息，如程右泉来信二信封正面右上侧印"上海英租界东新桥北首"，左下侧印"程裕新第三发行所缄"；汪柏林来信的信封正面右上侧印"英租界四马路望平街口"，左下侧印"上海汪裕泰茶叶第三发行所缄"；程炳玉来信信封印"法租界福煦路口陆家观音堂对面上海汪裕泰总栈缄"。这些资料不仅可帮助大家回忆这段历史，还可以提供研究关于在上海的绩溪茶商"汪裕泰""程裕新"的发展变迁问题的丰富史料。

以上这些资料信息也许通过其他渠道也或多或少能得到体现，但像在这批信件上的这样大量集中地、以文字的形式得以记载和呈现，应该是没有的了。

（二）整理的过程和困难

在整理过程中，我归纳出这批信件有三大特点：一是年代久远。这批信函大部分是20世纪二三十年代的，距今快有一百年了。当事人几乎都不在人世，甚至其中的一些人，连知道他们的人都很少了。所以，要想还原这批信函的本来面目，不是件容易的事。二是信息量大。这批信件最后整理出来的文字近四万字；要是把全部信件都扫描下来，即使安排得紧凑，也需要8G左右的空间。三是涉及面广。

这三大特点既是这批信件的价值所在，也是整理过程要面对的主要困难之一。106封信里，牵涉到的有上百人。这里面有近仁先生的长辈、上级，有他的兄弟姐妹，大部分是他的学生和晚辈；而且这些人从事的职业也是五花八门。要想把这批信件整理清楚，就需要把信中牵涉的这些人的大致关系弄明白。这实际上是个相当繁杂的过程。

在我的工作之前，胡泉雨先生曾对这批信件做了很多工作，包括统计、梳理、拍照、扫描等，并相对完整地整理出其中的50多封信函。但是由于各种各样的原因，没能进行全面深层次的分析分类整理。当这批信件摆在面前时，我有点茫然了：从哪里着手呢？本来我的任务似乎是很简单的：将胡泉雨整理出的信件比着原信核对一遍，编上号，就可以了。实际上远非想象的那么简单。刚开始时，我是照着胡泉雨整理的顺序一封一封地核对的。后来发现工作效率不高，进展缓慢。因为信件只是简单地分成两大类：有信封的和无信封的。每次核对，都要将无信封的25封或有信封的81封翻一遍，很费时间，且不利于信件的保护。因此，我换了个思路：将信件先按照写信人简单地分类，这样再从几类信中找一封信，相对就容易多了。

106封信，绝大多数是用文言文写的，没有标点符号断句。这使得整理工作变得非常繁复：每一封信，都要反复通读几遍，先有了总体内容的把握，再来断句，加上标点符号。有时，断句不同，意思甚至会截然相反。所以，一封信往往需要反反复复地斟酌、揣摩，才能整理出比较满意的结果。所以过去这几个月的周末，我经常是坐在电脑前这样度过的：正前方是一台笔记本电脑，右手边的旧报纸上是几叠信件，左手边是商务印书馆1983年版或2008年版的《现代汉语词典》，外带一部手机，用来不时上网查阅资料。除了偶尔站起来喝点水调整一下，一坐就是半天。

整理工作的另一大困难，是辨字。这批信件基本都是用毛笔写成，大部分的书法字体比较清楚，但由于书法字体的丰富多样性，以及大量繁体字的应用，给一些字的辨认带来很大的困难。比如"拜"字有十来种写法，有时同一写信人，在不同的信中，可能写的就不一样；"祈"字很容易被看成"新"字，"非"字被看成"然"字，"其"字易看成"重"字，"茶""药""业"的繁体草书容易混淆，"叔"字一开始看成"妹"字。这次整理中，这种例子不胜枚举。有一个字的核实过程，是应该要说一下的。这批信件中，近仁先生的外甥、"上海程裕新茶栈"的继承人之一"程苣生"来信最多，共22封（胡泉雨检出的是21封），其中的"苣"字，胡泉雨先生在前面的整理中，主要是看成"苍"或者"苞"。但通过查阅大量这两个字的书法样品进行对比，总是觉得有些差距。有着丰富高中语文教学经验的张咏梅老师分析认为，"苍生"指百姓、一切生灵，用作人名的可能性很小。张老师1989年毕业于安徽师范大学中文系，多才多艺，对书法绘画都有研究。我也认同她的这个观点。之后有一天，为了查一个资料，我比较仔细地又看了一遍《胡适研究》第6期《近代乡贤胡近仁学术研讨会专辑》中《程裕新茶号之过去与将来》，里面有一句"公今雨生苣生昆季，即光祖公之曾孙"，至此，我恍然大悟，原来是"程苣生"。再对了一遍所有有关的信件，果然应该是"程苣生"。不仅如此，我还知道了，程雨生（即程应龙）和程苣生（即程尔丰）是堂兄弟，都是"程裕新茶号"的继承人。这就是史料的作用和魅力！我想，今天对于这批信件的整理是否准确，也决定了将来的人能否从这里找到准确的历史信息。所以整理者责任重大，马虎不得。

另一个让我印象深刻的例子，是"上海汪裕泰茶叶第三发行所"的"汪柏林""民国二十一年七月六日"来信中关于一种纺织品"帐料"即"透凉罗"的价格"每尺六△%"。通过上下文的反复通读，先是弄明白了"△"代表"角"字，但"%"代表什么意思，始终不得其解，上网也查不到结果。这封信的照片在我的手机里存放了很长时间，遇到每一个有可能给我解释的人，我都会拿出来问，但始终没有答案。直到我回绩溪给父母扫墓，在我哥哥家巧遇绩溪中学退休教师胡华如老师。他今年85岁了，绩溪龙川人，是我嫂子的表哥。我想，胡老师出生于20世纪30年代，是从旧社会过来的人，也许知道一些我想知道的事情。不想真是巧了，胡老师家祖上是做生意的，很小的时候他父亲就教他记账。他一看就说，这是记账的一种特殊的记法，应该是几角几分。但具体是几分，他也不能确定。同时胡老师还帮我确定了

"上海裕兴隆茶栈"的经理"程右泉"来信中的几个数字，给我在对这批信件中数字问题的整理一个新的思路。感谢胡华如老师！

这件事的最后确认，要等到信件整理的分类编号阶段了。当整理到"汪柏林来信"时，发现"二十一年七月二十三日"来信中有说"透凉罗购就七尺"，并附有一张"三友实业社"的发票。那张发票在前面整理时就注意到了，当时只是惊叹于保存的完好，和对民国时期发票的好奇，没有太多注意上面的数字。现在前后两封信放在一起综合分析，信息就联系起来了："透凉罗"买了七尺，共4.48元，那么每尺应该是0.64元，原来前面信中是"六角四分"。至此，这个难题终于迎刃而解了。这样的例子还有很多，在此就不一一列举了。

由于那个年代的人名号可能有几个，"一人多名"的现象也给这批信件的整理带来不小的障碍。像近仁先生，行名祥木，字堇人，号晓耘、晓筠、樨禅、松臣等（从办学有关及学生来信十"晚生质庵"的来信的称呼"晓蓉先生"的信息来看，近仁先生可能还用过另一个号"晓蓉"），乳名灶松；程雨生大名"程应龙"；程苣生大名"程尔丰"；这些是比较容易搞清楚的。这次整理中，曾分别检出屯溪来信4封，两封的写信人是"胡泽生"，其中一封信有信封；另两封是"胡观兰"写的，也是只有一封信是有信封的。这4封信中都称呼近仁先生"姨父大人"，两封信封是一样的，正面印着"屯溪八家栈镇海桥东首屯溪胡同和缄寄"。在对这4封信进行分类编号时，我就怀疑它们出自同一人之手，但不敢确定：毕竟几个同乡人在异乡的同一个店铺里做生意的例子是不少的。后来偶然了解到，"胡观兰"是屯溪一中原副校长胡毓树老师的大伯父，但胡老师不知道他伯父是不是还有另一个名字叫"胡泽生"。通过对4封信的反复对比分析，终于发现"屯溪来信"一、二，虽然落款不同，但无论是笔迹还是内容都是有联系的，特别是从内容来看，这两封信是前后印证的。所以最后确定，这4封信都是"胡观兰"或"胡泽生"一个人写的。这不是唯一的例子，办学有关及学生来信十中的"晚生质庵"和办学有关及学生来信十一中的"晚生万彬";三溪来信中的"侄禹畴"和"侄筹"来信，都属于这种情况。

(三)信件整理的结果

通过近半年时间的努力，我把方静老师交给我的近仁先生来往书信106封全部检出，并整理完毕。其中近仁先生写出的信8封，写给近仁的信97封，另有一封是近仁的表兄弟"维藩"写给其兄"周逸民"的信（此信为何出现在此，有待进一步探究）。除了将胡泉雨整理出的信件进行核对补充外，这次又单独另外整理出64封。在170封信的几乎每一封信后，加上了注解，以帮助读者了解该信有关的一些信息。我将170封信进行了分类编号，分成两类"胡近仁写给他人的信"和"他人写给胡近仁的信"，将每一处来信根据作者进行分类，同一作者的来信有两封以上的，据时间先后来编号。

但由于能力有限和条件的局限，虽经多方努力，这批信件中还有一些字未能检出，有一些关系还没有分析清楚，有一些信息所隐藏的含义还未充分挖掘：例如，上海的来信一般都是由"上海"发出，经"芜湖""旌德"再到绩溪，但"程右泉来信四"即"二十二年一月十八日"来信的信封上邮戳却是"余杭"和"老竹岭"的，这次邮路的改变，是因为受到"一·二八淞沪抗战"的影响还是别的原因？需要进一步探讨。近仁先生在给"苣甥"的信中所说："屯溪于前日自卫团哗变，闻中国银行及其余大店被抢劫者十数家，损失当以万计。抢后散走，以此，日内郡城戒严颇紧。"与外甥胡观兰民国十六年的来信所记载的"屯溪兵变"是否属同一次？也需要进一步的研究。另外，近仁先生写给"胡可龙"的信中提到"村内家骥叔、明达公次子亦客死江西之吴城"与胡佩兰来信一中所说"债儿亦于十八日午后牺牲"是否同一事件？也有待于再考证。

毋庸讳言，已经整理出来的内容中，肯定还会存在错误。所以在此欢迎并恳请各位专家学者给予斧正！

（四）信件整理的感悟

信件的整理工作是繁琐而艰苦的，但在这个过程中我也学到了许多东西。所以我说，既有苦趣，更有乐趣。对我来说，虽然有时间精力上的付出，但更多的是收获：知识和感悟！

通过这次的整理工作，我有以下几方面的感悟：（1）这批信件涉及内容极其丰富，折射出20世纪二三十年代那个中国社会历史大变革时期的方方面面问题，如果能将其中涵盖的丰富信息充分挖掘出来，必定具有极高的史料价值。（2）信件真实反映了胡适先生的挚友胡近仁先生的学识情操、志趣爱好，以及他在那个时期的思想脉动、社会交往等诸多方面，这对我们进一步研究胡适会有很大的启发和帮助。（3）信件的基础背景是徽州人的生活、徽州的风土人情，所以这批信件可以为研究徽州历史文化、徽州人的精神、徽商生活的苦乐，提供丰富详实的资料。（4）从这批信件，我们可以了解中国的书信文化，以及一些文字的发展变迁，欣赏到遍及普通百姓的书法艺术，从而进一步感受到我国传统文化的根深叶茂。我想，这就是"文化自信"吧！

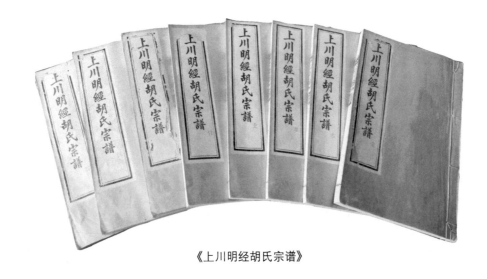

《上川明经胡氏宗谱》

中国史辩第一册

《茶叶分类品目》

余川汪氏族谱

和張子几知事華陽十詠詩元韻

石光如鏡鏡懸山山下潺潺水一灣行入天門便幽

盪却疑身在海雲間

顰眉墩比謝公墩蘇令當年惠　存　蹟双峰遠山留勝

蹟棠陰猶見古風傳

一方石印龍深潭印現官廉隱亦貪省識羹黄清似

水寸心俯仰更何慚

石洞連環別一天巨靈劈出不知年尋幽步入雲深

處似何蟾宮暗泉仙

倒挂銀河水滿池龍秋景物擅神奇偶従洞口凝眸

望百文蒼崖碧草海

雲石飛來路幾千上溥天水最清連浴沂勝事今猶

胡近仁诗词手稿之一

采桑雜咏

盡日寒烟盡日風　女桑薄采雨餘中　枝頭帶濕何妨
濕半插疏窗半曲攔

野徑烟籠夕照嚴　采桑頃是趁餘暉　為嫌樹瘠多丹
棋手折枝條帶葉歸

南

家住上莊嗚復西　桑抹八百堂中齋不須更聽鳩呼

雨葉滿新籃手自攜
蠶正開眠食正齊　采桑幾度到荒畦　回首忽驚挑李
下竹雛僊霧又成蹊

蒙館雜咏

凄涼誰復惜凄涼　浪說蒙求有學堂　七八兒童橫几
坐一聲聲哦地元黃

胡近仁诗词手稿之二

《铁跳蚤》小说手稿

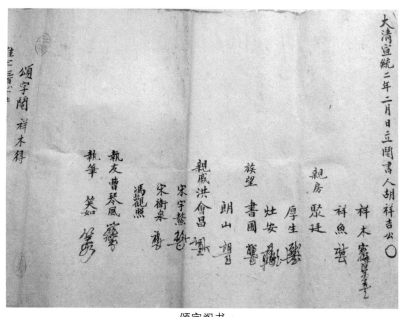

颂字阄书

旌德三溪胡景春号药店分红账单

程右泉写给近仁信　　　　安徽通志馆公函

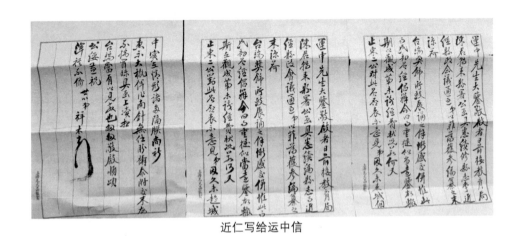

近仁写给运中信

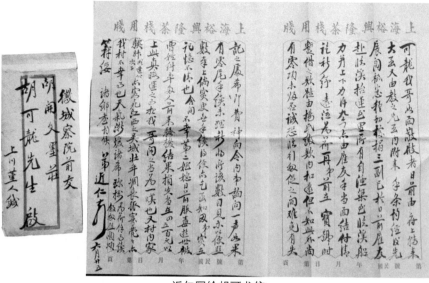

近仁写给胡可龙信

胡近仁信件的信封

聘任胡近仁担任《绩溪县志》编纂的县政府公函

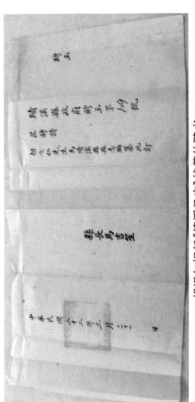

胡近仁担任《绩溪县志》编纂的聘书

注:以上照片资料均由胡从先生提供。

胡近仁研究篇

民国绩溪名儒胡近仁的历史困境[①]

方 静

徽州旧称"东南邹鲁",而绩溪自古有"邑小士多"之誉。由于书院林立,游学成风,地方隐士儒生均有博学君子之风,在朝代更迭、乡村治理及宗族自治中发挥着极其重要的作用,为时代的文明进步、社会的秩序规整和乡村文化繁荣留下了许多难能可贵的印记与痕迹,成为徽州历史的重要部分。徽州文人,包括宿儒乡贤居士,是徽州社会阶层的精英,其典型性、影响力使其成为一种奇特的文化现象。研究这种文化现象,可以管窥徽州社会动荡起伏兴衰的原因,可以把握徽州社会发展的脉搏。在清末、民国初年的政治变革年代,各种思想、学说交锋激烈,徽州民间乡绅人物起到了推波助澜的作用。因此,重视徽州地方名儒乡绅研究,可以捕捉社会发展脉搏,使徽学研究更接地气。笔者通过整理新发现的胡近仁书信诗文,认为他的身世、学识以及与生活困境抗争的经历,或儒与或贾矛盾,在徽州文人中极具典型意义。

一、近仁生活的时代背景:国弱家衰,亦贾亦儒

胡近仁(1886—1935)出身商人世家,家境富裕。少年聪敏好学。十五岁中秀才,清光绪癸卯(1903)入邑庠,乙巳(1905)科试,以一等第一名补廪生。由于涉猎知识广泛,学问渊博,思想活跃,且工于书法,民国时是

---

① 原文名为《重儒轻商背景下徽州文人的历史困境——以晚清民国绩溪名儒胡近仁为例》,载于《徽州社会科学》2021年第5期,第47—53页,略有改动。

绩溪县名儒之一。

1.善贾家族，不失读书氛围。胡近仁经历了晚清和民国两个变革动荡时期。胡近仁是上川明经胡氏四十一世元美公派下。曾祖父敬德、祖父胡锡印、父贞照三代经商。胡敬德，字景棠，生于乾隆壬寅年（1782），曾在五口通商后的上海从事洋庄茶叶贸易，并通过捐纳获得"国学生，诰赠奉直大夫"身份。景棠生三子，长锡诰、次锡印和三锡祥，其中次子胡锡印过继给胡敬德之兄胡成德，而胡锡印正是胡近仁祖父。兄弟三人皆继承家业旅沪从事商贸，筹资在上海福州路开设了"胡景隆茶叶店"。胡近仁在自己编纂的《上川明经胡氏族谱》下卷"拾遗"中谈道："吾族自十三世以前经商者颇少，其后则文练公于闽，兆孔公于上海，汉三先生于广，其商业皆煜耀一时。逮道咸间端斋公起，遂以开文墨业名天下。同时，族人列肆上海者，有'万'字招十三肆，皆兆孔公派也；'鼎'字招九肆，皆志俊公派也。而余派亦称是。同光之际，则上海有贞海公之'鼎茂'、玉庭公之'万生瑞'、贞春公之'松茂'。南京有方楷公之'恒有'。三溪有先大父荫林公（即锡印公之字）之'景隆'，跗萼相衔，业并素封，故族以善贾名。"道光初年，胡景隆茶叶店转让给邻村余川人汪显镛。同治年间，荫林公（锡印）"复偕其昆季，营别业于旌德三溪"。胡景隆号一改以茶为主，在旌德三溪开设了"胡景隆南北杂货店"，经营南北杂货，很快发展为当时三溪镇上较大规模的店铺。获利后扩大经营范围，除布匹、京广杂货不断增加花色品种外，先后开设药店、油坊、蜡烛坊和糕饼坊，还涉足粮食加工业和农副业，同时购置房产、田地，进行桑蚕养殖。由于经营有方，店内员工一度达80余人。在景隆号最鼎盛时，还在绩溪八都上金山购置竹树山场、茶园，把金山村所有的农水田全买下，直至今天山名仍称"景隆山""景隆湾"。可见当时景隆公一族的经济实力。《上川明经胡氏族谱》上卷"荫林公（即锡印）传"，也谈到锡印公营商有道，而弟杉林公（锡祥）"尤喜读书，自以少年失学，故课率诸子加严，建书屋，置书田，所以劝励者甚至"。由此，近仁虽生在善贾之族，家族仍不失"尤喜读书"的氛围。

2.贾而好儒，景隆商号后继乏人。锡印功成商业，但着力主张子弟"弃贾就儒"。胡锡印生三子，长贞照（邑庠生）、次贞泽以及三贞泮，长子胡贞照通过父亲胡锡印营商积累的人脉涉足官场，次子胡贞泽选择以科举"正途"来获取功名身份，"光绪辛卯邑庠生，保奖五品蓝翎，字厚生，号润民，癸巳秋闱及庚子、辛丑并科秋闱两次房荐"。因此，"胡景隆"商号后继乏人，经营压力便集中在胡锡印一人身上。光绪乙未年（1895）胡锡印去世，长孙鼎臣（胡景隆第二代）继承祖业，十三年后，随着长孙鼎臣（祥吉）于光绪戊申（1908）十月十三日突然病逝，值逢盛年的近仁不愿从贾，店铺一时间失去了家族掌舵人，外聘经理经营不力，至民国五年（1916）已濒临倒闭。胡景隆号药店负责人邵德芬（绩溪伏岭人）接受老店主重托治理产业，收缩其他店坊，保留药店，改名"胡景春"号。十三岁的胡跃臣（胡景隆第三代）以少东家身份跟邵德芬当学徒，继承店业和管理一切房地产，在邵德芬鼎力维持下，胡景隆店业延续到解放后，土改登记房产胡景隆号名下仍有32间。胡跃臣及几个儿子一直在三溪药店守业，长达八十年。据发现的颂字号"分家阄书"①载，胡祥木得"景隆、景春店店业、屋业、田业派得十股之一"。近仁一家的开支主要来源于此店的每年股份红利。这一点，在新近发现的近仁与胞弟跃臣往来信中多有涉及。

3.由儒兼贾：困境与挣扎。近仁天分很好，有做学问的潜质。但他迎面而来的是人生几次不幸打击：秀才小试成功，赶考南京因自负而失利，次年却又遇上清政府废除科举，彻底阻断了读书入仕的路径。婚后又三遭幼子夭折，加上家族商号每况愈下，家庭入不敷出。这种家境的巨大变故，让胡近仁面临两难：要么低头从贾，要么以文谋生。

第一，近仁并没有弃儒业贾，而只是祖业股东之一。旌德三溪景隆号后继无人时，近仁是弃儒业贾的最佳人选，但他放不下读书人脸面，以不善贾

---

① 颂字号分家阄书存胡近仁之孙胡从家中。

拒之，最后13岁胞弟跃臣以少东家身份接任三溪景隆号、景春号店业。根据民国十三年（1924）"议约"①，近仁一家占景春药号五分之一股本：

立合议约人胡门程氏、胡近仁、跃臣、佩兰、祥运，缘先祖锡印公昔年创设三溪胡景春牌号药店一业，清宣统二年析产时店本作为十股分授给各房，载明分关不赘。自民国六年后，店事由跃臣尽心经理，近年始入佳境。民国十二年，遂由店内买收厚生公名下所遗药店本四股半，当立有准股据存店为凭。今春公同盘结，除去各股拨款并跃臣酬劳外，实存坐本共计大洋一千六百元整，分作五股半，内鼎臣公、近仁、跃臣每房占一股，佩兰、祥运各占一股二毫五厘九。店内人欠、欠人及此后递年生意盈虚，统照股份平均支配。永无异议。兹特商定章程七条，并订立合议约，一样五纸，永远各执一纸存照大发。

一议店内坐本每年官利照长年一分二厘支给。

一议本店营业用人各事务，公推跃臣全权经理。

一议逐年盘结，除去官利及各项开销外，倘获余利，内提十成之二归经理人酬劳，提十成之一酬劳老同事方君，其余十成之七，按股支领。

一议递年盘结后由经理人分发红单交给各股东备核。

一议各房子孙如有人入中等学校或大学肄业者，每年由官利项下提大洋十元补助学费。休业即罢。

一议各股支款当事樽节。每年只能支领官余利，不准侵及坐本。倘因正用，不得已向店内借支款项，至五十元以外，即须起息，若将官利余利转存店内，亦按时计息，与外存同等待遇。

一议本章程未尽事宜，得授照现行公司律办理。

民国十三年元月日立

　　　合议约人：胡门程氏、胡近仁、胡佩兰、胡跃臣、胡祥运

---

① 议约存绩溪上庄胡近仁之孙胡从家中。

见议执友人：方厚田

佩兰笔

民国期间，近仁一家的主要经济来源，靠三溪景隆春号药店一股收益补足家庭生活开销。面对经济窘境，胡近仁在写给胡适信中有谈及："我的境况近年虽觉稍舒些微，但仍靠我个人经营，前每年固定可靠的进款，只有三溪方面一百余元，而每年家用支款非三百数十元不可。近数年我个人编辑请系每年却都有约款三百左右，此外如儿子们求书费、婚娶费却还未算，以这样环境尔看能长久维持吗？"

第二，近仁兼贾举动浮出水面。如果说为他人编纂族谱不算兼贾的话，那么近仁直接投股其他商号并参与其商业活动，则让兼贾行为浮上水面。在近仁与上海程裕新号经理程右泉及一九三三年四月十六日泾邑石恒春胡观国寄给近仁的信中可以看出，近仁虽在上庄，特别关注茶叶、蚕茧、生丝的价格。作为近仁外甥企业程裕新茶号的经理程右泉，信中也有邀请合伙茧丝、茶叶等生意意向，泾县胡观国邀其入股做药店生意更为直接，可能是弥补家庭开销之不足。

（1）程右泉信："再者右今思之，兹特与君商之：上两年茧子不好，一落不起，谅未之有过。如此，收者寒心。右想今年收价必贱，决不似旧不起耳。右想今年拜托代附带股五百或一千。雨、芏二人望便询问，有意附搭股否？而右望君宽附一二。不符望复函，当代力筹借，而内中君可谋执一权否？一切均望赐复为荷！"

（2）胡观国信："专前无别，因友凑同合股本，城北门石恒益地址开设药店，资本若八百之数，专做门市。不知大人合意否？目前泾城药业利路颇好，若有三分钱毛利，柜上完全现易，可能做得。大人若有之意者，或来合伙股，或合二百元，听其指令，乃盼！祈速原班赐示，千祈勿延。敬请潭安！"

在新发现胞弟胡跃臣写给近仁的二封信中，近仁除了每年要帮助胞弟跃臣盘账核账外，还要处理自己股权范围内生意上的事情。

（3）跃臣信："兹附信内寄上二十年（1931年）份红单一纸，至祈台核乃盼。年内时局百变，且又外患来临，在商界已受沉重之负担，莫名之痛。及此良期结束，尚令如此之裕，实深侥幸之至。惟弟经营乏术，获利甚微，曷胜抱歉之至。景隆二十年份租谷，除完纳等项外，仍存租谷一百二十担，照例均分。吾兄名下租谷刻存店中，待兄来示脱售可也。"

（4）跃臣信："此间新收较旧相差大抵八折之数。店内租谷行将告竣，天时阴雨，至今仍□积禾仓。今秋谷价较旧为差，是以各处乡民尤为之苦，以致商场冷淡，生意凋零。况值匪风之来，实令经商之维谷。"

第三，承揽上海程裕新茶号部分广告宣传事务。外甥雨生、苣生是上海程裕新茶号的大老板，近仁与上海程裕新茶号经理程右泉又有姻亲关系。在以下近仁与外甥苣生、雨生及经理右泉往来二封信件中，涉及了上海程裕新茶号的部分管理事务，与程裕新经理程右泉联系紧密，如编辑《茶叶分类品目》，撰写《程裕新茶号的过去与将来》一文，请胡适出面作博士茶广告、帮助处理一些事务等，是否每年有固定收益并不知晓。

（5）程裕新经理程右泉写信给近仁，请近仁做大力神广告说明书："今者无别，兹附上包皮纸一张，恳求'金神大力'代做说明书，及赛会得奖章并招牌，一并求书寄申为感。目今商战竞争时代，不得不改良，且今庚茶之山价贵极，借此改良易见推销。如能畅行，均蒙君所赐，感德无既耳。乞求快速寄下，乃托乃感。"

（6）程雨生（应龙）在与近仁的信中谈道："晚因尊款事，曾数度接洽，准将尊款附入茧股，免得先生再受损失云。卓林兄与冯连生君，准于今晚搭轮由芜返里，茧款由杭起获，且请□介徽以应收茧需用云。卓君日内度可抵里，请与面洽。尊票仍存祥枝兄处，一切候示遵行。"

从信中可以看到，近仁入股外甥程雨生蚕茧生意。上海程裕新茶号的许多决策，通过往来书信征询近仁意见。周炫宇在《近代乡绅的商业经营——以绩溪上庄村胡近仁及其家族产业为中心》一文中指出，作为一个乡绅，绩溪上庄村的胡近仁一向以传统文人身份示人。胡近仁的乡绅身份的获得和维持，与家族前代所积累的商业资本有着极为密切的联系。而新近发现的"胡景春牌号药店"商业文书则揭示了他作为商人的另一重社会身份，以及支撑乡绅身份所需的经济收入渠道。受徽州传统文化影响，以文人儒生自居的胡近仁，同时也要兼顾家族产业的经营；而在商号经营陷入低迷时，又通过修谱和出任塾师等渠道获取收入，从而维持亦儒亦商的生活状态。对于自己的这种局面，近仁在致胡适信中感叹："嗟呼！忝为七尺须眉男子，既不能逐鹿名场，又不能负荷祖业，纵文章九命，自古受厄者殊多，然与友言及此，颜兹忸怩无！且病魔缠绕，坐困愁城，学问一事更难自问其与。故人胸罗星宿，学贯中西，相去又岂可以竖亥由旬计耶。"胡适曾去信鼓励："老叔今虽无用武之地，然教授童蒙乃今第一大事业。老叔虽屈居乡里，未尝无救国淑世之机会也。"

二、近仁学术思想的形成：守正求新

胡近仁所处年代，正值封建帝制与民国共和冲突，新旧文化剧烈碰撞。受胡适影响，他的思想智慧和学术理念，代表了那个时代部分知识分子的精神诉求。他居偏远绩溪上庄，则有文人忧天下之心，时刻关注国内政治革新、史学争论、文字改革、红楼梦研究以及乡村自治、平民教育、"绩溪丛书"收集等，反映了他学养丰富、勤勉思考、思想守正求新的一面，并留下许多宝贵的精神遗产。其中，最为突出的有以下三个方面：

1.参与高端"古史学术争论"。近仁博览群书，有扎实的中国古代史功底，加上胡适及时给他寄书寄报，往来信函时常讨论前沿学术理论问题，他了解国内史学研究动态。1923年5月，顾颉刚在《读书杂志》第九期发表了《与钱玄同先生论古史书》一文，提出"层累地造成中国古史"的观点，质疑和否定"三皇五帝"构成的古史系统观点。近仁撰文《读顾颉刚先生论古史书以后》驳斥："我以为古史虽然庞杂，但只限在尧、舜以前。若尧、舜以后的史料，似乎比较稍近事实。我且把我依据的理由写在下面。一、古史官是世传的，他们父传子，子传孙，容易把史料保存……二、古人一命以上，每每铸造重器，各有款识，流传下来，恰是考古的好资料，所以历代学者多很注意……三、天文家岁差之说创始唐一行，其理论则萌芽于晋虞喜，三国以前并没有一人知道。"他的文章收入了顾颉刚编著的《古史辨》第一册，表明顾颉刚非常看重他的学术见地。对于这场古史的讨论，1924年2月22日胡适在《读书杂志》第十八期发表的《古史讨论的读后感》一文中作了如下述评："《读书杂志》上顾颉刚、钱玄同、刘掞黎、胡堇人四位先生讨论国史的文章，已做了八万字，经过了九个月，至今还不曾结束。这一件事可算是中国学术界的一件极可喜的事，他在中国史学上的重要一定不亚于丁在君先生发起的科学与人生观的讨论在中国思想史上的重要。这半年多的《努力》和《读书杂志》的读者也许嫌这两组大论争太繁重了，太沉闷了；然而我们可以断言这两组的文章是《努力》出世以来最有永久价值的文章。在最近的将来，我这个武断的估价就会有多人承认的。这一次古史的讨论里最侥幸是双方的旗鼓相当，阵势都很整严，所以讨论最有精采。"胡适给予胡近仁与顾颉刚等学者发起的这场古史讨论以充分肯定，说明近仁参与这次中国古史讨论的重要性及其深远的意义，也表明了近仁的史学理论水准及作为中国史研究学者的功底是深厚的。

2. "借谱牒之修，或亦足申吾说于万一"。近仁虽居乡里，但读万卷书，又慎思考，通过受聘纂修邻村族谱，积极探究徽州地方历史，尤其是宗族史村史，形成"吾说"。他在撰写《坦川洪氏宗谱》谱序时提到："十余年来，唯数辑谱乘，始自本族，继修余川汪氏、金川叶氏及歙县之竹溪、谷川，本县瑞川诸柯氏合谱。以为纵未怀铅握椠，克酬夙愿，而借谱牒之修，或亦足申吾说于万一，以是殚智竭虑，不惮再三。"只有在修谱探源过程中，近仁才感觉有了用武之地，找到了作为儒者学者那份人生自信与自尊。胡近仁纂修族谱过程中，重视家族史村史挖掘、发现、辑录与论证，谱中独创"拾遗""杂记"篇目，借此保存了大量第一手民间史料和自己的研究成果，这已远远超越了一般修谱意义。他在《新安柯氏宗谱》"杂记"中有关《新安名族志》姓氏排序的考证，有关元朝庶民只能以数字取名来历的考查，有关柯氏村落"社组织"考察的观点，撰写收录的《记柯大统事》《记柯氏田中山墓地讼事》《竹溪继述小学校记》等文章；《上川明经胡氏宗谱》"拾遗卷"介绍了上川人口兴衰情况，甄别了上川乡都区划朝代更替之谬误，考证了上川原居民朱、杨、邓氏消亡历史。他还整理了上川胡氏家族于清初在上海经营茶叶、墨业的概况，与收录在程裕新《茶叶分类品目》广告书中的《程裕新茶号的过去与将来》一文相呼应，资料极为珍贵，均属于最早研究绩溪徽商史的学术论文。他还有《坦头洪氏村居记》《荻岭游记》《环秀桥记》及余川六景诗、坦川六景诗、瑞川六景诗、谷川八景诗等，记载了歙县、绩溪村落地理山水景致，为村族、为地方，留下了丰富的地理人文史料。这些"吾说"，都是他地方史研究的成果，十分难得。

3. 发表中国文字学见解。近仁对中国文字学发生了兴趣，与胡适在往来信件中进行过多次讨论，并积极搜罗文字研究如甲骨文方面的书籍，属汉字改革派。1920年11月6日，胡适在致胡近仁书中谈道："龟甲文字的研究，要算罗振玉先生为第一，故我把他的一本《殷商贞卜文字考》另挂号寄给你，省得我写长信了。文字学须从字音一方面入手，此乃清儒的一大贡献；从前那些从'形'入手的人（如王荆公），大半都是荒谬。自从清代学者注重音声假借、声类通转以后，始有'科学的文字学'可言。章太炎的《国故论衡》上卷最宜先看，然后看他的《文始》。若有顾炎武、江永、戴震、段玉裁、孔广森、钱大昕诸人之书，亦可参看。"

1920年，近仁在上海《时事新报》发表《我的文字研究谈》一文，从研究中国文字的字义、字音、字形出发，认为"吾人观察任何民族的进化，便该先观察他所用文字，是否适应在进化途径上，这是一定不移的道理。当初造字，断非一人的事，也非一时的事，并且也没统系方法，也不曾经过整齐划一。虽因各方需要和利用，渐渐通行，但通行轨道，仍受着自然势力的支配。所以文字本身，极等纷歧复杂"。近仁认为"仿《尔雅》皆训字之因声得利者。足见古人先有声音后而有文字。……总之，声音为心理之代表，而文字是声音之模型。就'六书'而论，象形虽为制字之起点，但取义殊狭，原文字之兴相当在谐声、转注之间，而会意、假借最为晚出"。值得一提的是，胡近仁早在20世纪20年代就从字义、字音、字形角度对中国文字进行了研究，认为"语言和文字都是人类代表思想的利器"，并指出中国文字自身的一些缺点，得出的结论是"中国文字决非改造不可"，提出一些简化汉字的见解和建议。这也代表了当时一部分知识分子有关中国汉字改革的观点。

此外，胡近仁也是白话文运动的积极鼓动者，创作发表了许多小说等文学作品。在收到胡适寄来的《尝试集》书后，近仁复信时创作了一首《尝试—尝试》白话诗，这在当时是难能可贵的：

人类只为尝试，总有这般技艺。

不料半路上来到个专制恶魔，

把许多聪明才智一古脑儿团团围闭，

只打算给他做永久的奴隶。

到如今那恶魔的躯壳虽然死了，但他的精神还依旧存在。

可怜我国民总不敢跳出圈儿，做一回自由尝试！

眼巴巴地望着人家进步，却怨煞自己命运不济！

唉！你也莫愁，你要赶上人家，

你只须学着胡适之在这"尝试"上认真勉励。

三、近仁的失落：一身学问，坐困愁城

近仁所在的上庄，是绩溪"李改胡"的重要聚居地，也是民国时商贸发达的"小上海"。因为胡适，它被誉为中国新文化思想智慧的摇篮。胡近仁应该有多次走出山村的机会，也有弃儒从贾承继祖业摆脱困境的机遇，但都因为性情懦弱、家庭羁绊而最终放弃理想，归于平凡，止于一乡领袖一邑硕儒。徽州文人这种内卑与外虚矛盾、清高与甘贫困境，一度湮没了多少风流才俊、多少英雄志士。他们既有文人人性弱点，也有社会背景原因，胡近仁的一生是最具典型。

1.学问与现实冲突。近仁博览群书，精通国学，思想开明，并没有完全放弃出仕济世的追求。在与胡适通信中对达尔文进化论"适者生存，物竞天择"思想赞赏，对民国学界掀起的国学改造、文学改良、文字改革等积极参与，奉行"先忧后乐"，主张德治下的社会循序渐进。在《新安柯氏宗谱序》中言："苟得其道，叙人伦，奖民德，未尝不可为社会政策之一助。"在《余川越国汪氏族谱》后序中，也认为："尝欲取周官小史乡族众职与今人类学并自治制而衷之，宏畅厥旨，用饷国人。"在《新安柯氏宗谱序》《赠见如、云峰两柯君序》中谈道："新潮所趋，挟雷霆万钧之力，电掣风驰，无远弗届。谷川虽属僻壤，势不能自外于斯。世波之靡也，盖久暂间耳，与其补救于事后，孰若擘画于几先。"他既担忧社会政治改革水土不服，又感受到晚清民国

的革命浪潮势不可挡，政治诉求上主张保持传统下的社会改良。

近仁有独立思考和真知灼见。他在地方史学、文字学、社会学等方面的学术成果都已远远超越了邑儒乡贤的理论水准。他对国史研究尤其花费了大量心血。在《坦川洪氏宗谱序》谈道："余夙持此旨，尝欲编《古代民俗史》，演绎国情，藉备研究，只以奔走尘坌。"提出"中国古代民俗史"的研究课题，基于他长期对徽州民俗民风的调查与思考，也积累了丰富的一手资料，他编纂五部族谱中有关"拾遗""杂记"篇目，涉猎许多村落、宗族、风俗源流考证，论辩有据，是他重要的史学研究成果。故绩溪两次启动县志编纂，他均担纲"礼俗""杂记"部分，这也是众人对其学术水平的一种认可。笔者认为，论其才学与学识远见，近仁是徽州文人中的佼佼者，是名副其实的"民国文化学者"。

近仁想做成自己想做的事，但现实总不尽如人意。他曾写信给胡适诉苦："坐困愁城，学问一事更难自问其与。"近仁在写给胡运中的信中说："日前接教育局陈君转来县署公函，具悉续编《县志》事，近经县政会议通过，弟以菲薄获参编纂之末，谅荷台端奖饰所致。展诵之余，惭感交并。惟此事民初曾经倡举，今旧事重提，似当远鉴故辙，斯在观成第。"对于参与续编县志，他充满了期待并作了积极的思想准备，可惜继总纂胡子承先逝后，他也"未捷身先死"。

2.身份与困境的尴尬。重儒轻商大背景下，胡近仁一向以文人儒者身份示人，而这一身份的获得和维持，与家族祖辈所积累的商业资本和人脉有着极为密切的联系。当支撑儒者身份所需的经济收入入不敷出时，为维持一家生计，他不得不放下儒生架子暗中参股做生意，以解生活窘困。文人清高与商人重利的尴尬，让近仁内心复杂难以释怀。

由于旌德三溪家族实业的衰落，在谋生度日的困境中，以商养儒的梦想破灭。而自救的办法是，一方面，他需要设法通过人脉在县衙谋得一职，以才学博得名望，保持文人的尊严。一方面，又逼迫自己"砚田笔耨"获取薄利，受聘私塾、代纂族谱、代书遗嘱、代书匾额，甚至代写广告说明书，饱受着商人利益那份酸楚滋味。这是许多徽州文人遭受的共同厄运。在这一恐慌、焦虑、矛盾中，近仁身心备受煎熬，英年早逝。近仁在致胡适信中谈到自己的生存窘境：

"蒙足下淳淳以近状相问，木家自溪店闭歇后，家人生产本处恐慌之中，而木自病后经济界尤难活动，虽无仰事之资，尽有俯畜之费，砚田笔耨，丁兹俭岁所入几何，实不敷一己之用，而木又不善经营，至奔走乞怜，则又不屑为，以是负郭之田半已转入他人。""拙荆自癸卯来归，至今共举四胎，现只存一儿，余皆昙花一现，忧患死亡。备历一身，可胜浩叹！"

3.兴族与振乡的担当。徽州是典型的宗族社会，竞争激烈，而兴族与振乡的关键在于人才。近仁知道自己无法像胡适那样在民国文人学者圈中立足，但文人的家国情怀促使他有着振乡兴族的社会担当。近仁因为与胡适的亲密关系，加上23岁主持本族修谱成功，在上庄胡氏宗族中脱颖而出，并随着学养人脉的累积而成为邑人普遍敬仰的宿儒。在极其困难下，胡近仁通过自己的努力，仍展现出一个读书人的责任与社会担当。他积极参与乡村治理，正传统，兴教育，结善缘，引领社会文明进步，做了大量的具体事情。如，主持兴办毓英小学，筹办村图书馆，收集《绩溪小丛书》，推动县志续编，呼吁乡村自治，关注太平天国对当地人口影响的社会调查等，体现了一个徽州文人的家国情怀。近仁去世时，《徽州日报》曾发讣告，称其"学问渊博，素为邑人钦仰"。

余　论

徽州文人、邑儒、乡绅是维持徽州社会长期稳定的重要基石。这些文人阶层有着极大的个体影响力，他们在宗族、乡村、会社组织中把持着身份权威、舆论发声、事务处理的平台，与官衙及外界保持联系。胡近仁短暂的一生在徽州文人中极具典型性。近仁一生身兼三重身份，在不同的阶段发挥着不同的作用，其中，乡绅身份使他成为绩溪岭北乡村自治、宗族乡党秩序维护的关键人物；邑儒角色确保了他在地方事务中的话语权和影响力；而文人学者身份拓展了他对外联络渠道，稳固了他对一部分地方文化权力的把持。所有这些，使得胡近仁在摆脱历史困境过程中始终保持着一种内心信仰，保持着文人的天性，走完曲折而精彩的一生。

绩溪地方文化学者胡近仁①

汪振鹏

胡近仁，名祥木，字近仁，又字董人，号松臣，又号晓筠、晓蓉、晓耘、榫禅，乳名灶松，绩溪上庄人。光绪丙戌年八月初五日（1886年9月2日）生。胡适说他"天才很高，也肯用功"。光绪癸卯（1903）入邑庠，乙巳（1905）科试一等第一名补廪生，这一年9月2日，清廷下诏宣布"自丙午科（1906）为始，所有乡会试一律停止，各省岁科考试亦即停止"。在中国实行了千年以上的科举考试，退出了历史舞台，这年秋天他到南京参加了最后一次江南乡试，没有中举，从此也就与中举无缘了。

原先他的家境很好，祖上在旌德开有商店，还有田产，父亲去世后，铺面关歇了一部分，他不善经营，家中经济每况愈下。后来主要以教书为生，做过余川燃藜小学、旌德亲逊学校、上庄毓英小学等校长。曾当过绩溪县佐治员、县署第二科科长。还被推举为区自治会议事会员（上庄村两名），参与处理地方公益事宜及调解民事纠纷。

胡近仁应聘为上庄胡氏、余川汪氏、金山叶氏、瑞川柯氏、坦川洪氏等多个家族纂修族谱。1918年、1933年两次被聘为绩溪县县志馆编纂。其间又被推举为安徽省通志馆采访员。1935年1月8日病故，享年50岁。

他是绩溪县一位修养有素的儒士，是绩溪岭北一位出色的乡村知识分子。

---

① 此文原载《江淮文史》2019年第2期，第159—168页，略有改动。

一、胡适的终身挚友

胡适的成长路上，有着很多人的帮扶，胡近仁就是其中一位。

胡近仁与胡适同是上庄人。论辈份，胡近仁是胡适的族叔（不是本家）；算年纪，胡近仁长胡适五岁。胡适在家乡读私塾时与胡近仁不是同一学堂（胡适的塾师是他的四叔胡介如和胡禹臣，胡近仁的塾师是胡朗山），但常常相见，"成了最好的朋友"（胡适《四十自述》）。在课余，胡适迷上了小说，胡近仁家中有不少藏书，他常把家中的小说借给胡适看，胡适借到的小说也常借给他看，他们两人各有一个小手折，把看过的小说都记在上面，时时交换比较，看谁看的书多。到胡适离开家乡去上海时，折子上已记有三十多部小说了。胡适说看小说使他得了不少白话散文的训练，还有一桩绝大的好处是帮助他把文字弄通顺了。这对他后来的写作、演讲都很有用处，可说是让他终生受益。胡适说胡近仁是帮他借小说最出力的。

胡近仁聪明好学，除熟读经史及古文外，又爱读小说，还常常作诗寄兴，尤擅长于律诗。胡适在家乡读私塾时，虽学过《律诗六抄》，11岁即能"辨韵分声裁正轨"，但对诗他"毫不觉得很大兴味"，1904年去上海求学后，读了一些乐府歌辞和五七言诗歌，才学起做古诗来，还一度入了迷，也决定了他一生的命运，"从此走上了文学史学的路"（胡适《四十自述》）。胡适在上海期间，胡近仁和他书信往来频繁。1907年5月，胡适因脚气病回乡休养，这次和胡近仁相聚时间较长，胡近仁鼓励胡适作诗，他们相互索诗，"含笑高吟含笑读，互拈朱笔互书眉"。期间，胡近仁把自己的诗稿集成《奈何天居士吟草》一册，胡适为他作序。胡近仁才高而不得志，贫困寒伧，还不时受到家人的责难，无可奈何，诗中多有伤感、叹嗟，胡适说胡近仁的诗"自写穷愁，怨而不怒"，有如诗经中的《北门》篇。"天实为之，谓之何哉？""怜君潦倒复穷愁，愧我难为借箸谋。"这时胡近仁22岁，胡适才17岁，还在上海求学，也确实难以为他谋出什么良策。只能劝勉他"劝君善炼气如虹，莫把穷通怨化工"，抱怨老天也无用啊！

胡适在上海求学六年，1910年考取公费留美，在美国七年，这十多年的时间里，胡适致母亲的信大都由胡近仁代读；他母亲给胡适的信，多数也由胡近仁代笔。回国次年，胡适母亲病故，此后直到胡近仁去世，他们数十年间鱼雁往还从未中断，问学论世，互助互勉，他们真挚的友情保持了一生。至今已发现留存的两人互通书信有六十余通，这是研究胡适和胡近仁生平的珍贵文字史料，颇具学术价值。

1915年胡近仁给胡适的信中写道："新岁以来，荏苒春秋，遂已三十，视邓禹仗策已过六年，比潘岳霜毛仅虚两载；光阴易过，老大徒伤，且几片寒坛、数编敝帚。为人作嫁，况味可知，抚怀身世，辄不禁中夜大叫。回忆十余年前寒斋言志时，彼此正属妙龄，意气无前，不可一世，岂知今日之我乃每况愈下至于此极耶！自念以今予之资格之学业，在竞争世界中当然属淘汰之列，惟国学一部分自问尚非毫无心得，或彼苍至为培植，他日得觅枝栖于通都大邑如沪上等。濡染渐渍且时与名士夫周旋晋接，开拓心胸或不难有所表见。"胡近仁对自己的处境十分不满，不过还有几分自信，还力图自拔。1917年夏胡适学成回国，1918年5月2日给胡近仁的信中写道："来书言革新事业，已有头绪，闻之甚喜。革新后，里中万不可居。能来京一行，最佳。此间虽不易图事，然适处尽可下榻。即不能谋生计，亦可助适著书，亦不致糊不出一人之生活也。无论如何，总比在里中好些。"胡适的信，言辞恳切，他是真心想让这位老友改变一下生存状况，但胡近仁意志消沉，犹豫彷徨，不愿离乡。一扇可能改变命运的大门没有打开来。有些学者说胡适终生是不可救药的乐观主义者，因为他的心中永远揣着希望；那么，我认为胡近仁则是一个悲观主义者。

《论语》上说："友直，友谅，友多闻，益矣。"朋友正直、信实、见闻广博自然对双方都有益。胡适的同乡朋友中，胡近仁是和他交情最深厚的一位。

他们两人的友谊，堪称是益友的典范。胡适在家乡九年，受他的影响很大，在后来的人生道路上，他们有困难相互帮助，治学的过程中相互切磋，道德的修养上相互砥砺。胡适远离亲友走出国门时，胡近仁劝胡适戒酒，劝他在国外要专心学好西学，"所有经学（章句之儒，昔人已有诽议，在今日读经，但如孔明之略得大意可矣）。小学似宜暂为屏置，俟归国后再以余力为之，诗文虽可陶写情性，亦当乘兴偶尔一作，不宜专溺于是"。胡适则勉励胡近仁"振作精神、崇德修学"，以便他日效力桑梓、效力祖国。他把试译的英国诗人勃朗宁的《乐观主义》一诗抄寄给胡近仁，"吾生惟知猛进兮，未尝却顾而狐疑。见沉霾之蔽日兮，信云开终有时"。他要用乐观向上的精神激励这位悲愁的"老叔"。胡适希望胡近仁"不要暴弃自己，沉迷不返"。老友深交，挚爱之情溢于言表。

二、悉心钻研国学

胡近仁受过良好的国学训练，又时常阅读新书刊，接受新思想、新知识很快，反应也很灵敏。

胡近仁深得皖派朴学的治学之道，在研读经籍时遵循由训诂以明义理的原则，重视音韵、训诂在获取经书义理中的重要作用。胡近仁对小学（文字学）一直很用心。清末，鸦片战争失败后，一些进步的知识分子与有识之士，寻找富国强兵之路，他们认识到了汉字、汉语与"开通民智""救国图强"的关系，提出了一些改革汉字的方案，形成了一股热潮，一直延续到民国。胡近仁认同清末汉字改良派强调通过简化汉字以"启迪民智"的观点。后来胡近仁又数次在书信中与胡适探讨文字学问题。1920年胡近仁将自己多年的心得写成《我的文字研究谈》一文，先寄给胡适征求意见，胡适因为忙没有帮他修改，他就寄给了上海《时事新报》的《学灯》副刊，马上被主编李石岑采用，于9月18日刊发。《学灯》是五四时期著名的副刊之一，强调以"学术研究为根本"，发表的文章都有较高的思想性、学理性。

1923年5月顾颉刚在《读书杂志》第九期上发表了《与钱玄同先生论古史书》一文，提出"层累地造成中国古史"的观点来推翻"三皇五帝"构成的旧的古史系统，在思想学术界引起了轩然大波。顾颉刚说我的古史辨的指导思想"从近的来说则是受了胡适、钱玄同二人的启发和帮助"。文章发表后，东南大学的刘掞藜先后撰写了多篇文章对顾、钱的观点予以批驳。远在万山之中的绩溪乡村的胡近仁也写文发表了自己的见解，《读书杂志》第十一期上发表了胡近仁在6月2日写的《读顾颉刚先生论古史书以后》一文（署名胡堇人），这是胡近仁请胡适转寄给顾颉刚的，顾看过后感觉"甚快"。胡近仁在文中首先指出："中国古籍经过秦火一大劫，到了两汉有许多学者利用着'托古改制'造成好些伪籍出来，真伪杂糅，莫衷一是，所以上古的史学很难研究。近来国内许多有名学者对于古史都取怀疑的态度，这是我们最赞成的。不过古史里比较稍近事实的地方却也不少，断不能一概抹煞。"接着他对顾颉刚文中说禹的那一段进行了分析和反驳。胡近仁还认为古史虽然庞杂，但只限在尧舜以前，尧舜以后的史料比较可靠，其理由有三点：一是古史官是世传的，这种父传子、子传孙的方式便于史料的保存，即使遭遇兵火，他们也会因世承其职而尽力搜辑。况且列国均有史官，一国失传，还有别国可以参互考订，决不可能各国同时间对于某时代造出一色的假货。二是古人一命以上，每每铸造重器，各有款式流传下来，恰是考古的好资料，所以历代学者多很注意。三是天文家岁差之说创始于唐代的一行和尚，其理论则萌芽于晋虞喜，三国以前无人知道。如按顾氏所说《尧典》是春秋以后造出的伪作，那么为何《尧典》的天象和春秋时代不同而又暗合岁差的公例呢？假冒的人在岁差原理发明之前是决不敢把天象说作两歧的，而《尧典》却老实说出，可见是有所根据而并非伪造了。胡近仁的分析十分有道理。胡适在1924年2月8日为这场古史讨论作总结，写了《古史讨论的读后感》一文评价说："这一件事可算是中国学术界的一件极可喜的事。"他认为这次古史讨论里"最侥幸的是双方的旗鼓相当，阵势都很整严，所以讨论最有精采"。这是对辩论双方在古史研究上的功力深厚的褒扬。讨论的目的是要明白古史的真相，胡适明确地表明了他坚定地站在顾与钱的一边。早在1921年1月28日，胡适就在给顾颉刚的信中提出：先把古史缩短两三千年，从《诗三百篇》做起，将来等到金石学发达，上了科学的轨道以后，然后利用地底下掘出的史料，慢慢地拉长东周以前的古史。至于东周以下的史料亦须严密评判，"宁疑古而失之，不可信古而失之"。胡适是疑古风气的奠基人、推动者，古史的考辨只是胡适说的"整理国故"大计划的一部分。胡适说过整理国故的方法是"补泻兼用"。"补"是"尽量输入科学的知识、方法、思想"；"泻"是"使人明了古文化不过如此"。顾颉刚、钱玄同等人的古史辨工作多在"泻"而不在"补"，他们疑古太过。前些年来极为轰动的"夏商周断代工程"的学术负责人、著名史学家李学勤一次谈到"疑古思潮所起的副作用"，就说："如果对古书和古代全部加以否定，那么古代就没有什么可讲的了。中国古代也就没有什么历史、学术了，中国也没有什么传统和文化了。"其实，1929年以后，胡适也表示他"不疑古了而要信古了"（顾颉刚：《我是怎样编写〈古史辨〉的?》），因为大量的考古新发现证明了古史基本上是可信的。在史学界长期以来把胡近仁简单地划为保守的信古派，其实胡近仁并不是一味盲目迷信、信经好古。

胡近仁爱看小说、爱写小说，从他给胡适的信中看到他写过《刀笔吏》《傲骨柔情记》《蕉心谱》等小说，每次组织完毕，都将回目寄给胡适，请他提修改建议。胡适在美留学期间，一直广泛涉猎和研究中外古今的小说，1915年在回复胡近仁的一封长达23页的长函中，他就中西小说作了比较，希望以西方小说之所长补中国小说之短；并且对于中国几部小说排了一个序，对每部小说都有明确的评价。他们俩在学问上相互探讨、不断切磋、"为文先见草，事事相酌量"，推心置腹、携手前行。

胡近仁还想写一本《梦学真诠》，请胡适帮他搜集"欧人过去、现在梦之历史、梦之学说，探索要领"，胡适也很快满足了他的要求，给他寄了一些资料。

胡近仁饱受旧学的浸渍，虽然没有中举，但可称得上中国历史上最末一代的士。他又在清末民初的"新潮"中认知了新学，也算得上是新一代的知识分子。当然，这一代知识分子"在文化心态、道德模式等方面依然保存着中国传统的不少特点"（许纪霖：《中国知识分子十论》）。胡近仁知识的根深深地扎在儒家的四部之学中，新学方面没有机会接受系统的学习与训练；胡近仁的生活囿于万山丛中的上庄镇一隅，交游范围有限，难以获得良师指点的机会，也缺乏在学问上可以相互切磋、琢磨的朋友，没法接触更多的"人""事""物"来丰富知识、开拓心胸。但由于徽商活动的影响，作为一个徽州人，他在思想上、文化上眼界比之一般的乡村读书人又开阔得多，他也有机会跑过南北的一些城市，更加上长期与胡适这位精英的积极的互动，获益良多。从他积极参与文字学、史学、新文学等学术活动可以看出，他决非食古不化的冬烘先生，而是能关心学界动态，追踪前沿，与时俱进并颇有声名的一位地方文化学者。

三、积极编纂族谱县志

胡近仁对于谱学颇有研究，并有丰富的谱牒编纂实践。

胡近仁知识渊博、态度认真，所以在1911年为本村上川明经胡氏续编了族谱后，又被多村聘请担任宗（族）谱编纂。在过去，族谱的编纂一般都由本族中德高望重、有一定文化素养和历史知识者担当，而胡近仁能为别村他姓所倚重，正是对他的人品与谱学成就的肯定。

胡近仁曾编纂过五部宗（族）谱，分别是：

（1）《上川明经胡氏宗谱》，清宣统三年（1911）修成；

（2）《余川越国汪氏族谱》，民国五年（1916）修成；

（3）《上金山叶氏族谱》，修成年代不详；

（4）《新安柯氏宗谱》，民国十五年（1926）修成；

（5）《坦川洪氏宗谱》，民国十六年（1927）修成。

胡近仁编纂这五部宗（族）谱时间跨度达十余年，又正值清末民初，时代风云变幻，各色思潮在中国大地上涌动，在这些宗（族）谱的文字里，也留下了时代给编纂者打下的烙印，很值得挖掘研究。

中国自古以来就是一个宗族社会，为了奠世系、序昭穆、尊祖、敬宗、收族，各宗族历来重视纂修谱牒。隋唐以上谱由官修，随着封建社会的发展变化，唐宋之际，谱牒的纂修、管理、功能和编纂宗旨发生了重大变化，"家自为谱"的族谱牒制逐渐兴起，并成为占主导地位的谱牒编纂、管理制度。

徽州是中国宗族社会的一个典型地区。宋元时期，徽州宗族的修谱活动开始兴盛，明清时期，由于世家大族的昌盛、宗族仕宦和宗族商人的发展，徽州宗族的修谱活动空前活跃，民国时期，仍很盛行，直到抗战爆发，才告式微。民国初期甚至是族谱重修和续修的一个高峰时期。

冯尔康在《18世纪以来中国家族的现代转向》一书中提出："20世纪上半叶是家族受到严重冲击及其分解、变革的时代……社会各界出现消灭、改造与维持传统家族的不同观点和态度。激进人士和社会主义革命家从家族与传统社会政治的关系、家族集体本位主义与个人本位主义的关系，批判家族的族权及其作为专制统治的基础的作用，并在权力所及之处给予政治上的打击。温和派人士批评它的宗法性同时，注意到它的提倡人间温情的凝聚力，赋予家族伦理以新的内容，主张改造它。"前一种观点以吴虞、陈独秀等人为代表，后一种观点以梁漱溟、胡适、梁启超、孙中山等人为代表。

孙中山先生1920年在为《合肥阚氏重修谱牒》撰的序文中说："励志、合群二事吾民族首要之方针也。今诸君一心以改良风俗为任，注重教育、组合群力，皆为民治最优厚根柢。"对家族活动评价很高。在1923年为《五修詹氏宗谱》撰的序文中又说："吾国家天下数千年，群之事不备于有司，家教而族约以为一家，有人事业文章可传者，官史或不具，惟家乘所详，视官史且信。若里居，生殁，婚异，凡为群之状，非家乘一无所稽焉。是为政之敝，而固无谬于自治之意也。"对家谱的作用给予了充分的肯定。

"自人民繁衍，而姓氏生；姓氏生，而家族之见重，由是家族以起。然此家族亦甚好，合无数之家族即成为国家。"孙中山先生在探索革命道路时，希望从中国传统的宗族法制中吸取有利于民族团结、国家治理的成分，将家族建设成现代的互助团体。

胡近仁明显地属于温和派人士之列。

辛亥革命后，1916年胡近仁在《余川越国汪氏族谱》后序中写道："顾国体虽更，旧染犹在，抟沙之喻，积为丛诟。窃谓宜仍务此以策民族，庶几药瘳国而厉群心。尝欲取周官小史乡族众职与今人类学并自治制而衷之，宏畅厥旨，用饩国人。以兹事体大，又方克日竞辰，冀稍树立未暇也。闲尝渊然以思，知隋唐而上，谱乘隶官，表在宗盟，中苞政见。今前轨未轶，果获枋者缘此为鹄，责以员程，则类族辨物之义，当不仅属诸空言。"

十年以后，1926年胡近仁在《新安柯氏族谱》序又写道："社会组织东西迥异，吾国社会源自宗法，濡染既久，习成民性，若必削足适履，则堤防一溃祸将胡底。今民德日浇，阋墙操戈，每况斯下，其明验也。夫橘变于淮，雀化于水，物因地变，政亦宜然。"

胡近仁对辛亥革命后军阀混战、全国黑暗的国内形势忧心忡忡，充满了悲观的情绪，"矧国人每况斯下，群生芸芸，匪群惟党，离心离德，上下一辙，环伺抵隙，陆沉将朕，吾侪小人其又何怃耶？"

"两千多年以来掌握中国最高权力的是专制帝王及其官僚体制，但实际上在社会基础部起作用的是宗族精英，他们通过不断提供公共产品和道德资源，长期维持乡土中国的秩序，达成相对稳定的社会运转。"（冯天瑜：《呈现中国乡土社会的真实生活》）胡近仁对于家族（宗族）与社会治理的关系的分析思考是符合我国历史状况的，提倡自治的思想在当时思想界也是居先的。梁启超、孙中山等人的观点见诸文字的都在1920年以后。

胡近仁将他的谱学思想充分表述在上述几部族谱的序跋、凡例和各门的小序中。胡近仁写的序文不同于一般的社会名流的通篇全是溢美之辞的赠序，而是有感而发，有血有肉，与梁启超的文风相类，"笔锋常带感情"。面对激烈的社会变化，胡近仁痛苦地思考着，除非中国灭亡，否则就要总结数千年历史经验，找出自己的解决办法，要寻找出路！他认为应该"取旧家族的法制，参以新文化之精神"来振导群众。他说："予夙持此旨，因欲辑成《中国民俗史》，并取周官小史与乡族诸职，及任昉《家诫》，蓝田《乡约》之类，下逮各国地方制度，斟酌古今，贡诸当道，籍备采择。"这的确是他作为一介书生，可以为国家、为民族所能做的一点贡献。胡近仁认为："借谱牒之修或亦足伸吾说于万一。"在《新安柯氏宗谱》序结尾胡近仁写道："使国人尽如柯氏胜族，辨物树规，取式籀绎宗法，淬厉乡间，则社会之进化必不难与西方诸先进齐驱并驾。孟子所诏，人人亲其亲、长其长，而天下平者，此物此志也。剞劂将竟，爰揭巽夙志于此，冀与当世哲士共商榷焉。"1927年他在《〈坦川洪氏宗谱〉序》中又重申了他的"夙志"，他编纂这些宗（族）谱，在方法上不断革新，但他的初心始终未改，他是多么地执着啊！

胡近仁熟悉绩溪特别是岭北的很多民俗与掌故，曾撰著有《常溪琐语》（未刊）。

1918年胡近仁被聘为绩溪县县志馆编辑员。这一轮县志由胡昭甫与胡子承任总编辑，胡近仁等6人任分编辑，胡近仁分工编纂礼俗、杂志部分。礼俗中包括有方言、宗教等子目。方志中礼俗、杂志这两部分内容最为庞杂，交由胡近仁编纂，足见胡近仁知识的渊博。此次修志活动，1998年版、2011年版《绩溪县志》均未记述，仅见于胡近仁与胡适的通信中。1932年，绩溪县在省通志馆的指令下成立了县志馆，经县行政会议推定胡子承为总编纂，程东屏、胡近仁任编纂，胡适也被聘为县志馆首席特约编纂，可惜胡子承、胡近仁二位于1934年8月和1935年1月相继谢世，修志工作停顿，未能成书。

胡近仁生长在徽州的大山怀抱里，浸淫于浓烈的徽州文化氛围之中。一个徽州的才子，没有走出大山，只做了"一族之才士，一乡之领袖"（胡适信中语）。他完全有可能成为一名教授或一名文史研究者，也可能成为一名作家或一位编辑。胡适认为"小草窝里出头，矮人国里称王"，会毁了一个人。胡近仁因受时代、环境、性格等诸多因素影响，只是在"矮人国里称王"，终未能实现一腔抱负，在学术上作出更多更大的建树，殊为可惜可叹！

胡近仁留下的著作不多，可见的有发表于1920年9月18日上海《时事新报》之《学灯》副刊的《我的文字研究谈》；发表于《读书杂志》第十一期的《读顾颉刚先生论古史书以后》；散见于他编纂的五部族谱内的序跋、人物传记、杂记、诗词、像赞；还有一些书信（耿云志编纂的《胡适遗稿及秘藏书信》一书中，收有胡近仁致胡适的书信三十一通）。未能成书的有《奈何天居士吟草》《常溪琐语》。从这些文章、信札中我们可以了解当时徽州的社会政治、经济、文化的一些情况，知道当时一个徽州的乡村知识分子、一个实事求是的读书人对时局、对现实生活的态度。

胡近仁的家族世系

胡毓骅[①]

　　胡近仁，绩溪上庄人，行名祥木，字堇人，乳名灶松，号晓耘、晓筠、松臣、樨禅。据《上川明经胡氏宗谱》记载：胡近仁（祥木）"生于光绪丙戌八月初五"，光绪丙戌是光绪十二年，也就是1886年。另据民国二十四年（1935）一月十三日《徽声日报》的《县志馆编纂胡近仁先生作古》的报道内容，胡近仁是"阴历十二月初四日作古，享年50岁"。阴历即农历，此时的阴历十二月应该是民国二十三年（1934）的农历十二月。民国二十三年（1934）的农历十二月初四日是1935年1月8日，因此，胡近仁的逝世时间应该是1935年。胡近仁少时天资聪明，能诗能文，十五岁中秀才，二十岁补廪生，是绩溪县的名儒。1932年被聘为《绩溪县志》编纂，主持修志规划与编写工作，因体弱多病，修志未果而逝。生前写有大量的诗和记、考之类的文章，续修《上川明经胡氏宗谱》《新安柯氏宗谱》等。工书法，毛笔行楷，功夫深厚，是绩溪县中的名家，八都一带的许多门楣题刻，都出自胡近仁之手，为世人留下了墨宝真迹。

一、胡近仁的家族是"明经胡"

　　据《上川明经胡氏宗谱》记载，现在居住于上庄的胡氏宗族，始祖不姓

---

　　① 胡毓骅，绩溪上庄人，曾任教于芜湖市城南实验中学，现为芜湖市历史文化研究会理事、芜湖市地理学会秘书长。曾参与《芜湖地理》《徽商与芜湖》等书的编写。

286

胡而是姓李，是唐朝昭宗皇帝李晔的小儿子，唐朝末代皇帝李柷的弟弟。天祐元年（904）的春天，企图篡位的梁王朱温，胁迫唐昭宗李晔从长安迁都洛阳。迫于朱温兵权在握，昭宗不敢不从，只好听任他的摆布，带着皇族和朝中大臣向洛阳进发。昭宗一行经过河南陕州时，带有身孕的皇后何氏生下一个皇子。昭宗深知此去凶多吉少，便命皇后将此子用帝王衣物包裹，藏匿民间。昭宗身边的贴身侍卫歙州婺源人胡三，出于为皇室分忧，秘密将皇子带回家乡婺源考川（亦称考水），取名昌翼，改为胡姓。昌是吉祥平安的意思；翼是翅膀，是希望他能够平安地飞离虎口。天祐四年（907），梁王朱温篡位，自立为梁朝，昭宗一家全部被杀，惟有昌翼一人幸免。昌翼成人后，于后唐同光三年（925）考中明经科进士。胡三告知其真实身世。自此昌翼便绝意仕途，隐居于婺源考川，造明经堂讲学，人称"明经公"。为区别于其他胡姓，世称"明经胡"，俗称"李改胡"。

二、胡近仁家族的上庄传承

北宋开宝八年（975），昌翼长子胡延政任绩溪县令，后知严州军，举家赐居绩溪胡里（今临溪乡湖里，宋代以前称通镇），其子孙世代繁衍，又自胡里分迁翚北、杨林和上庄等地。首迁上庄的始祖是二十世祖胡七二，胡七二以后的上庄行辈按千、贵、福、真、巽、祖，满、普、道、玄、永、元、文、志、兆、应、天、德、锡、贞、祥、洪、恩、毓、善、良排行。据《上川明经胡氏宗谱》记载："吾族自三十六世以上，均无一定排行，只以先取者为主；三十七世以下，始有天、德、锡、贞、祥、洪、恩、毓、良等字，使人一诵而知行辈"，"旧谱中自天字行后，原有排行名20字，惟后10字近于生僻难用，故今为易定更增20字于后，共编成五言律诗一首，皆取通行习见之字，将来依次命名，庶使人一诵而知世数之尊卑焉，诗附于左：'天德锡贞祥，洪恩毓善良；明经承肇祖，世泽振同光；秉国思名彦，为邦有宪章；家庭敦孝友，继起衍宗长'"。上庄胡氏族谱中的这首五言律诗，是宗族为便于支丁取名而特别编制的一首歌谣，它保证了宗族子弟的昭穆世次明确不乱；寓意希望族人发扬祖先忠厚的美德，以保证宗族将来的兴旺昌盛。上庄的胡氏宗族自胡七二始迁上庄到现在，已经在上庄这块土地上繁衍生息了七百多年，写下了不断创造的辉煌历史。

上庄的胡氏迁居上庄以后，仍然保持着原有的宗族体系，聚族而居，昭穆有序，组织严密；其宗法伦理，乃至饮食起居，冠婚丧祭等皆有定规，族规严明；族谱系牒齐备，不断修续，一姓相传，数百年世系不乱。从族派结构来看，有宗祠、分祠、分支祠以及族房之分。胡七二迁居上庄以后，传七世开始建立分祠即前门和后门。前门分祠称前门老屋，祠号"存根堂"，分祠祖是胡佛宗；后门分祠称后门老屋，又称"敬公祠"，祠号"笃庆堂"，分祠祖是胡满宗。此后又传两世至"道"字辈，上庄胡氏开始建立分支祠。由于前门一支繁衍式微，人丁不旺，一直未能建分支祠，至今也不过十余户，人口五十多人。后门一支则人丁兴旺，曾建有一分至七分等七个分支祠，分祠祖分别是胡道政、胡道福、胡道寿、胡道旺、胡道禄、胡道满、胡传广。后来由于五分、七分外迁，三分、四分失传等原因，现在上庄还有大分、二分和六分三个分支祠。大分的分支祠是"致公祠"，俗称"大分厅"（分支祠祖是胡道政）；二分的分支祠是"景惠公祠"，俗称"二分厅"（分支祠祖是胡道福）；六分的分支祠是"景恩公祠"，号"敦复堂"，俗称"六分厅"（分支祠祖是胡道满）。后门的分支祠中又以六分繁衍最快，如今上庄还流传着"六分管半村，都是草鞋兵"的说法。这是因为六分的人口多，后代主要在家乡务农，而大分和二分的子孙则以读书仕进和外出经商居多。胡适家族属大分，胡开文的创始人胡天注家族和胡近仁家族是属二分。每个分支都以分厅（分支祠）作副中心，形成组团。组团之间有巷道相连，有分有合，整体协调一致。从道字辈开始，再传三世至"元"字辈，上庄胡氏又进一步析为一百零八房派，如元龄公派、元当公派、元首公派、元美公派等。胡适家族属元当公派，胡天注家族属元首公派，胡近仁家族属元美公派。

三、胡近仁家族的"明经胡"传世

胡近仁家族的"明经胡"传世的一世：胡昌翼。二世：胡延政。三世：胡百彦。四世：胡简。五世：胡文安。六世：胡遇。七世：胡全信。八世：胡忠。九世：胡昉。十世：胡文谅。十一世：胡贵良。十二世：胡德珍。十三世：胡宗颜。十四世：胡唐卿。十五世：胡谥。十六世：胡公羡。十七世：胡节。十八世：胡汝龙。十九世：胡允昌。

二十世：胡七二，为上庄的始迁祖。二十一世：胡千。二十二世：胡贵一。二十三世：胡福孙。二十四世：胡真佑。二十五世：胡巽。二十六世：胡祖寿。二十七世：胡满宗。以上胡适家族、胡开文家族和胡近仁家族同祖。

二十八世：胡普义。二十九世：胡道福。"道"字辈开始上庄设立分厅。三十世：胡玄相。三十一世：胡永瑶。以上胡开文家族和胡近仁家族同祖。

三十二世：胡元美。"元"字辈开始上庄分派。三十三世：胡文访。三十四世：胡志伟。三十五世：胡兆壁。三十六世：胡应鉴。三十七世：胡天洵。三十八世：胡成德。三十九世：胡锡印。四十世：胡贞照。四十一世：胡近仁。

四、胡近仁的后人

胡近仁是上庄"明经胡"的第四十一世。胡近仁的后人据2009年编《绩溪上庄行政村姓氏世系谱》记载，有子二人：胡洪赍、胡洪赟。孙辈七人：孙子胡午午、胡从，孙女胡少玲、胡可可、胡次次、胡凡凡、胡卉卉。由于族谱受众多族规的限制，记载中的后人有遗漏的情况。综合各种资料：

胡近仁育有四子八女，由于当时医药不发达，九个子女先后夭折，最后只剩下两子一女。长子胡洪赍，常用名福保，生于1910年，无子。胡适建议其进安徽省立第二师范学校学习，从万安学校毕业。19岁得病后，经胡适介绍到上海治疗肺痨病，后逝于上海。次子胡洪赟，曾用名健民，常用名福来，生于1917年。胡适曾介绍其到商务印书馆做校对工作，后在北平工作两年。1948年10月回家乡后，一直在当地学校当教师，卒于1961年，有二男五女。长子胡午午，次子胡从，长女胡少玲，次女胡可可，三女胡次次，四女胡凡凡，五女胡卉卉。长子胡午午，因生于1957年端午节，取名午午，在乡政府从事农林工作后退休，育一子一女。子胡毓欣，生于1990年；女胡苏婷，生于1984年。次子胡从，生于1960年，在上庄旅游部门工作，育有一女胡婷，生于1987年。长女胡少玲，生于1938年，从屯溪师范毕业后在当地小学教书，后退休。次女胡可可，生于1944年，在乡务农。三女胡次次，生于1949年，小学毕业后随夫到蚌埠机械厂工作。四女胡凡凡，生于1952年，在乡务农。五女胡卉卉，生于1953年，在乡务农。胡近仁最小的女儿胡彩时，生于1929年，卒于2018年。一直在绩溪县医药公司工作，直至1984年退休。育有一子三女，子洪英骏，生于1957年，2017年从绩溪县邮政局退休；长女洪芸，生于1960年，2010年从绩溪县缫丝厂退休；次女洪兰，生于1963年，2013年从绩溪县医药公司退休；三女洪芹，生于1968年，现在黄山市屯溪二中工作。

近代乡绅的商业经营

——以绩溪上庄村胡近仁及其家族产业为中心[①]

周炫宇[②]

一、绩溪上庄与胡近仁一族

上庄，旧时亦称"上川"，因位于绩溪县的常溪上游而得名（与上庄相对的是下游的下庄，即今宅坦）。宋太平兴国元年（976），绩溪划定乡里，上庄所在地区归修仁乡管辖。元朝在宋代十乡建置的基础上再划分十五都，修仁乡改名修文乡，上庄隶属于修文乡八都。清初县境合并为三大直辖乡，上庄属北乡八都。宣统元年（1909），全县裁撤直辖乡改设自治区，上庄划归绩溪县第三辖区八都。在1939年撤保建乡镇后隶属于龙井乡，1941年曾因其为胡适故里而改名"适之"村，但不久又改回上庄之称[③]。

上庄村位于徽岭以北的绩溪县境西陲，南邻歙县，西接旌德，"于歙为尤近"[④]，是传统时代沟通徽、宁两府间陆路交通的咽喉要道，客商来往非常频繁，也因此成为太平天国时期清军与太平军抢夺的重要据点。上庄村三面环山，中部河谷地带地势相对平缓，传统时期的经济以农业为主，主要种植茶、竹和桑树。上庄村周围分布着瑞川、余川、择里、金山、宅坦等自然村落。

---

① 原载《安徽大学学报》(哲学社会科学版)2019年第1期,第19—26页,略有改动。

② 历史学博士,绍兴文理学院马克思主义学院讲师。

③ 上庄村志编委会编:《上庄村志》,内部资料,2009年,第17页。

④ 胡祥木纂修:《上川明经胡氏宗谱》上卷之上《列传·荫林胡公传(附杉林公)》,清宣统刻本。

上庄是一个典型的单姓聚落，胡姓为该村的绝对大姓。据宣统《上川明经胡氏宗谱》序载，"胡里迁霅北，迁杨林，迁上庄，其始迁上庄祖曰七二公，是自以来阅二十五世，六百余年于兹矣"①。虽然族谱中对七二公并没有详细的记载，但从时间上推断，胡氏定居上庄大约在元大德至延祐年间。经过600多年的宗族繁衍，上川明经胡氏共分出14个支系，108个支派。至太平天国战前，上庄胡氏人口已达6000人左右②，清代名儒胡桂森、"胡开文"墨业创始人胡天注、民国著名学者胡适皆出于该族。

胡近仁属于该族第七系元美公派下，谱名祥木，字董人，号松臣，又号晓筠，生于光绪丙戌年（1886）八月初五。《上川明经胡氏宗谱》载："祥木，元美公派贞照公之次子也，光绪癸卯入邑庠，乙巳科试，以一等第一名补廪。"③胡近仁在业儒中打下了坚实的国学基础，并展现出极高的文学和史学天赋。对此，清末徽州知府刘汝骥称赞他"学传家弄，幼读楹书，誉满胶庠，群夸椽笔"④。1923年，胡近仁在《读书杂志》上发表《读顾颉刚先生〈论古史书〉以后》一文，以大禹身份事迹的考证为例，就顾颉刚在《读书杂志》发表的《与钱玄同先生论古史书》中提出的"层累地造成中国古史"理论发表自己的看法，认为"古史虽然庞杂，但只限在尧舜以前，若尧舜以后的史料，似乎比较稍近事实"⑤。胡适对于这次顾颉刚、钱玄同、刘掞藜和胡近仁四人的古史讨论，予以高度评价："这一件事可算是中国学术界的一件极可喜的事，他在中国史学史上的重要一定不亚于丁在君先生们发起的科学与人生观的讨论在中国思想史上的重要。这半年多的《努力》和《读书杂志》的读者也许嫌这两组大论争太繁重了，太沉闷了，然而我们可以断言这两组的文

---

① 胡祥木纂修：《上川明经胡氏宗谱》卷首《序》。

② 胡适口述，唐德刚整理翻译：《胡适口述自传》，安徽教育出版社2005年版，第5—6页。

③ 胡祥木纂修：《上川明经胡氏宗谱》上卷之中《学林》。

④ 胡祥木纂修：《上川明经胡氏宗谱》卷首《序》。

⑤ 胡董人：《读顾颉刚先生论古史书以后》，《读书杂志》第11期，1923年4月15日。

章是《努力》出世以来最有永久价值的文章。在最近的将来，我这个武断的估价就会有许多人承认的。这一次古史的讨论里最侥幸是双方的旗鼓相当，阵势都很整严，所以讨论最有精彩。"①除史学以外，胡近仁还精通音韵和格律，生前著有《奈何天居士吟草》诗集，虽未出版，但从村志、县志和族谱中搜集到的几首诗词来看，或睹物思怀，或直抒胸臆，可以说是意深境远。

　　胡近仁凭借深厚的国学功底，于弱冠之年便主持了本族族谱的纂修工作。在修谱过程中，他始终秉承"修谱之要，首在剔伪，次则阙疑、查访、校对，四者并重。旧谱非有确据，不敢轻为删改"②的原则，并对照本族仅存的乾隆谱，确定族谱的架构和内容。在历经两年后，该谱于宣统三年（1911）付梓。全谱共分为三卷，卷首凡例、修谱名目等，卷上诰敕、遗像、列传、学林、仕宦、善行、文苑、列女等，卷中世系表，卷下规训、存旧等，卷末跋、后序等。《上川明经胡氏宗谱》修成后受到族人和方家的一致好评，也使得胡近仁才学之名气在当地各乡传播开来，一些欲重修族谱的家族纷纷前来聘请他担任主纂。胡近仁先后主纂了邻村的四部族谱，还协助旺川曹氏修成《曹显承堂支谱》。他在撰写《坦川洪氏宗谱》谱序时提到："十余年来，唯数辑谱乘，始自本族，继修余川汪氏、金川叶氏及歙县之竹溪、谷川，本县瑞川诸柯氏合谱。以为纵未怀铅握椠，克酬夙愿，而借谱牒之修，或亦足申吾说于万一，以是殚智竭虑，不惮再三。"③

　　胡近仁之所以有较高的国学修养，很大程度上是缘于他儒商家庭的出身。胡近仁的曾祖父胡敬德，字景棠，一字五兴，生于乾隆壬寅年（1782）二月十一日，曾在五口通商后从事洋庄茶贸易，并通过捐纳获得"国学生，诰赠奉直大夫"的身份。胡景棠生有三子，长子锡诰、次子锡印和三子锡祥，其中次子胡锡印过继给兄胡成德，而胡锡印正是胡近仁的祖父。胡锡诰、胡锡

---

① 胡适：《古史讨论的读后感》，《读书杂志》第18期，1924年2月22日。
② 胡祥木纂修：《上川明经胡氏宗谱》首卷《凡例》。
③ 胡祥木纂修：《坦川洪氏宗谱》卷之首《胡序》。

印、胡锡祥兄弟三人皆继承家业从事商业贸易，并在当地享有一定的知名度和影响力，歙绅吴士杰撰有《荫林胡公传（附杉林公）》详述胡锡印的生平事迹，其文曰：

歙与绩接壤也，而上庄在绩之西偏，于歙为尤近。往时父老自绩来者，为言上庄荫林公先辈长者，其后以负笈橐笔再至绩，绩人士又时时道公行义，私窃向往其为人。已而内交公之文孙董人，因益习公之生平及其所以训厉于家者，乃始克载笔为之传焉。

公天性仁孝，笃宗族，周急难，勇于为义。幼奉父命，出后伯母节孝曹太宜人，惋愉色养，能曲得其欢。弱冠挟计然策，客游上洋，缜果自将，已为婚，友器重，交相推引，公顾慨然叹曰："吾母数十年茹苦含贞，今老矣，膝下仅吾一人，身衣手线，寸草春晖，且本生父母亦春秋高，奈何千里远游久客，以戚堂上乎？"是时初启关为五口互市，公生父景棠公尝居茶贸迁各国。公既归，衣邻步昵，曲尽孝养，且恳恳服劳，刻苦策励，以故业隆隆日起。久之，复偕其昆季，营别业于旌德三溪。三溪，故军民杂处地，车声桴互，奸究无籍者往往潜伏其中。公熟察人情，善结纳，择英杰之士，折节与交，而又重然诺，喜推解，以故群情詟服，曰："胡公长厚，吾不忍欺也。"其后父兄继卒，公更主家政杂务，敦睦干济，虽以商往来旌绩间，而恒以尊祖敬宗为念，族中重建寝祠，襄董工役，不辞艰苦。又倡建其顺堂支祠，且捐金数百，恢拓基域。至于谋窀穸，除道路，营祀产，公家之事皆知无不为。尤慷慨，好施与，尝贷泾上吴侍御拙庵金数百，已而吴卒，公即枢，焚其券。族人有同公贾铁瓮者，归途溺于江，公闻之，即出千缗产，恤其孤嫠，曰："睦姻任恤，吾夙志也，况同袍乎？"其家感临存，涕泣称道弗既云。上庄山邑也，层峦复岭，地狭人稠，所艺谷恒不给十一，翔踊倍他处。值西寇后滋以凋劫，往往饥号塞听，而巨室富家类厚自封殖，无毫发措念，独公与其季杉林公轻财好义，每自外运粮后，胺直以粜，又置糜通衢，以饩族党及伙孤寒者之脩脯焉。

杉林公名廷春，行名锡祥，为人沉伟，自喜脱去町畦，而公则密致端重，时有二难之称。公晚年复捐资，偕族人建胡氏义仓，春贷秋收，取其息以赒茕独，族人多倚赖之。其善行类如此。尤喜读书，自以少年失学，故课率诸子加严，建书屋，置书田，所以劝励者甚至，尝曰："岂为功名始读书，不学无术，古人固已言之矣。矧世变日新，物竞维烈，若之何其弁髦视之也。"遇人多恂恂粥粥，绝崖岸，寡言笑，喜俭憎华，衣冠古朴。迄今诸子孙皆恭谨退让，以诗书泽其家。盖其言规行矩，敛志暗修，积于身，施于家，而传之后也如此，比诸孔门其诸古笃行之君子欤。①

从上述引文的内容来看，通过成功的商业经营，胡锡印、胡锡祥两兄弟在较短时间内积累了为数不少的商业资本，有了经济财富的支持，胡锡印才有能力实施捐资修建宗祠、抚恤同乡、运粮平粜等一系列公益行为，并开始将目光投注到子弟的教育事业上。胡锡印膝下共有三子，长子胡贞照、二子胡贞泽以及三子胡贞泮，其中二子胡贞泽过继给其弟锡祥。虽然有清一代可以通过捐纳的方式获取功名官衔，但这种异途出身的"士人"在时人心目中终究低人一等，因此，次子胡贞泽选择以科举"正途"来获取功名身份，"光绪辛卯邑庠生，保奖五品蓝翎，字厚生，号润民，癸巳秋闱及庚子、辛丑并科秋闱两次房荐"②。长子胡贞照也没有跟从父亲经营家族产业，而是通过胡锡印积累的社会关系涉足官场，"光绪乙亥入邑庠，庚辰补廪，字鉴平，一字荣奎，尝从青浦熊刺史祖诒、泾县吴侍御焯游，内行尤洁"③。此处提及的

① 胡祥木纂修：《上川明经胡氏宗谱》上卷之上《列传·荫林胡公传（附杉林公）》。
② 胡祥木纂修：《上川明经胡氏宗谱》上卷之中《学林》。
③ 胡祥木纂修：《上川明经胡氏宗谱》上卷之中《学林》。

"泾县吴侍御焯"，应该就是前引《荫林胡公传》中提到的曾向胡锡印借资的吴拙庵。作为胡氏子弟"弃贾就儒"的代价，"胡景隆"商号的经营压力便集中在胡锡印一人身上。光绪乙未年（1895）胡锡印去世后，"胡景隆"商号因时局不佳和后继乏人而逐渐衰落，甚至濒临倒闭，其产业收缩到只剩药店，这便是当时胡近仁所面临的现实处境。

二、旌德三溪与胡氏家族商业

（一）三溪镇的商业区位

徽州历来山多田少，缺粮少食，这种情况在绩溪尤为突出。作为皖南地区人均产粮较高的地区，邻县旌德素有"徽州粮仓"之称。除了本地消费，旌德所产粮食大部分经绩溪临溪、扬溪两地转运，再销往徽州，"出口货物以米为大宗，因绩北旌德、宁国皆产米，米贩以临溪为销场也"[①]。在明清时期，徽宁两府之间屡禁不止的私盐贸易客观上提升了旌德与徽州经济交流的频度[②]，这其中以绩溪上庄与旌德三溪之间的社会和经济来往最具典型性。

三溪镇位于旌德县西北边鄙，因徽水、麟溪、玉溪三河汇流入泾川而得名。在现代公路开通之前，作为徽水河航运的起点，三溪镇是皖南北部山区与圩区衔接的重要水陆码头和商埠。旌德大部、绩溪岭北、太平东乡和泾县南乡地区居民常年生产生活所需物资均由芜湖、湾沚溯青弋江而上，运至泾县赤滩，再换竹筏运到三溪，而后扩散四乡。上述诸地所产的茶叶、竹木、米粮等大宗农副产品也大多从三溪集运出境，销往芜湖、安庆、汉口、南京、上海等地。正是这一交通区位优势造就了三溪商业经济的繁荣，自清中期开

---

① 胡步洲编：《绩溪乡土地理》第三章第五节《临渔间之航路》，1926年油印本，安徽省图书馆藏。

② 李甜：《溢出边界的"朝奉"：明清以降徽州与旌德的地域关系》，《史林》2016年第5期。

始，旌德、绩溪、泾县、太平诸县商贾竞相涉足三溪商业市场，在这之中，尤以绩溪岭北地区商人的势力进入最早，影响最深远。

徽宁之间的传统商路有两条，一条是徽岭以南经由扬之水、戈溪河流域沟通徽宁二府，另一重要通道便是经由绩溪八都上庄连接歙县和旌德两县的陆路。绩溪岭北七、八都一带与旌德南部山水相连，风俗相同，沿徽水北上经旌阳到三溪只有七八十里的路程。根据当代《绩溪县志》的描述，上庄与旌德之间的路线如下：上庄（5里）—择树下（5里）—石家亭（5里）—坦头（5里）—浩寨（5里）—杨滩（5里）—分界山（5里）—版书下（5里）—将军庙（5里）—南五里（5里）—旌德县（5里）[1]。在咸同兵燹中，胡适的父亲胡铁花也曾沿此路前往旌德县城购粮，"三月郡城湘军进克旌德县……得谷惧贼复至，争巢卖其半，价遂大减。洋银一元可购米三斗。钝夫闻之，力疾归购粮。足乏力，途只一百三十五里，行五日乃达"[2]。据《上庄村志》载，沟通上庄与旌德西乡之间另有两路，一是经宅坦、鲍村、翻恩岭、风栖湾，过杨桃岭抵旌德白地；二是经余川、上金山，翻越大塔凹抵旌德高甲村[3]。清代中期，旌德与绩溪岭北一带的商货交易非常频繁，除盐和米稻等大宗商品外，日用副食杂货的流通量也不小。胡景隆商号信件中的货单提到了几类常见输入商品，如"今寄上鲜亥油一元，计重四斤"；"今枣一斤，洋四文六分、枯老十八两二钱；洋九元六角；青田十斤，本洋六角；草席六条，三百六十五钱一角，本洋一元二角八分"；"前赐弟扇面一把，又收到此样甚好，今着投字前，望兄照样再买一把，勿要写字为要，合寄下英洋一元，祈买标月布二匹"；"并望芹记寄太史饼一斤，赤砂三斤，葛粉二斤，麻球、糖早（枣）二斤，椒月一斤，洋皂一方"。从这些由三溪寄往上庄的货物构成来看，自糕点食品，糖、油、盐调料到药材、布匹、洋货等，包含了基本生活

① 绩溪县地方志编纂委员会编：《绩溪县志》，方志出版社2011年版，第447页。
② 胡传：《钝夫年谱》，欧阳哲生编：《胡适文集(1)》，北京大学出版社1998年版，第455页。
③ 上庄村志编委会编：《上庄村志》，内部资料，2009年，第107—108页。

所需的各类日常消耗品。

(二)胡氏家族商业的进驻

朝发夕至的距离优势以及频繁的商货交易，为绩溪岭北八都商人进入三溪市场创造了方便的营商环境。与此同时，太平天国时期的兵燹战乱，一度导致地方上物资短缺、百废待兴的局面，也为商业的复兴提供了较大的发展空间。胡锡印就在当时三教九流杂处的复杂社会环境下，通过"熟察人情，善结纳，择英杰之士，折节与交，又重然诺，喜推解"的行事风格，凭借一己之力率先在三溪建立商业，《荫林胡公传》中提到的"营别业于旌德三溪"，指的就是胡锡印在三溪镇开设了"胡景隆"商号。"胡景隆"商号在创设后的短时间内就发展成为当时三溪镇上较大规模的店铺，"三溪有先太父荫林公之景隆，跗萼相衔，业并素封"①。据当代文史资料记载，"胡景隆"商号以经营杂货起家，在获利后扩充经营范围，除布匹、京广杂货不断增加花色品种外，还涉足加工业和农副业，先后开设药店、油坊、蜡烛坊和糕饼坊，同时购置房产田地进行桑蚕养殖②。

与此同时，胡锡印的成功也引起上庄胡氏家族和亲邻故旧的关注，他们也随之来到三溪开店设坊。继"胡景隆"之后，胡氏的另一支派在三溪开设第二家商号——"胡正隆"，它除经营南北杂货外，还兼营茶、丝、米行、油坊、染坊等，也代办邮政和骡马运输，经营种类颇为多样。在传到第三代经营者手中时，家族子弟对于经商的热情已有所衰退，在分家析产后，胡教将名下的商号改名为"正隆教记"，另一房则搬到沙坝街开设"鸿发"布号，兼制黄烟。两店后来的经营状况并不理想，不久即破产闭歇③。

---

① 胡祥木纂修：《上川明经胡氏宗谱》下卷之下《拾遗》。

② 胡志治、叶惠基等口述，纪铎、曹诚复采写：《绩溪人在三溪》，中国人民政治协商会议安徽省绩溪县委员会文史资料委员会：《绩溪文史资料》第三辑，1993年，第11页。

③ 上庄村志编委会编：《上庄村志》，内部资料，2009年，第98页。

三、商业经营:胡近仁与"胡景隆春牌号药店"

以上是上庄胡氏家族在三溪等地经营的基本概况,至于详尽的研究,有赖于发掘更为细致的文书史料。

"胡景隆"商号文书是胡从先生祖辈所遗留之物,并由其私人珍藏。此一文书经历抗日战争、解放战争等社会动荡,保存至今且品相还较为完好,实属不易。该批文书由一纸分股合约、九张盘结红单和十五件商号内部书信组成,从时间跨度上看,最早是写于光绪壬寅年(1902)的一件书信,最晚是写于民国三十二年(1943)的一张红利单;从内容上看,主要记录的是"胡景隆"商号的经营状况,虽然其中有若干年份的缺失,但现存部分还是颇为详细地记录了释股方式、经营状况、分红明细以及家庭生活细节等内容。由于绩溪县内目前所发现的文书较少,商业文书更是稀缺,所以该文书的学术研究价值不言自明。

(一)"胡景隆"商业文书的内容

立于民国十三年(1924)的分股合约,由胡佩兰执笔拟写,字迹工整清晰,除左上角被撕去一方角以外,其余部分较为完整,且撕去部分应无字迹。这份写于红纸之上的分股合约全文共计582字,可以分为前后两个部分,前半部分交代本次释股的发生背景,并详细明确了各房股东所占有的股份:

> 缘先祖胡锡印公昔年创设三溪胡景隆春牌号药店一业,前清宣统二年析产时,店本作为十股,分授各房,载明分关,不赘。自民国六年后,店事由跃臣尽心打理,近年始入佳境。民国十二年,遂由店内买收厚生公名下所遗药店本四股半,当立有□(十?)股据,存店为凭。今春公合盘结,除去各股拨款并跃臣酬劳外,实存坐本计大洋一千六百元整,分

作五股半，内鼎臣公、近仁、跃臣每房各占一股，佩兰、祥运各占一股二毫五厘。凡店内人员九人，及此后逐年生意盈虚，统照股份平均支配，永无异议。

合约的后半部分是该商号所制定的规章制度，涉及利率约定、经营责权划分、盈利分配、助学制度等几个方面内容：

> 兹特商定章程七条，并订立合议约一样五纸，永远各执一纸存照大发。一议店内坐本每年官利照长年一分二厘支给；一议本店当业用人各事务，公推跃臣全权经理；一议逐年盘结，除去官利及各项开销外，倘获余利，内提十成之二归经理人酬劳，内提十成之一酬老同事方君，其余十成之七按股份支领；一议每年盘结，交由经理人分发红单，交各股东备核；一议各房子孙，如有中等学校或大学肄业者，每年由官利下提大洋十元补助学费，休业即罢；一议各股支收当乎权节，每年只能支领官余利，不准侵及坐本。倘因己用，不得已向店内借支各项，至及十元以外，即须起息。若将官利余利转存店内，只按时计息，与外存同等待遇。一议本章程未尽事宜，得援照现行公司律办理。

合约中提到的"坐本""官利""余利"等名词，是传统时代商业经营中出现频率较高的专业词汇。"坐本"也可称为店本，是指商铺企业开设之初所投入的本金。"官利"又称正利，官利制是明清民国时期中国工商企业利润分配的一种经济制度。王裕明指出，官利制是徽商主要经营方式之一，在合伙经营和分家析产后兄弟共营中普遍采用这一方式，官利比率是由当时的商业借贷利率和利润率等因素决定的[1]。"余利"是与官利并提对应的，官利之外所得的利润为余利。王裕明通过分析《万历程氏染店查算账簿》指出："余利

---

[1] 王裕明：《明代商业经营中的官利制》，《中国经济史研究》2010年第3期。

并不是所有合伙人都有，也不是所有年次都有；同一年次，各合伙人的余利率并不完全相等。"①

民国十五年（1926）至民国三十二年（1943）间的九张盘结红单，内容也分为两部分，前半部分是店内该年所获得利润和各股东存于店内股本的统计，后半部分罗列该年店内的各项支出，并在最后盘算出该年的实际盈利数额。笔者将民国十九年（1930）新正盘结红单中的明细列为表1：

表1　1930年新正盘结红单账目

收支情况	明细
收入	存货洋869元6角5分
	存大洋并钞共洋450元
	存鉴思共洋300元
	存陈全珍洋150元
	存干茶50担，作洋150元
	存鼎记洋50元8角3分3厘
	存近记洋69元9角7分9厘
	存佩记洋188元8角3分
	存跃记洋56元6角9分1厘
	存胜记洋134元5角8分3厘
合计	洋2420元
店本及支出	坐本洋1600元
	十八年份余利192元
	近仁洋200元
	各号尾欠洋10元
合计	洋2002元
余利	458元，内除洋137元（店内员工彩红）
红利分配	鼎记得洋50元3角6分
	近记得洋59元2角6分1厘
	佩记得洋72元9角5分
	跃记得洋50元3角6分
	胜记得洋72元9角5分

① 王裕明：《明代商业经营中的官利制》，《中国经济史研究》2010年第3期。

其余十五件书信，大多数是往来于上庄胡氏家族和三溪胡景隆商号之间的商业信件，内容较为庞杂，包含药方单、货物清单、家族日常事务协商等。

（二）"胡景隆"商号股东

"胡景隆"商号分股合约开篇便言明订立该合约的一共有五人，分别为胡门程氏、胡近仁、胡跃臣、胡佩兰、胡祥运，这五人也是"胡景隆春牌号药店"的股东。胡门程氏，为胡祥吉遗孀。"胡祥吉，国学生，名绍祖，字象南，号鼎臣，生光绪癸未十一月二十五子时，殁光绪戊申十月十三亥时，娶程氏。"在几封由胡景隆商号寄与鼎臣的信函中，出现了"鼎臣少东家君"的称呼，内容也涉及汇报商号经营的情况，再加之其为胡贞照长子，因此完全有理由断定胡祥吉生前应为胡景隆商号的股东之一，而在其去世之后，程氏也有权继承其所遗留的股份。胡祥木，"字近仁，更字董人，号松臣，又号晓筼，生光绪丙戌八月初五巳时"，为胡贞照次子。胡祥鱼，"国学生，名维祖，字次牧，号跃臣，生光绪辛卯正月初四巳时"，为胡贞照三子。胡祥梦，"从九品，名缵祖，字佩兰，号周臣，生光绪庚寅十月初四寅时"，为胡贞泮长子。胡祥运，"名纯祖，字际唐，号会臣，生光绪乙亥十二月二十八寅时"，为胡贞泮次子[①]。

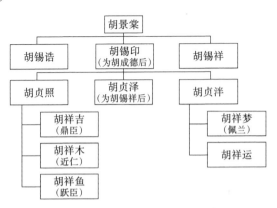

图1　"胡景隆"商号股东家族谱系图

---

① 引文均见胡祥木纂修《上川明经胡氏宗谱》中卷之下《分系七·元美公派世系表下》。

除此以外，合约中还出现了"老同事方君"这一人名。笔者推测，此人极有可能是合约最后"见议执友人方厚田"。明清以来，徽州家族产业经营者的成功经营往往得益于其所设立的严格的规章制度，而且在其条款议立之时往往会由同乡第三方加以中证①，胡景隆春牌号药铺的立约也不例外，合约中的方厚田即为中证之人。

从股东构成看，胡近仁、胡跃臣两兄弟与胡门程氏为叔嫂关系，与佩兰、祥运两兄弟为堂兄弟关系，并且该店股本也未渗入外族资金，由此而见该药铺是一个典型的家族产业。中国传统时期，家族析产多采用诸子均分的方式，同一行辈的房派之间所分得的家产、族产一般较为均等，胡景隆商号股份的分配也明显地反映出这一理念。合约言明该店坐本共计洋1600元，分作五股半，加上收购胡厚生名下药店的四股半，共计十股，每股160元。"鼎臣公、近仁、跃臣每房各占一股"，由于时年鼎臣已辞世多年，其名下股份由其遗孀程氏继承。该三房每房实际所分得股份为160元。"佩兰、祥运各占一股二毫五厘"，佩兰和祥运作为二房，每人实际所分得股份为200元。二房所占股额要比大房多出半股，笔者推测可能是由于胡贞照早卒（光绪癸巳年，1893），而此时三子年纪尚幼，其店经营诸项主要由胡锡祥二子胡贞泮打理，所以留与其后人的股额稍多也在情理之中。

（三）商号的内部管理与员工福利

在议定的七条章程中，有两条为："一议本店当业用人各事务，公推跃臣全权经理；一议逐年盘结，除去官利及各项开销外，倘获余利，内提十成之二归经理人酬劳，内提十成之一酬老同事方君，其余十成之七按股份支领。"在胡鼎臣去世后，胡跃臣开始执掌商号，并艰难地扭转了经营状况，也通过

---

① 王振忠在《重商思潮激荡下的传统徽墨经营——关于〈有乾公号四轮承做合同新章〉的解读》[《安徽大学学报》(哲学社会科学版)2014年第4期]中指出："明清以来，婺源墨商多制订严格的规章制度，这些商业条款，往往都要由同乡亲戚加以中证，以获得乡族的认可，这是墨业中的通常惯例。"

这一过程证明了他在经营管理方面的能力，所以合约中以条款的形式确立了胡跃臣经理人的地位。另外可以看出，每年余利给予胡跃臣的达二成之多，这说明各股东对其能力充分肯定，高额薪资也能够充分调动经理人的积极性。

章程中对于店内资本的借贷也有严格规定："一议各股支收当乎权节，每年只能支领官余利，不准侵及坐本，倘因己用，不得已向店内借支各项，至及十元以外，即须起息。若将官利余利转存店内，只按时计息，与外存同等待遇。"虽然胡景隆药铺在性质上是家族拥有和经营的产业，但从上述条款可以看出管理者对于店铺资产的管理极为严格。此处所言的"坐本"，即店铺的固定财产和正常运作所需要的基础资金，一旦坐本缺失，店铺将会陷入无法正常运转的局面。在资金借贷上，其规定为"十元起息"。当时的"十元"究竟是怎样一种量级？民国十五年的红利单记有各股东分得余利的数额，如"存鼎（鼎臣）记洋四十六元四角零五厘，存近（近仁）记洋四十六元二角六分"，照此来看"十元"大致上是各股东所得余利的五分之一。至于其息几何，合约中虽未提及，但通常是按官利标准，即"一分二厘"，换算成年利率为12%。对于转存入店铺的余利，也同样是按照外存的利息按时支给。

章程在关于余利分配中有一细节，即"内提十成之一酬老同事方君"。据上文推测，方君即方厚田，是此前协助跃臣经营管理店铺的主要管理人之一。方厚田既不属于胡氏族人，也未拥有商号股份，而章程却明确规定他能够享受一成的余利分成，这种现象在家族式的经营行业中并不多见。除方厚田这样有特殊地位的员工之外，一般的店员同样也有不菲的金钱福利。胡景隆商号各年的盘结红单中列有"店内员工彩红"一栏（表2），每年的这项支出占店铺余利的20%~30%，可见该商号对店内雇员的体恤和关怀程度。

表2 胡景隆商号店员彩红占余利比例

年份	余利(元)	店员彩红(元)	所占比例%
1930年	458	137	29.91
1931年	711	213	29.95

年份	余利(元)	店员彩红(元)	所占比例%
1932年	554.4	166	29.94
1933年	363.85	109	29.95
1934年	245	73	29.79
1938年	395	118	29.87
1942年	4496	871	19.37
1943年	8606	2000	23.23

四、"胡景隆"商号的盛衰递嬗

"胡景隆"商号在经历了创设初时的鼎盛期后，经营状况有所滑落，前揭分股合约中提到的"自民国六年后，店事由跃臣尽心打理，近年始入佳境"，也印证了在民国六年（1917）之前的一段时间内，药铺的经营曾一度低迷。究其原因，笔者认为，主要是经理人的易变导致的。从"胡景隆"商号的内部信件中可以发现，由三溪胡景隆店内发往上庄的书信，收信人大多为"鼎臣先生"，信的内容包括货物清单、药方和增派人手的请示①，特别是后者，一般只有经理才有权决定人手的派遣，由此可见胡鼎臣在世时是胡景隆商号的主要经营管理者，或者说至少是其中之一。但随着鼎臣于光绪戊申（1908）十月十三突然病逝，店铺一时间失去了掌舵人，更有甚者，店铺内居心不良的伙计店员在此忙乱之际趁火打劫②，其管理的混乱程度可见一斑。

在商号经营不善的情况下，仍选择在宣统二年（1910）和民国十三年（1924）两度析产释股，既受到当时社会环境的影响，也有其自身的原因。前文已述，太平天国战乱之后，徽州家族析产的比例较以往有明显增加，绩溪

---

① 如"象男兄长大人侍右：敬启者，兹者因正海来办菜油之便，故此特奉前寄鞋一双，谅该收矣，合望寄铜锁一把，并望芹记支太史饼一斤，赤砂三斤，葛粉二斤，麻球、糖早（枣）二斤，椒月一斤，洋皂一方，望即与原人带回为幸"，"布柜人手稀，望嘱家中派人来店为要"。

② 据胡从先生口述，店铺在失去经理人的时期内，有不少店员起先暗中偷窃店内财物，后竟然明目张胆地肆意掠夺。

一地"析产者十之八九，共产者不过百分之二三"[1]。另一方面，东家胡鼎臣的突然亡故是导致第一次析产的直接原因，由于事出仓促，所以对于析产之后的经营管理缺乏考虑，从而导致商号一度衰败。

在胡跃臣接管了店铺的经营管理权之后，经过六年的调整，经营状况开始好转，并开始扩大资本，"民国十二年，遂由店内买收厚生公名下所遗药店本四股半"，这也导致民国十三年（1924）第二次析产的发生。并购药店之后，胡景隆商号内部资本结构也随之发生改变，收购药店所支出的资金由店本提供，共计四股半，实际上是由流动资金转化为固定资产，而剩余的五股半还需按照约定比例重新划分，以避免日后出现利润分配上的纠纷，这也体现了徽商在长期经商实践中积累下的从商智慧。从民国十五年（1926）至民国三十二年（1943）新正盘结红利单的数字统计（表3）来看，在民国十三年（1924）析产分股之后，"胡景隆"商号历年之经营状况都比较良好，每年都能够盈利。各房股东虽经历了人员的更迭，但还是非常严格地遵守了先前制定的章程，始终都不曾侵及坐本。从最初的南北杂货铺到后来涉及油坊、当铺、糕饼坊、蜡烛坊等多个行业，"胡景隆"商号名下的资产数量不断累加，根据1937年上报土地清册载，"田318.84亩，旱地桑田7.3亩，房产占地2.1亩"[2]，这也是胡景隆商号得以长期存续的关键所在。新中国成立后，该商号仍维持着日常经营，直到1957年被收归国有。

表3 胡景隆商号盈亏金额统计

年份	坐本(元)	营业总额(元)	余利(元)
1926年	1600	1843	118.47
1930年	1600	2002	458
1931年	1600	1992	711
1932年	1600	2020	554.4

① 《陶甓公牍》卷12《法制科·绩溪民情之习惯·共产析产之趋势》，官箴书集成编纂委员会编：《官箴书集成》第10册，黄山书社1997年版，第611页。

② 上庄村志编委会编：《上庄村志》，内部资料，2009年，第98页。

续　表

年份	坐本(元)	营业总额(元)	余利(元)
1933年	1600	1992	363.85
1938年	1600	1982	395
1943年	1600	7234.4	8606

五、小结

作为国家权力与乡村社会的衔接者，乡绅阶层实际上支配着地方上的社会文教和经济生活。唐力行认为，作为乡村自治的领导力量，乡绅的存在是维持徽州社会长期稳定的主要因素之一[①]。这种对地方秩序的控制能力，除了文化权力和宗族制度以外，也离不开经济实力的支持。胡近仁一向以文人乡绅身份示人，而"胡景隆"商号文书的发现，则揭示了他作为商人的另一重身份，以及支撑乡绅身份所需的经济收入渠道。除此以外，该批文书所包含的合约、账册和书信，从商业、社会和生活等方面多角度、立体化地展示了徽州家族与商业经营之间的关系，并使我们认识到胡近仁的乡绅身份的获得和维持，与家族前代所积累的商业资本有着极为密切的联系。

王先明认为，中国近代传统农村中"精英"阶层士绅的流失使得农村基层政权落入"劣绅"之手，从而导致农村社会矛盾的日趋尖锐和激化，造成基层社会的无序和骚乱[②]。但从近代徽州社会的整体状况来看，乡村社会始终维持着内外循环良性互动的超稳定结构[③]，胡近仁所经营的商业规模虽然不

---

① 唐力行：《论徽州士绅的文化权力与乡村自治》，《安徽师范大学学报》（人文社会科学版）2014年第2期。

② 王先明：《近代士绅阶层的分化与基层政权的蜕化》，《浙江社会科学》1998年第4期。

③ 唐力行：《断裂与延续——徽州乡村的超稳定结构与社会变迁》，商务印书馆2015年版，第377页。

大，经营状况也曾一度低迷[1]，从他的活动范围和影响能力来看，可以称他为"下层乡绅"，但无论如何也不能将其归入"劣绅"的行列。在近代皖南社会中，下层乡绅亦儒亦商的现象并非个案[2]，这与皖南区域社会中长期形成的商业传统密不可分。受这种传统的影响，以文人儒生自居的胡近仁，同时也要兼顾家族产业的经营，而在商号经营陷入低迷时，又通过修谱和出任塾师等渠道获取收入，从而维持亦儒亦商的状态。由此而见，近代化虽然在一定程度上改变了乡绅的知识结构，但并不能完全抹去徽州社会中长年累积所形成的思想习惯和生活方式，因而在徽州乡绅身上所体现的近代化，并不是传统意义上的近代化在徽州的简单套用。通过对胡近仁生平事迹的整理和研究，能够为中国近代乡村商业、区域互动和地方社会的近代化变迁提供一个较好的例证。

---

[1] 胡景隆春牌号药店在1917年之前曾经历了一个持续十年左右的经营低迷阶段，胡近仁的日常生活一度潦倒，从1907年胡适寄给胡近仁信中题的一首小诗可以感受他的真实状态："怜君潦倒复穷愁，愧我难为借箸谋。吟到泪随书洒句，那堪相对兴悲秋。"见耿云志、欧阳哲生编：《胡适书信集》(上册)，北京大学出版社1996年版，第2页。

[2] 可参考董乾坤：《传统时代日常生活的空间分析：以晚清胡廷卿账簿为中心的考察》，复旦大学博士学位论文，2016年；李永卉：《从苏荫椿手稿看清季民初皖南下层士绅的社会生活》，《安庆师范学院学报》(社会科学版)2016年第6期。

胡近仁遗存诗词探析

张艳红[①]

诗者，性情之咏也。新安山峦叠翠，清流激驰，所谓大好山水，其有助于诗词之神思亦大矣！况绩溪自宋代苏辙、崔鷗来为县令，诗文遥播，遗风流韵，岂不兴起后学？其尤著者如汪晫、舒顿、程通、葛应秋、汪渊、程秉钊、胡适等，灿若星辰。上庄胡近仁善诗词，著有《奈何天居士吟草》，胡适为之撰序，称其以能诗闻，并不囿于流俗，惜未曾出版而遗佚。今辑得诗词180首，另有胡适所和2首，附胡昧因所作2首，实乃一沏而已。读其诗词，平生性情抱负跃然可见。

一、交游应酬坦露本真性情

胡近仁受过很好的教育，学识渊博，为胡适族叔，年纪相仿，唱和往来；其后当过私塾老师，外出营过商，曾办过学，主持规划编写志书，还为数个村庄修纂族谱，工书法，好吟诗，为当地知名乡绅。其与亲友官员往来，题赠唱和，喜有颂，丧有挽，作有交游应酬诗52首。

与胡适的交往。胡近仁为胡适族叔，相差不过五岁，加以胡适少慧，志趣相投，喜爱文学，互相切磋，其乐融融。今辑得与胡适交往诗13首，尤为珍贵的是其中有集韦应物古体诗1首，集黄庭坚七绝6首。光绪三十三年（1907）暑假，胡适回到上庄。两人志同道合，唱和颇多。胡适回校，胡近仁

---

① 张艳红，歙县人，地方文化学者，曾点校明万历《歙志》等。

作《适之暑假归，过从甚乐。别后有怀，邮寄三十韵》，用以叙述友情。此年胡适不过17岁，英气勃发，才学超俊，胡近仁与之相处，引为知己，故诗中称胡适为"第一南金品，无双江夏谣"，意为人才优秀，像东汉博览群书的黄香，不愧为"天下无双国士"；"终军豪意气，卫玠美风标"，像西汉请缨出征的终军那样豪气风发，又如晋朝玄学家卫玠那样润如珠玉；"朋侪推巨擘，友谊订垂髫"，在胡近仁所交的朋友中，胡适的学识首屈一指，而他们的友谊在孩童时就已经订交。暑期中，两人在一起，"把臂寻荒径，披襟憩小桥"，在荒野中徘徊，在乡村桥头休息；"喜更搜书诵，愁同买酒浇"，高兴时就搜寻好书一同诵读，忧伤时就买酒对饮。然而两个月过去，胡适终究要上学，"那堪胶漆侣，翻鼓木兰桡"，两人如漆似胶，哪能分得开，可现实却摆在眼前，真个叫人惆怅不已；"何时仍面会，此去已魂消"，然而到什么时候才能会面呢？胡近仁感到胡适一走，自己的魂都被勾走了！"嗟我浑沦落，离君倍寂寥"，胡近仁深深地叹道，我是如此地落魄沦落，离开了你，这生活变得加倍地寂寥；"遮莫瑶函速，还期令闻昭"，希望胡适尽快地将书信传来，以慰相思之情，同时期盼胡适把近期的信息事迹也载于信中，自己从中可以受到鼓励振奋。这首古体诗二十韵，记载了胡近仁与胡适在暑假中的生活，以及胡适离开后胡近仁的深深思念，表明了两人深厚的友谊，情感丰富动人。十月份，胡适读过此诗，称"格律层次，皆臻善美"。又对诗中为了押韵所用的"翘""嚣""聊""条"等数字表示"稍有未当，似宜改正"。胡适本当次韵奉和，然而仅得四韵，其诗云："别后深相忆，书来慰寂寥。赠言铭肺腑，佳句例琼瑶。秋菊有佳色，寒松吼怒涛。正宜勤问学，努力制牢骚。"意为别后胡适也深为怀念，收到胡近仁的书信，深慰寂寥。称赞胡近仁所作之诗感人肺腑，佳句如同美玉陈列。又用"秋菊""寒松"来比喻胡近仁恬然自处的高尚品格与坚贞不屈的性格。最后劝慰胡近仁年轻时当勤奋做学问，要努力克制自己的牢骚，不要浪费大好时光。胡适比胡近仁小一辈，劝慰之语道出了两人亲密无间的关系，多少有些唐突冒昧，故其在附言中写道："此诗有庄言，有戏言，杂凑不伦，幸老叔大加笔削为。"用以表示对胡近仁的尊重。胡适17岁即撰有诗稿，胡近仁为题诗，作《题适之诗稿》，称其造就非凡，为家族之千里马，诗学唐元稹、白居易，情怀如陆游，忠贞爱国，勉励胡适"会当破壁飞"，定能成就非凡。胡近仁所作《柬适之》为集韦应物诗句，古体诗十三韵，表达自己有志不能舒，郁郁寡欢，情景交融，连贯一气，有魏晋六朝之韵味，毫无裁剪之嫌；而集黄庭坚诗句七言绝句6首，则为思念胡适而作，基本符合格律，情真意切，剪裁雕镂，一如己出。胡近仁所作《秋夜同适之话旧》，道出两人"剪烛西窗"乐事；胡近仁与胡适之情意相投，所作《赠适之》有"大地茫茫谁与语，相逢且进掌中杯"的知己情深；而《适之邮示感怀五律因和元韵》两首，表达了诗人失意迷茫之情，满纸抱怨，故胡适比作《诗经·邶风·北门》，有"自写穷愁，怨而不怒"之语。

与当地知县的应酬诗作。方以南，字鲲三，为皖北人。民国五年来任绩溪知事，民国七年（1918）任满，胡近仁为撰《送方鲲三知事以南归楚》七律两首。官员离任，当地士民所作诗歌皆为颂扬，没有实际意义。然从诗中可知方以南对胡近仁的赏识与肯定。第一首颈联"白社从兹图小像，黄门而后仰明公"，其中白社指的是隐士，此为诗人自喻。意为方以南在任尊重人才，礼贤下士，此番离任，胡近仁多有感激之情，当绘图像以怀思。黄门指的是唐宋八大家之一的苏辙，曾任绩溪知县，多有善政，用以比喻方以南，不仅有善政，且有文才。尾句"临歧定想犹留憾，未竟丹铅续志功"，意为方以南离任，肯定留有遗憾，这是因为续修县志这一大事未能实现。从中可知方以南有续修县志之议，并相请胡近仁帮忙。胡近仁又作有《续送方知事归楚》两首，第二首第一联"共颂耒阳百里才，况蒙青眼特相推"，耒阳指的是三国时曾任耒阳县令的庞统，具有经天纬地之才能，用以代方以南之才学。此联意为方以南不仅有才识，治理一县深得民心，而且对胡近仁更是尊重有加，特地推举。而胡近仁"苦期桥上谋题柱，怕向樽前唱落梅"，苦盼取得功名，立志高远，却难以实现，有负方以南的期望。绩溪县知事张承鋆，字子凡，江苏人，民国八年（1919）上任，好吟诗，作有《华阳十咏》。华阳为绩溪县的别称，绩溪县原为歙县的华阳镇，后来析为绩溪县。所谓"华阳十咏"即绩溪县十景，分别为石镜清辉、翠眉春色、石印回澜、祥云洞天、苍龙瀑布、飞云天池、大屏积雪、文峰雅会、鄣山叠翠、大会晴峰。胡近仁所作十咏七言绝句分别和张承鋆原来之韵，紧扣景色要点，历史典故熟稔，为上好佳作。胡昧因于民国二十二年（1933）清明后二日陪县长兰公游梓潼山，作有七言绝句两首，胡近仁步韵两首，第二首："梓山泄沓势嵯峨，陟彼层峦感慨多。万里烽烟何日靖，临风仗剑莫摩挲。"起句写梓潼山的环境地势，接着写身在游山，心里却感慨不已。第三句转到对时事的忧患，国内战争接连不断，百姓不得安居乐业，尾句抒发了诗人志愿驰骋沙场的豪情壮志。

与友人的交往。胡近仁祖上在旌德县三溪开有胡景隆南北杂货店，其后逐渐凋零，仅留下景春号药店，民国年间由胡近仁之胞弟跃臣经营，近仁亦时常为之打理参谋，与三溪王鸣（字缩天）往来交好，曾在其家住宿过数次。王鸣读书出身，出游在外，民国十二年，其妻生病去世，胡近仁为撰《挽三溪王缩天鸣征士之妻》七言绝句6首，将其妻的美德展现在世人面前，如"求田问舍贵经营，内助应垂竹帛名"，写出了妻子对家庭的贡献，是家中的顶梁柱；"遍别姻亲事更奇，心长语重似先知"，写了妻子对生死的看淡，冷静地与亲友诀别："归来竟失挽车人，旧事思量感慨频"，丈夫远游归来，妻子竟然已撒手人寰，回想前事，怎不感慨悲叹！此6首悼挽诗写得情深义重，一个勤劳、理智、坚忍的妇人形象跃然纸上。绩溪洪荣章为诸生，其妻过世续娶，胡近仁为撰《拟洪茂才荣章续弦诗》，用诙谐的诗句写出了洪荣章续弦的经过，起句开门见山，"洪茂才，亭玉立；鼓盆歌，空太息，吁嗟无人伴枕席"，讲了洪荣章青年才俊，妻子走后，鼓盆叹息，只因没有人陪伴。接着叙述"邻村一女年破瓜，肤如结绿颜如花。多少问名尚未字，自言愿许读书家"，邻女年华正茂，貌美如花玉，只愿许嫁给读书人；而洪章荣"茂才秀且裕"，人品优秀，家庭富裕；"彼美蜻蜓斯续娶"，邻女姿色绝佳，堪为绝配，遂结交连理。读来忍俊不禁。所作赠诗《赠韩寿民》，从诗中可知韩寿民为医师，因姓韩，便用东汉名士卖药不欺的韩康引出首联，接着写韩寿民"研穷肘后书千卷，种出林间杏一围"，研穷医书，有着精湛的医技。第三联"寿世寿人垂不朽，名医名士故应稀"，"寿"为所赠者名字，"名"为所赠者名字的谐音，将韩寿民的职业与地位呈现出来。尾联中"希文"为范仲淹之字，此联用范仲淹"不为良相，便为良医"之志来表明韩寿民的志向，用同样姓"韩"的唐代丞相韩休所言"貌虽瘦，天下肥"希望天下安康富裕来总结韩寿民的愿望。此诗当是韩寿民为胡近仁或其家人看过病，痊愈之后，感激而作。胡近仁曾到休宁，与同宗胡涵卿、子鹤两人相交往，作有《自休回绩留别涵卿子鹤二兄两首》，从诗中看涵卿、子鹤两人为人豪爽烂漫，与胡近仁情投意合，"竹榻联风雨，萍踪证雪泥"，故而作此诗以纪念。另外，涵卿母亲去世，胡近仁为代作挽诗七律两首。绩溪孔灵汪海帆与胡近仁萍水相逢，遂成知己，在孔灵夜宿三晚，遍游孔灵景光。汪海帆撰《孔灵十八景诗》并寄给胡近仁，近仁阅后，为题七言绝句3首。诗中写出了两人的友情及对孔灵景色的赞美。山阴沈祺荣从民国十年至十三年共四年在绩溪县做幕僚，其妻有才情，留居家中，病卒，沈祺荣伤心不已，撰有悼亡诗七律四首，并请胡近仁和诗，遂有《奉和山阴沈祺荣悼亡诗元韵》诗4首之作。上庄胡国宾，字殿臣，自称杨林山人，擅长墨模雕刻及木雕，胡适故居中的12块兰花饰板即其代表作。尝绘《西溪浣纱图》《东篱扶杖图》，胡近仁分别为题五言绝句，语意隽永，回味无穷。另有《赠吴健臣》七律，还代吴健臣作《赠程周卿》，从诗意看吴健臣为塾师，郁郁不得志，曾坐馆程周卿家，与胡近仁情投意合，"谈深每忘夕阳东"，晚上深谈到天明，故有此诗之作。

二、咏史人物尽显广博学识

胡近仁幼时家境尚好，颇有藏书，熟读经史，今存所作咏史诗58首，词

14首，其中人物西施在诗、词中皆有作；词《南柯子·八士》为一母四胞八子协助周武王伐商纣；《游仙》三首中第一首为司马相如，诗中已有重复；计所作咏史诗词72首，另有胡适所和诗词2首。人物涉及道家学派展禽，墨家学派墨翟，杨朱学派杨朱，道家游仙刘安、王远，秦始皇，谋臣范增，忠臣韩成、于谦、诸葛亮，武臣李广、周处、陈元礼、周八士，奸臣张禹、子文等，文士司马相如、贾谊、陆游、刘伶、李白，高士接舆、颜阖、荷蒉，医师扁鹊，乐师师旷，女性武则天、昭君、杨玉环、薄姬、西施、漂母、文君、南子等。胡近仁塑造历史人物形象生动，评论纵横数千年，得失兴替，了然于胸，彰显出深厚的文学、史学功底。

咏史杂体诗以同类人物来衬托，情景交融。胡近仁所作歌咏历史人物诗仅《韩成》与《司马相如》两首为杂体诗，其余均为七言绝句。其中《韩成》讲的是元末天下大乱，韩成追随朱元璋起事，因相貌身架与朱元璋酷似而被朱元璋所重用。从朱元璋攻陈友谅，战船在鄱阳湖搁浅，被陈友谅军包围。陈友谅以放大军将士出湖为条件，逼朱元璋自杀。在生死关头，韩成挺身而出，假冒朱元璋与陈友谅谈判后跳江自杀。胡近仁在塑造韩成这个人物时，引用了纪信的故事。纪信随刘邦起兵抗秦，身形样貌与刘邦相似。项羽攻打荥阳时，城内缺粮，将士力竭，情况危急，刘邦危在旦夕。纪信装成刘邦模样诈降，以便刘邦率民出逃，自身却被项羽活活烧死。此诗又带出了春秋战国置君王危难而不顾的庆郑。春秋战国时，晋国闹饥荒，秦国慷慨以援，其后秦国饥荒，晋国大夫庆郑劝惠公还报，可惠公不听。次年秋季，秦国举兵伐晋，庆郑请用卜为将，可惠公却用郑国人步扬。在秦晋会战之中，惠公所乘马陷于泥淤之中，遂召庆郑驾车。庆郑说道："不任用所推荐的卜，失败是自取的。"便走了。庆郑虽然叫了人来营救晋惠公，却仍被秦军所俘虏。不久，晋惠公在姐姐秦穆姬的努力下被释放回国，庆郑自知所误，并未逃走，被惠公所杀。由韩成的事迹引出纪信，又带出反面人物庆郑，可见胡近仁对上下两千年人物事迹了然于胸，典故运用自如。其诗句："浔阳江里鼓连天，干戈近薄彩龙船。武士无兵哪得战，可怜汉帝空涕涟。"战鼓轰鸣，干戈紧逼，朱元璋面临着生死抉择，一是大军的去向，一是自身的安危，真个涕泣淋漓。就在这危难之际，诗中安排韩成上场："韩生素著忠贞行，热血一腔进上请。小臣自昔受恩深，焉可旁观作庆郑？易衣疑敌苟有成，岂以私情惜微命。"韩成面对眼前境地，知道际逢天下大乱，部队与真主缺一不可，于是热血沸腾，决不做旁观的庆郑，以身相报。成功地再现了历史环境描写、气氛渲染与人物情感，给读者留下不可磨灭的印象，也表明了作者的忠贞立场。而《司马相如》杂诗以汉武帝用千乘欧阳、董仲舒后独尊儒术来相衬，司马相如以《子虚赋》得汉武帝赏识，"一诵《子虚》金殿说，皇皇驷马震西京"，然而"不闻礼乐诗书之考订，但闻拳拳之上《封禅文》"，意为司马相如临终留给汉武帝的却是《封禅书》，以满足汉武帝好大喜功的虚荣心，而不是像董仲舒那样考订诗书礼乐，诗中对司马相如献媚之赋充满了轻蔑。

　　咏史诗词在识见上因局限性有所欠缺。治史者当才、学、识兼备，缺一不可。胡近仁擅于辞章，博览群书，典故熟稔于心，佳作颇多，不用多言。然因自身经历的局限性，在识见上终究有些欠妥。如《王荆公》七绝三首，有沿袭旧人、思想狭隘的方面。王安石，字介甫，号半山，元丰二年（1079）改封荆国公，故世称王荆公。北宋中后期，地主阶级与农民阶级的矛盾愈发尖锐，为了缓和现状，王安石入相，提出当务之急在于改变风俗、确立法度，即为"熙宁变法"，得到神宗的支持。因变法触及大地主阶级的利益，加以变法实施中出现官商勾结、出粜价格不合理的现象，官僚极力反对，致使变法失败。后人遂将北宋灭亡、两帝被金兵所虏全归罪于王安石。胡近仁所作诗云："青苗保马法频颁，相业犹思王半山。至竟致君成底事，剩将二帝到金蛮。""黔首输科已鬻田，谁教圣法立苗钱。可怜五国悲愁况，都本天津一杜鹃。""佶屈聱牙思不群，荆公笔阵扫千军。机权独恨排韩富，作相如何似作文？"诗中"天津一杜鹃"所指的是理学家北宋五子之一邵雍在洛阳天津桥上听到杜鹃叫声，预测不出两年，南人为相，天下多事。结果正如邵雍所说，江西王安石为相，主张变法，反对势力强横。"机权独恨排韩富"，说的是前相韩琦、富弼与范仲淹曾主持"庆历新政"，而王安石上台，实施"变法"，与韩琦、富弼背道而驰。"作相如何似作文"，王安石名列"唐宋八大家"，故而胡近仁感慨王安石为相与文章悬殊太过。其实历史上为王安石平反者大有其人，清代学者、史学家蔡上翔曾说过："荆公之时，国家全盛，熙河之捷，扩地数千里，开国百年以来所未有者。"梁启超认为王安石为三代以下完人，千年来蒙受耻辱而不能洗清，深为同情："若乃于三代下求完人，惟公庶足以当之矣。悠悠千祀，间生伟人，此国史之光，而国民所当买丝以绣、铸金以祀也。距公之后，垂千年矣，此千年中，国民之视公何如，吾每读《宋史》，未尝不废书而恸也。以不世出之杰而蒙天下之诟，易世而未之湔者，在泰西则有克林威尔，而在吾国则荆公。"胡近仁生活在清末民国，附会众流，见识局限，将王安石看作奸相，实为冤枉。胡近仁曾作咏史诗《西子》七绝两首："吴宫新唱若耶声，泰伯河山已不擎。莫怨红颜倾国易，君王当日自多情。""新宠西施百不图，可怜沉湎竟亡躯。湖中荡漾从游去，也忆君王贵幸无？"将吴国的灭亡怪罪于吴王宠幸西施。胡适与胡近仁诗词往来，互相欣赏唱和，遂作诗为西施辩护："失国何如失节轻，沼吴存越赖卿卿。功成身隐江湖去，毕竟难忘宠幸情。"又作词《捣练子》："君已虏，国将残。国耻如斯忍冷观。歌舞吴宫犹未罢，十年生聚已功完。"反辩西施是为了存越国而陷吴于亡，功成之后独自隐去，又是报答吴王的宠幸之情。胡近仁作《明妃》四首，悲其不遇以自喻："汉使归来粉黛违，萧条塞外雪霏霏。一时将帅多辛翟，不遣刀兵只遣妃。""塞下飞传红嫱书，昭君斜步出关余。玉颜竟使胡中老，恨杀毛公不绘渠。""大汉灵威更莫论，竟教弱女出关门。已知肉食无长策，只好拳拳作结婚。""闻说红颜多薄命，明妃更过此言筌。生从大夏亡夷狄，一拍胡笳一泪涟。"诗中将明妃看作弱者，以致被遣送塞外过着凄惨的生活。可胡适却有着自己不同的思想，作《读近仁明妃诗，意有所感，因续拟一首》："汉宫粉黛知多少，多少蛾眉得主欢。怎及明妃长出塞，功标青史说和番。"诗中将明妃的形象傲然拔高，不与宫中粉黛争宠，为了和番，功垂千秋，意境豁然。

三、感怀咏物自怜不遇于时

胡近仁天资聪颖，有神童之誉，十五岁中秀才，光绪三十一年（1905）科试，以一等第一名补为廪生。其后罢科举，人生科举事业未能成就，家境日益落魄，抱负不能施展，宜其感慨于事物，发于歌咏。作有感怀诗13首，另有《虞美人》咏物古体诗一首，感怀不遇于世。

对自身境况不满直接感叹咏怀。胡近仁所作《感怀》诗四首，第一首云："生岁过二十，遭际半无憀。自知磨蝎坐，谁更阿龙超。有泪随书洒，多愁仗酒浇。苦怀人不识，独立到中宵。"其意为今年已二十岁了，尚没有自己的事业。这种磨难是上天命运的安排，哪能像东晋的王导那样做出一番伟大的事业。故而阅书洒泪，借酒浇愁。此种情怀有谁可知，更何况世上没有知音，往往是独自哀愁到夜半。第二首："世风已浇薄，竞爽岂融融？公理烟埋尽，群权压制崇。人真无赖鸟，我号可怜虫。为问卢梭氏，如何脱此笼？"感叹世风日下，没有公理，以权压人，犹如困在鸟笼，不知如何挣脱。第三首云："博得冬烘座，强颜号塾师。将军真负腹，学士不宜时。已是悲途尽，难堪欢路岐。击壶呼恨恨，此意问谁知。"胡近仁考取县学附生，取得塾师资格，坐馆授徒，整日与乡村孩童，教授《千字文》，百般无聊，不由得对人生充满了迷茫。用典故党太尉饱食终日而毫无智谋来影射钻营之人权势熏天，又借苏轼的"一肚皮不合时宜"来形容自己虽然有学识，然而因不懂趋炎附势，而不被世人容纳。复借王敦击壶的典故来表明自己渴望施展才能，但有谁知道自己的心意？第四首云："数奇不得意，翘首独凄凉。七尺躯空负，千秋志未偿。凭谁填恨海，偏我困名场。欲把中山酒，高歌问彼苍。"胡近仁抱怨自己运气不好，抱负未能实现，困于名场，恨海难填。从《感怀》四首可知，胡近仁困于名场，是因为当时县学每年招收有固定的名额，却被有权势者所攘夺，迟迟不能实现自己的抱负，内心的愁绪恨意又无处排遣，故而撰此诗。光绪三十一年（1905）废除科举制度，开办学堂，切断了诸生通过科举进入仕途的通道。为了安抚人心，朝廷给士子宽筹出路，此年举行了生员考优、拔贡考职、举贡会考之试。宣统元年（1909），胡近仁赴皖考试，在芜湖原中江书院中作《中江书事》七律，以抒发自己的愁闷，首联点题："高吟居正遣愁篇，走马章台空子筵。"落第之后，正适合吟诵薛居正考进士落选所撰的遣愁篇，以舒缓悲滞。放榜后，大家都去游欢宴赏，可自己满腹心事，没有前往。其末联"枨触闲情殊未觉，西风吹起雨如烟"，因感触颇多，闲情逸致丝毫无关，秋风萧瑟，秋雨迷濛，前路茫茫，这怎一个"愁"字了得！另有《无题》，首先感慨自己对科举事业的追求如痴如醉："一种柔怀百种痴，漫将往事写新诗。桃花薄晕浑多恨，藕节缠绵不断丝。"然而科举的结束颇让胡近仁心灰意冷，"此情回忆真无那，张祜相逢只是迟"，就像唐代诗人张祜所作诗句"深宫二十年"，对未来充满迷茫，无法再燃起热情。另外《夜雨有怀》，则对人生中不断的失意而甘愿自废进行感叹，因生活艰难，友朋往来疏远，故而行乐只合在梦中；而所作《贫女》两首则对时当妙龄，缺钱买花，只得用山花来装扮的贫女表示感慨；而东家的女孩才梳髻，便有十二枚金钗落在鬓。表面上是对贫富悬殊的感叹，其实是对自己怀才不遇的悲悯。

以景物触情而感慨。胡近仁曾游南京，今存《雨花台秋眺》《莫愁湖晓望》两诗，其中《雨花台秋眺》云："俯仰江天一览间，石城远接垒新环。千林叶落长干里，百艇舟舣大胜关。剩有轻烟秋岁月，空余故迹旧河山。一坯幸仰孤忠墓，拜罢怆然泪暗潸。"雨花台为登高游览胜地，历代文人题咏接迹。此诗首联开门见山，站在雨花台上，晴空碧涛一览无余，石头城如猛虎盘踞，钟山蜿蜒如蛟龙蟠伏。颔联承接首联，描写了长干里连绵的森林落叶纷飞，大胜关上百艘往来舟船停泊的景象。颈联转为抒怀，秋日总是让人感到莫名的淡淡的伤怀，石头城为三国孙吴所筑，形势险要，后因以指建业，为六朝古都；长干里曾为古越都城，繁华的商业区；而大胜关江流险厄，明太祖朱元璋曾率军在此大胜陈友谅，如今，往事如云烟飘散，空留遗迹让人怀想。尾联抒发情感，雨花台素来就是掩埋忠魂烈骨之处，南宋抗金英雄杨邦乂拒不降金："宁作赵氏鬼，不为他邦臣。"在雨花台下被金人剖腹取心，有"古今第一人"之说；明代方孝孺当燕王朱棣举兵南下，令其起草诏书，坚决不肯："死即死而，诏不可草！"被磔于市，坐诛者873人。两人之墓皆在雨花台。胡近仁因为崇敬往代孤忠，特地前往拜谒，为他们的事迹感伤流泪。同时也表明了胡近仁心怀天下，想成就一番事业，并以英烈为榜样，忠贞自持。胡近仁还曾到过宣城，今存《敬亭山》《谢朓楼》两诗。其中《敬亭山》云："十载神游地，今朝倦眼开。湖山如待我，猿鸟为谁哀。霁雪悬岩涧，晴云拥径苔。何当洁樽酒，追捉谪仙来。"李白作有《独坐敬亭山》诗："众鸟高飞尽，孤云独去闲。相看两不厌，只有敬亭山。"李白视敬亭山为知己，物我相忘。胡近仁为李白此诗所痴迷，故首联即道出了对敬亭山的向往，十年来，梦魂中无时不与敬亭山相遇，今天有幸前来一游，顿时精神百倍，兴致勃勃。接着两联描写景物：湖光山色，呈现几前。山林寂静清幽，不时传来猿鸟哀鸣，越发的凄清孤独。岩涧飞瀑奔激，如同白雪悬落；天上白云飘浮，苔藓布满了径路。胡近仁的孤寂与李白当时毫不相差，于是特发奇想：两个同是孤寂的人，就应该相聚饮酒，故而有"何当洁樽酒，追捉谪仙来"之妙句，拉近了距离。胡近仁从敬亭山入笔，写出自己同李白一样怀才不遇，以抒发自己的身世遭遇。

借植物以咏叹不遇。胡近仁遗留诗词所作植物诗仅《虞美人》一首，为七言排律二十韵。排律诗如同律诗，需要遵守平仄、对仗、押韵等规则，除首、尾两联外，其他各联均应对仗。因限制过多，所作排律能出色者颇难。虞美人传说为西楚霸王项羽的宠妾虞姬所化。楚汉相争，项羽兵败，虞姬自刎，香消玉殒。其后，虞姬墓上便长出一种草，开出鲜艳的花朵，无风自动，如美人翩翩起舞，娇媚可爱，遂称为"虞美人"。此诗首联"楚宫荒后奇葩在，雾鬓烟鬟恍现身"，即将虞美人看作是虞姬的化身，柔软的绿茎如同婀娜的身姿，轻盈的花冠如同美丽的鬟发。第三联"丛生簇就万花谷，错落攒成五彩茵"，虞美人成片地生长在山谷中，花朵光洁如绸，各种颜色错落其间，如五彩缤纷的褥子，煞是满园春色。从第五联到九联，用精细之笔描绘虞美人的形态："双园鸭绿飘修袖，几点猩红绽小唇。"虞美人茎上对开的两片绿叶如同飘舞着修长的袖子，茎上红色的花朵如同美人绽开的樱桃小嘴。"嫩蕊离披缄恨密，晓妆浓淡晕痕新"，那未曾开放错杂着的花蕊里密藏着悲怨，可显露在外面的却像晨妆的美人，还留着深浅浓淡的胭脂痕。"细腰瘦怯怜之子，倾国姿容岂不辰"，细长的枝茎如同美人瘦弱柔软的腰身，让人怜爱，倾国倾城的容貌怎会生不逢时呢？"露裛无言只有泪，晴初浅笑若轻颦"，晶莹的露水打在花上，如同美人的眼泪；初升的阳光洒在花朵上，如同美人轻皱的眉毛。"隔帘想象胭脂靥，入院依稀翠黛颦"，隔着珠帘赏花，就像对着一个抹着胭脂面带笑容的少女，顿觉满心欢喜，走到院里细细赏玩，那薄薄的花瓣又如同蹙着眉的女孩，让人心生怜爱。虞美人风情万般，然却未能遭逢世运，作者用最后五联将植物世界中被赏识者一一列出，却独独没有虞美人，让人心生怅惘遗憾："依竹好随唐帝女，傍桃更待息夫人。空山薜荔何曾被，故里兰荪且结邻。赞得宋祁增宝贵，画须恽格费逡巡。锦江妙品魁图牒，香海秋英轶等伦。或惜东君嘘拂晚，独教蘅芷咏灵均。"唐尧帝的两个女儿嫁给舜帝留下湘妃竹的传说；息夫人面若桃花，有桃花夫人之称。用薜荔衣代称隐士的服装；兰草、菖蒲作为文人案头清供，与水仙、菊花共有花草四雅之名。宋祁所作"红杏枝头春意闹"，杏花便更添宝贵；明末恽格所作《花卉册》品类丰富，有海棠、牡丹、秋菊、牵牛花等，却偏没有虞美人。成都锦江的芙蓉品种最佳，苏州香雪海的梅花名扬海内；可惜的是受东君的嘘爱太晚了，屈原的《离骚》中连杜衡与白芷都有吟咏，唯独没有虞美人！此二十韵排律采用比喻、拟人的艺术手法，将咏物与拟人巧妙地融合在一起，将虞美人比作美女，浓墨重彩地将其轻盈的姿态、动人的容颜进行深入的刻画，让人怜爱有加；接着又将虞美人不为世人所重视的命运进行一番感慨叹息，感情色彩深厚。胡近仁借虞美人自喻，才华满腹，却不被世人所知，用以表达自己的失落心情。

四、田园生活彰显乡村气息

胡近仁生长在农村，熟悉农家生活，对农村之事信手拈来，娓娓道说，作有《采桑杂咏》《饲蚕杂咏》各四首；自己在农村做过塾师，作有《蒙馆杂咏》四首。另外，胡近仁博学多识，被各村族请为编修族谱，胡近仁将各村的景点进行比较，选出六景、八景等，并为之赋诗，有坦头六景诗、余川六景诗、歙县竹溪八景诗（其一为明汪溥所撰）、瑞川六景诗、谷川六景诗等，共计31首。

乡村生活诗。胡近仁所作《采桑杂咏》四首，描写了家乡上庄农家女养蚕采桑的辛苦。第一首："尽日寒烟尽日风，女桑薄采雨余中。枝头带湿何妨湿？半插疏窗半曲栊。"尽管天气不好，寒烟弥漫、寒风吹拂，雨后，农家女冒着泥泞的山路去地里采桑。枝上雨水滑落，满身透湿，可农家女根本顾不上这些，只道桑叶湿了，蚕儿吃了会生病，回到家后，要赶紧将带枝采下的桑叶插到窗棂及栅栏上晾风吹干。第二首："野径烟笼夕照微，采桑须是趁余晖。为嫌树瘠多丹椹，手折枝条带叶归。"清晨采桑有露水，幼小的蚕吃了容易生病；中午有太阳，桑叶经太阳晒后不新鲜，采桑最佳时间当是傍晚。夕阳的余晖下，人们都在收工回家，可农家女还得提着竹篮采桑叶，因桑树不肥，叶子薄小，且枝上长有桑椹，采摘麻烦，索性用力将桑枝一根根地折下来。第三首："家住上庄南复西，桑株八百望中齐。不须更听鸠呼雨，叶满新篮手自携。"农家女住在绩溪上庄，村周田野桑树郁郁苍苍。蚕儿不能饿着，即使下着雨还得去采摘，满篮滴着雨水的桑叶还得自己提回家。第四首："蚕正开眠食正齐，采桑几度到荒畦。回首忽惊桃李下，竹篱傍处又成蹊。"蚕儿四眠大开口，就要不停地去采桑叶喂食。在那偏远的桑林里，一天要走上几趟，数日下来，竟然踏出了一条小径。《采桑杂咏》诗从风吹雨打、道途泥泞、傍晚劳作、桑篮自负、一日数趟等处反映农家女采桑的辛苦，烘托出劳动生活的场面。所撰《饲蚕杂咏》四首，写了农家女精心养蚕的情形。第一首写蚕种的敷化与重要性。"曲植笾筐架几层，蚕花护出正频仍。日来又得邻家种，道是湖州最上乘。"用木头做成的蚕架有几层，每层放一个竹笾用来铺蚕。春天，蚕种正在不断地敷成蚕花。因桑叶比较多，能养得过来，这几天，又从邻居家分到湖州最好的蚕种，看来今年蚕茧丰收有望。第二首写怕春寒冻坏了蚕宝宝，用布帐层层相罩，以免吹风："未许春寒春更寒，初眠软怯晓风阑。为怜屋小无蚕室，布帐深深罩几团。"蚕宝宝怕寒，在倒春寒的日子里，碰上蚕宝宝蜕一眠，需要特别地呵护。有的因经济原因，没有专门建蚕室，时常开门，小蚕要受寒，于是就用布帐将蚕架团团围住，用以保暖。第三首写了喂养的辛苦："几回蚕食费白铺，倦倚床头月影孤。恰到黑甜郎又唤，道卿且视叶稀无。"到了大眠开口，蚕儿食量突增，白天不仅采桑忙，还要喂蚕数次。蚕儿吃得多，留下的桑筋、蚕粪就多，每天都需要清理更换竹笾，到了晚上还不能停歇。月光透过窗棂，农家女倦靠在床头，稀里糊涂地睡得正甜美，却被丈夫叫起来看看蚕儿还有没有桑叶吃，是不是到了添铺桑叶的时候。第四首写了养蚕丰收却无人赏识的失落感："春来事业付桑园，镇日蚕工课小媛。我有苦心人未晓，丝成特地绣平原。"整个春季，农家女都忙着养蚕，要么采桑叶，要么喂养，并教小女儿养蚕常识。这么一番苦心地把蚕儿养得上山成茧，却没有人知道其中的辛劳。待茧丝出来，要特地绣成战国四公子之一平原君赵胜的像，只因为他礼贤下士、慧眼识才。胡近仁所作田园诗对农家女勤劳的形象描写得活灵活现，物境融合，真情自然流露。胡近仁二十岁考中县学附生，满腹经书，憧憬着有一番作为，因生活所迫，便在乡村坐馆做了塾师。所作《蒙馆杂咏》则描绘了塾师与儿童在蒙馆上课之情景。"七八儿童横几坐，一声声喊地元黄"，诗句内"元"为"玄"所改，以避清康熙皇帝玄烨之讳。蒙馆内，七八个儿童坐在课桌前读《千字文》，一遍遍地喊读着"天地玄黄，宇宙洪荒"，声音响亮。虽然很热闹，可是以胡近仁之才学来启蒙孩童，却是有着深深的无奈："此身未合老毛锥，底事鳣堂设绛帷。"只得用孟子所说的"人之患，在好为人师"来解嘲自己"人生患在好为师"。胡近仁时正青春，朝气蓬勃，有着远大的理想，开始授徒时满怀信心。可时间一长，相互熟悉后，儿童渐渐显现出顽劣的本性："教授偏成过耳风，生徒渐次以痴聋。"在"镇日嘈嘈喊叫中"，胡近仁依然耐心不减，认为"钝根毕竟人难拔，漫道蒙求有圣功"。对生徒教诲殷勤恳切："面命耳提兼口讲。"悉心讲解，时日久长，"漫怜头脑大冬烘"，不禁可怜自己变成了迂腐先生。蒙馆教授颇让胡近仁感到"凄凉谁复惜凄凉"！

撰写村景诗。徽州人对纂修族谱非常重视，国有史，郡县有志，村族有谱，族谱就是一个家族的历史，内容丰富，包罗万象，有世系、人物传、碑记、诗文等内容，而村景作为村庄的重要组成部分，一般的族谱都会撰写村景诗收入。修族谱是一项艰巨的工作，除了采访搜辑之外，还需要扎实的文字功底，及对各种情况的判断能力等，本族中很难有此种人才，往往聘请具有学识者来主纂。清宣统三年（1911），23岁的胡近仁担任本村《上川明经胡氏宗谱》主纂，脱颖而出，其后十来年，又编纂了余川汪氏、金川叶氏及新安柯氏族谱，撰写了绩溪坦头六景诗、余川六景诗、瑞川六景诗、歙县竹溪八景诗（其中一景为他人所写）、谷川八景诗等。撰写村景诗，需要对整个村庄及周边情况了解通彻，才能高度地概括，写出景物独特的一面。如所作《竹溪八景诗》中的《蔡水林》诗："蔡水山从大鄣来，石枰石印极崔嵬。此中兼有牛眠地，佳气常钟土一杯。"此诗序言写道："在竹溪之左，与湖田山同属大彰山支脉。上有石棋盘、石印等，大均数丈，又多石洞，山高候冷，盛暑可以衣绵，竹溪柯氏远祖墓在焉。地名猢狲献桃形，即绩邑许德元所扦葬者，事实略具《杂部》内。"这首景点诗包含了地理概念、景点特色、历史知识，独一无二，情景交融。有的景点诗为寻常景色，胡近仁别出心裁，于诗句内寓含着激励与劝导。如《绩溪坦头六景诗》中的《金鸡石》："怪石如鸡踞岭巅，不飞不啄几多年。何当啼破人间梦，起舞中宵猛着鞭。"岭巅石如鸡形，只是一个景色而已。可胡近仁却写道：在这天下不靖之际，鸡形石应该发人警醒，让世人闻鸡起舞，报效国家，更要挥鞭催马，迎头赶上发达国家。将当前飘摇欲坠的国家形势及自己的立志报国的抱负寓于诗中，读来心生壮志。《谷川六景诗》中的《虎腕回澜》："矶石硗嶒蹲虎腕，水纹荡漾起鱼鳞。世风也似江流下，谁挽狂澜返太真。"谷川即歙县大谷运，村旁山麓有石嵯峨，直探入溪中，尤如虎爪，流水至此，因被阻截，激旋不已，便成迂回之状。由此，胡近仁在最后两句转到风俗之上，世风日下，犹如江河滔滔，不由感叹道：凭谁出来扭转乾坤，重返淳朴。表明了胡近仁对日渐浇薄的风俗深为担忧。又《瑞川六景诗》中的《长堤修竹》："满堤新竹郁萧森，风动琅玕戛玉音。栽取此君无别意，学他劲节与虚心。"长堤之上的竹林郁郁葱葱，微风轻拂，清脆如玉。最后两句笔锋一转，向大家说明栽种竹子是为了学习竹子刚直不阿的劲节与虚心向上的态度，尽显教化之功。胡近仁所作村景诗寓性情于景致，情景交融，含意深刻，非一般所作可比。

五、尝试白话平易极富感染

1920年，胡适出版《尝试集》，即寄给胡近仁。胡近仁得到书后，回复胡适信时，相应地作《尝试尝试》白话诗一首以赠，也是胡近仁遗存诗词中仅有的一首白话诗。胡近仁是从古学中走来的，参加过科举考试，所作旧体诗格律严谨，用典贴切。然而在胡适的熏陶之下，思想渐渐开放，进行社会调查，参加学术讨论，发表文字学见解，对国家落后局面深感忧患。胡适所著《尝试集》虽乏文学性，但摆脱了旧体诗词的束缚，属于真正的自由体白话，开启了人们"放胆创作的勇气"，体现了"前空千古，下开百世的先驱者精神"，为现代文学不可或缺的经典。胡近仁收到书，作《尝试——尝试》以贺："人类只为尝试，总有这般技艺。不料半路上来到个专制恶魔，把许多聪明才智一古脑儿团团围闭。只打算给他做永久的奴隶。到如今，那恶魔的躯壳虽然死了，但他的精神还依旧存在。可怜我国民总不敢跳出圈儿，做一回自由尝试！眼巴巴地望着人家进步，却怨煞自己命运不济！唉！你也莫愁，你要赶上人家，你只须学着胡适之在这'尝试'上认真勉励。"这首白话诗第一句就指出尝试是人类的本性，因为尝试，才有了社会的进步。接着把旧社会比作专制的恶魔，禁锢着人们自由奔放的思想，把许多聪明才智都遏制住了，只能做行尸走肉的奴才。如今已是民国社会了，可旧社会的精神枷锁依然存在。国民思想还被束缚着，不敢跳出来，不敢尝试着拥有自己的自由。现在胡适摒弃旧体诗，第一个用白话文写诗并出版，这是一个飞跃性的进步。我们不能只望着人家进步，一边怨恨自己命运不好，只是自己不努力进取而已。最后勉励自己不要发愁，要争取赶上人家，跟着胡适在"尝试"上努力，开放自己的自由精神。这首白话诗完全打破了旧体诗的格律，用长短不齐的句子来写，丝毫没有旧体诗词的气味与声调，句尾随意押了7个仄声韵，读起来有韵律感。胡近仁在古典文学的熏陶之下，遣词炼字，信手拿来，一旦接受新的思想，胸中万斛，随地而出，此白话诗直抒胸臆，浅显易懂，寓意深刻，富有思想性，读来痛快淋漓，有很强的感染力。

胡近仁《程裕新茶号之过去与将来》一文考析

方　静

胡近仁，行名祥木，字堇人，生于光绪十二年（1886）八月初五，卒于民国二十四年（1935）一月八日。世居绩溪上庄。胡近仁有着较高的国学修养，参与顾颉刚等人发起的古史学术辩论，对文字学、甲骨文、文学改良等有较深研究，被聘为民国续修《绩溪县志》编纂。生前，写有大量律诗和小说等文章，编修《明经胡氏宗谱》《新安柯氏宗谱》《余川越国汪氏族谱》《坦头洪氏宗谱》等。他是民国时期绩溪重要乡贤和地方文化名流。最近偶得《茶叶分类品目》一书，内有胡近仁撰写的《程裕新茶号之过去与将来》一文（以下简"胡文"），笔者以为，此乃系统研究绩溪茶商史的佳作。

一、胡文对徽商背景的阐述

早期在胡适的影响下，胡近仁也专心于学问，涉猎历史、文学、甲骨文字等研究。由近仁之孙胡从收藏的《茶叶分类品目》一书，长21厘米，宽15厘米。作为本书的策划和校对，胡近仁于民国十八年（1929）帮助上海程裕新茶号出刊《茶叶分类品目》广告书，编目有封面、插图、文字、论坛、说明书等版块。封面上印有"中华之茶环绕全球"广告语，胡适题写的"恭祝程裕新茶号万岁"字样，下署"上海程裕新号赠品"。编者是程裕新茶号老板程芑生、程雨生。程芑生、程雨生是上庄瑞川人，近仁外甥。文字版块中有序及经理程右泉、胡明卿的发刊词。论坛中有胡乐丰的《茶叶之成分及其性质与功用》、前人的《徽茶的研究》和署名董人的《程裕新茶号之过去与将来》三篇文章。董人，是胡近仁的字，他撰写的《程裕新茶号之过去与将来》一文，虽以程裕新茶号历史考证为案例，实是借此考察绩溪人在上海经营茶叶历史，较详尽地论述了绩溪茶商在上海打拼发展的过程。内中有许多关于绩溪茶商营商的重要信息，尤其岭北一带茶商在上海经营茶叶的资料是很珍贵的。

董人作为地道的徽州人，作为地方文化学者，以身边及自己家族境况的亲身体会，论述徽州人营商的原因及茶商立足上海等地的背景，全面而客观，显示了他的渊博学识和理论功底。文中的许多学术观点在当时来说是具有前瞻性的，即使现在看来仍觉得相当精辟。他认为，徽州人并不是天生就是做生意的料，而是生活所迫不得已而为之，他写道："吾徽自唐宋以来，即以善营商业闻于海内，至有'无徽不成镇'之谚。实则徽人非生而善营商也，徒以徽处万山，耕地甚少，而人烟稠密，不得不趋于商业之一途。"在他的阅历中，徽人自古以"善营商"而名闻于海内，以至有"无徽不成镇"之谚，即使在战乱多发年代，徽商也是一如既往地打拼，前赴后继，不屈不挠地营商，由此凝成了"徽骆驼""绩溪牛"的精神。

近仁在文中同时对为什么徽州茶商发达，阐述了自己的看法，认为"因环境皆山，故产名茶。徽人生长茶山之下，以其自种自制之物，贩运于四方，其势顺而易，故徽人之营商且以营茶商著称者，盖地域造成之也。然而，徽之人能勤俭，耐劳苦，则有足称焉"。他分析了三点优势，一是地理优势。徽州生活在大山环境之中，茶叶就是山上山下"自种自制之物"，随手可来。绩溪有大郡、上金山、滨坑等地盛产名茶。二是"其势顺而易"，经新安江水路销往杭州、苏南一带，故茶商在徽商中占有很大比例。三是徽州人天生就是能勤奋吃苦，能够一代一代地坚持和坚守，而不是急功近利，当暴发户，做投资生意。这也造就了"无徽不成镇"的商业奇观。近仁有关徽商的这些论断是有根据的。据《绩溪县志》记载，清道光初到民国间，县人在外埠经营茶庄有126家，分布在上海、杭州、武汉、芜湖、泰兴、溧阳、淳安、驻马店及台湾等，以上海居多，较著名的有上海汪裕泰、程裕泰、程裕和、程裕新、瑞生和，武汉瑞馨泰，泰县胡允源泰，杭州福茂等茶号①。

二、最早旅沪茶号：万盛号和万和号茶庄

胡近仁是胡适的族叔，对胡适祖上的家境有所了解。他在文中谈道："吾乡初之上海营茶叶者，为'胡万盛号'，是店自清康熙间，其主人即今日新文学家胡适之博士之亲属，历二百余年，至光绪间而闭歇，想老于上海者当尤记忆。"由此可见，绩溪最早到上海做茶叶生意的店号为"胡万盛号"，在清康熙年间（1662—1772）创业，至光绪时闭歇，历二百余年。文中所称的"胡适亲属"被后人认为是胡适高祖胡德江。1998年版《绩溪县志》肯定了胡适高祖于清康熙间在上海川沙开设胡万盛号的说法，但对"胡适高祖"并没有进一步查核。

据胡近仁编修的民国版《上川明经胡氏宗谱》，胡适高祖胡德江生于乾隆丁亥年（1767），讳瑞杰，字宗海，又名德海，国学生，诰封通议大夫，生一子，卒于道光甲辰年（1844），即康熙间胡德江还没有出生，因此，1998年版《绩溪县志》的结论有误。以时间推算，胡适先祖生活在康熙年间的三代人（胡志柏、胡兆孔、胡应进）中，只有胡兆孔可能性最大。因为康熙年间，胡兆孔的父亲胡志柏已过创业的最佳年龄，而他的儿子胡应进虽然已经出生，但已经是康熙五十一年（1712），年龄太小，根本不可能。所以万盛号应是胡兆孔创开的。其子应进公（乡饮宾，字从先，生于康熙壬辰三月，生子天旭）继承祖业。到其孙天旭公（生于乾隆甲子年三月，国学生）即德江父亲时，已有一定的规模。到德江一代，德江是国学生，继承祖业开店时有条件自任经理。因此，人们只记得胡德江（胡适高祖）最早涉猎茶叶经营，也是可以

① 绩溪县地方志编纂委员会编：《绩溪县志》，黄山书社1998年版，第438页。

理解的。

德江之子胡锡镛（胡适曾祖）接管万盛号，并增设了"万和号"茶店，有过两号并存的日子。胡锡镛不仅接管老店"万盛号"，而且由于产业扩张，于嘉庆末年在川沙设"万和茶铺"，这是万和店号第一次使用。后来，锡镛之子贞锜，乳名奎熙，又在北街增设嘉茂茶铺。到胡适祖父贞锜经营时，"胡万和"老店业务大大发展。道光二十三年（1843）又在上海城内开设茶叶分店，设茂春茶号，还在汉口开酒店。清咸丰三年（1853），洪杨之役上海战乱，胡适祖父贞锜暂避于时为宝山县的高桥镇，并就地设业，亦名"茂春字号"（茶铺）。咸丰六年（1856）上海平复，贞锜于大东门外重开"茂春字号"。咸丰七年（1857）于大东门内鱼行桥头添设一业，称"茂春西号"。咸丰八年（1858）又于川沙北街添设一业，为"嘉茂字号"。咸丰十一年（1861），在上海、宝山、川沙等分设茂春、嘉茂茶号6家。这些店铺，由于经营得当，都在开业的当年就获利，生意愈做愈大。到同治十二年（1873），上庄胡氏尚有上海城内春茂、川沙嘉茂2家茶号。因此，可以说"万和号"在胡适祖父手上得到了较大发展。

贞锜生子祥蛟，又名传、铁花，即胡适父亲。胡适的父亲胡铁花在《钝夫年谱》中写道："余家世以贩茶为业，先曾祖考创开万和字号茶铺于江苏川沙厅城内，身自经理，借以资生。"他说的先曾祖即锡镛创开"万和"字号茶铺于江苏川沙厅城内，这是非常准确的。但此时祖店万盛茶号是否同时存在不清楚。当时川沙还是滨海一乡镇，东西有一条热闹的大街，石板街道两边都是店铺，万和茶叶店就坐落在大街正中间，占有四间门面。清嘉庆十五年（1810）始川沙设抚民厅，至清宣统三年（1911）才改厅为县。因此，川邑当地有民谚云："先有胡万和，后有川沙县。"也说明商业对于都市繁荣与发展有直接作用。

胡传为官前曾主持过万和茶店商务①，并且十分成功。其父奎熙早卒，其

---

① 胡成业：《胡适先祖经商初探》，邵之惠编：《绩溪徽商》续一，内部资料，第98页。

伯父胡奎照虽业儒，而持筹握算，主持家政，与其共谋经营。胡奎熙死后，胡传的祖父老病不能复出，付托不得其人，其业渐衰。胡传弱冠任事，克勤克俭，日渐起色，每岁之春必归里采办各山春茶，往来于歙县、休宁、祁门、婺源等县，奔波于沪徽之间。经胡适整理的《钝夫年谱》记载："先曾祖所遗之业，先祖死后十余年，其资本亏耗已尽。吾父英年任事，空无所有，而遗借不下千金。十余年父经营得法，外偿积欠，内给一家衣食婚娶之费用，复扩而充之，添没茂春、嘉茂等分号。"光绪十七年（1891）十二月，胡传将其妻接来胡万和茶庄居住。当时茶庄有3间门面，里间深广，楼屋宽敞，但均为制茶工场、工人宿舍和仓房所占用，不便安置家属。胡传便租了川沙"内史第"前进厅东侧厢房，安置其家属。光绪十九年（1893），胡传携妻、子离川沙，茶庄委程姓亲戚经营。胡适在沪求学时，所需费用均取自胡万和茶庄。光绪二十四年（1898），川沙城建"至元堂"时，胡万和茶庄捐银6元。

三、程裕新茶号的创立

胡近仁在文中谈到，在上海经营绩溪茶叶最成功的是"我乡程氏"，这个程氏是上庄瑞川的程氏家族。瑞川程氏的历史要追溯至元初，篁墩程淳五入赘八都后岸柯氏，居瑞川（板树坑）。后裔又复为程姓。第一代老板是程有相，具体生年不详。清乾嘉年间程有相在上海外咸瓜街开了一家茶叶店，店门牌为215号[1]，自任经理，有无自己的茶号品牌，已无从查考。这是一个家族企业。从程有相始，传至第三代（孙）汝均公时，又于道光十八年（1838）在里咸瓜街增设店面，设立三个店号，此时正式注册创立了"裕新号"品牌。汝均公生三子，长光辅，次光祖，三光国。晚年三子各授一店，裕新号茶店传给了次子光祖。光祖是裕新号的第四代传人。第五、第六代情况不明。第七代传人是雨生（字应龙）、苣生（字尔丰），雨生、苣生是光祖曾孙。如果

① 胡成业：《胡适先祖经商初探》，邵之惠编：《绩溪徽商》续一，内部资料，第98页。

从有相公开创老店起算，则已七世业茶。

程裕新茶号是一个家庭或家族企业，但采取的是比较先进的管理模式，聘请职业经理人管理。胡近仁在文章中作了详细的介绍。同治以前，所聘职业经理的名字已难稽考，但第四代光祖公于咸丰间自当经理。后来的经营均聘经理管理内外事。第一任为胡守身，第二任为程尚言，第三任为叶象贤。叶氏逝后，时在民国成立前一年，由于裕新号的规模不断扩大，老板聘请第四任经理程右泉、胡明卿，这两人到1929年时已履职十九年。二位职业经理接手之初，正当年富力强，乃朝夕孜孜同心协作，研究茶叶货品，扩拓营业者罔遗余力。而当时上海商业进步繁荣，亦是一日千里，故数年以后成效大著，销路日增，远及南北各埠，年贸易额超过从前数倍。民国九年（1920），老板雨生、芑生将中华路沙场街旧式栈屋拆卸，建造三层楼房，添设分号，这种连锁经营，相互响应，形成气候。

经营过程中，两位职业经理善经营，动脑筋，一是对产品包装进行提升，改革贮茶之器，采用机制彩花钱罐，各式咸备，装潢雅致，一革旧时穷陋之习。二是产供销一条龙，在店内加工批发兼做零售。开业之际，推出新品，特别新制"博士茶""甘露茶"等多种品种，芬芳洁净，适口卫生，皆两经理所苦心经营者。三是采用连锁店经营扩张模式。三年后，又设裕兴隆茶行于店内，于是供求、采购、售运更加便利。1929年秋，为应北市顾客需求，赁屋于英租界六马路浙江路口，设程裕新第三分号。数年间，程裕新号由南市而北市，自一店而分为四店，员工增多至五十余人。四是裕新注重商业信誉。茶叶货品之精良与交易之诚实，屡次应邀各处赛会，褒奖甚多。信誉亦随之继长，营业额也日新月异。在程右泉、胡明卿两位经理的用心经营下，裕新茶号经营取得极大成功。

近仁在文中阐述，在沪埠茶叶界言牌号最老者，首推"吾乡程氏"，这并不过分。但在绩溪茶商中，也有后来居上者，这就是邻村余川汪立政（字以德，1827—1895）。汪于咸丰元年（1851）在上海旧城老北门（今河南路）开设了汪氏的第一家茶叶店，冠名"汪裕泰茶庄"（南号）。咸丰六年又在五马路（今广东路）开设汪氏第二家茶庄（北号）。光绪二十五年（1899），其长子自新（字惕予）接管茶店，后惕予次子振寰执继祖业，汪立政祖孙三代，历120年，先后在上海等地开设茶庄、茶行、茶栈二十余家，并积极开拓国际市场。汪裕泰茶庄开发的"精茶"，获1915年巴拿马国际博览会金奖，曾盛誉一时。

结　论

绩溪产茶不及歙、婺、休、祁，绩溪茶商出现也迟于徽州府他邑。近仁先生在广告书上所作的这篇短文，是学界较早研究绩溪茶商经营史的一篇学术论文，通过对上庄瑞川程氏家族经商上海的梳理，提出了自己对绩溪茶商成功打入上海占领市场的独特见地，准确捕捉到徽商经营方式的特点，表明他学养丰富，知识渊博，同时展示了徽州乡贤爱乡之情和赤诚之心。

民国初期绩溪的"五事"问题：
胡适与胡近仁书信解读

胡泉雨

胡近仁与胡适是叔侄关系，但二人之间的关系却也超出了这种单纯的长幼关系，而是一种"忘年交"式师友关系。因胡近仁的学识，不管在胡适留美期间，还是回国后在北京工作，有什么需要收集的家乡资料或讨论的问题，基本上都与胡近仁联系和探讨。这可以从《胡祥木（近仁）信三十一通》以及胡适致胡近仁的书信中可见一斑。在这些书信里面，有胡近仁致胡适的一通书信涉及胡适所问"五项"问题。

此信写于1914年，回复胡适于1914年8月9日写给母亲的信中所提的事项。

胡适在《致母亲》信中提到：

儿现所若知者数事，望吾母下次写信告知。其事如下：

一、吾邑自共和成立后，邑人皆已剪去辫发否？有改易服制者否？

二、吾乡现有学堂几所，学堂中如何教法？

三、乡中有几人在外读书（如在上海、汉口之类）？

四、目下共有几项税捐？

五、邑中政治有变动否？（近仁、禹臣或能告我）县知事由何人拣派，几年一任，有新设之官否，有新裁撤之官否，邑中有小学几处？

胡适写此信时，民国已建立三年，且其人还在美国留学。但却关注着家乡的变化。对于这五事，胡近仁代适母复信作了回答：

一、剪辫易服情况，近仁写道：

> 吾乡一带，自民国成立后剪去辫者已有十之九……剪发者只有半数，间有蓄发梳髻似明以前之装饰者，然绝少，盖千人中不过四五人耳，服制类多，仍清代之旧，近则稍有服操衣者，或遇婚祭等事，承服长褂或外加马褂，冠制冬用共和帽……夏则用草帽，其有服外国衣者，殊为难觌，乡中唯一二巨贾服此荣旋以□族□□。

从近仁先生的"第一事"答复里可知：民国成立后，绩溪县域内也在剪辫子、改服制上有了大变化，只有极少数的没改变或因婚祭等的需要而沿用。这个剪辫易服的大变化，与当时民国建立后所发布的法令是一致的。辛亥革命后，中华民国临时政府开始实行强制剪辫法令，孙中山下剪辫令云："满虏窃国，易吾冠裳，强行编发之制，悉从腥膻之俗……今者清廷已覆，民国成功，凡我同胞，允宜涤旧染之污，作新国之民……凡未去辫者，于令到之日限二十日，一律剪除净尽，有不遵者以违法论。"

二、学堂分布情况，近仁写道：

> 在翚岭以北余川，则有燃藜小学，宅坦则有桂枝小学，旺川则有振起小学，石家则有桃源小学，坦川则有绳祖小学，大谷则有某小学，此皆在县立案者，其教法与蒙馆毫无分别，不过表面上有学堂之形式，每月每季多造数分表册而已。

从此一事看，民国初期岭北的小学不少。据《绩溪县志》对燃藜小学、桂枝小学、振起小学的记载，可列表如下。

学堂名称	堂址	创办时间	创办人或负责人	教员数	学生数
私立燃藜初等小学堂	余村	宣统二年	汪立钧	1	8
私立桂枝初等小学堂	宅坦	光绪三十四年	胡文榴	3	42
私立振起初等小学堂	旺川	光绪三十三年	曹彝宪	3	40

（笔者注：宣统二年为1910年，光绪三十三年为1907年，光绪三十四年为1908年）

三、在外读书情况，近仁只一句带过说："吾村目下无人在外读书，邻村亦寥寥。"于此可以略知民国初期上庄一带去外求学的甚少。

四、关于捐税问题，近仁写道：

> 吾邑自辛亥后，地方统定为两元，平抵正银一两……正税外又有烟酒等捐……统名为"杂税"。自去年来，又有划一契纸办法为验契捐……又有印花税。

从近仁告知胡适的这些税赋中，我们至少可以了解到两点，一是税赋种类还不少。据《中华民国史》：属于国家税的有田赋、统捐、烟税、酒税、印花税等，因此，当时县域中所征收的税大部分是国税。二是税制繁重。据《绩溪县志》："民国时期税制混乱，权限不清，税种不一。田赋附加项目陡增，苛杂繁生，征收重叠，税捐多达50余种。"

五、关于共和后政治变动情况，近仁回复道：

> 自共和后，一切权柄议会最为膨胀，知事不过奉文执行……其时知事多由本县各界保留，不由上峰拣派……自去年以来，议会尽行解散，知事职权遂由消极而积极，较之清代时，知县尊贵不啻倍蓰，典史、巡检等官本已裁撤。近又改典史为典狱……知事前由省中民政长拣派，近新官制发表应归巡按使派放，定例三年一任。近以考试，知事分□人多，不时委署（吾绩自今年来已三易知事矣）。

从此条回信可以了解到：一是，民国初期议会的权力很大，知事（或县长）只是"执行官"，而到1913年议会解散后，知事的积极性就起来了，好于清代的知县。二是，共和初始，绩溪县知事多由本县各界留任，不是上级指派任命。而后由省里民政长、巡按使拣派，任期为三年。三是，随着时间推移，官员增多，县知事任期定例被打破，且县知事更换频繁。据《绩溪县志》记载："民国元年（1912）设县公署，县首官称民事长，2年改称知事。"又："民初县政府的政务主要是维持治安、征收赋税和处理民事诉讼，亦倡导教育和鼓励垦荒。"

考释胡适的两封书信

宋广波[1]

一、胡适致任鸿隽函

中国社会科学院近代史研究所收藏之"胡适档案"中，有一通胡适致任鸿隽的残信，系讨论杨沧白关于《红楼梦》成书年代的新看法的。此函未注年、月、日。《胡适全集》收入时，将此函系于1929年[2]。原函如下：

叔永兄：

我看了沧白先生的信，很感谢他的指教。这个问题，诚如你说的，有两个要点须先决定：第一是"此瓶是否康熙瓶？"第二是，"瓶上画的是否《红楼梦》的故事？"沧白先生已力辨此瓶是康熙瓶无疑；我和你都是外行，只能承认他的判断。但第二点实尚可讨论。"金钗十二"并不始于《红楼梦》，此瓶既无题咏，何能骤定为《红楼梦》中之十二金钗？

沧白先生似未见我前年发现脂砚斋钞本《石头记》以后所作文字。他也未见俞平伯的《红楼梦辨》。沧白先生误信程伟元序，以为《石头记》早已有全本。脂砚斋与雪芹很亲密，批本中明说，"书未成，芹为泪

---

① 宋广波(1970—)，山东章丘人，中国社会科学院近代史研究所副研究员。此文原载于《安徽史学》2015年第6期，第163—168页。

② 胡适著，季羡林主编：《胡适全集》第24卷，安徽教育出版社2003年版，第28页。

尽而逝"，又明说雪芹死于壬午除夕。

事实上，此函绝不可能写于1929年，应是1930年。理由如次：胡适最早知悉杨沧白信，乃据1930年9月2日任鸿隽致胡适函。任函云：

> 昨天杨沧白写了一封三十六页长的信来说他在康熙瓷瓶上发现了《红楼梦》故事的画，并以反证《红楼梦》的作者，必在乾隆以前。这个问题颇有趣，等你来了，可以同他讨论一下。[1]

据任函，可知杨沧白的信写于1930年9月1日，那么胡适如何能在1929年复信给任鸿隽谈此事？——胡适的信肯定作于1930年9月2日之后，特别是要到读过杨信之后。任鸿隽的信是在北平写的，而胡适此时住上海，不久胡适将因公私事务来平，所以任函说"等你来了，可以同他讨论一下"。1930年10月7日，胡适在任宅（胡来北平后下榻任宅）得读杨信。他当日的《日记》记载极为详明：

> 回任宅后，叔永给我看杨沧白先生（庶堪）寄他的一封三十六页长信，论《红楼梦》问题。他说："顷无意中忽发现康熙白瓷五彩尺余瓶一对，其画片乃为《石头记》中之十二金钗图，贾宝玉正坐其中，所谓太虚幻境者也。此瓶出，而胡适之《红楼梦考证》一文几有根本推翻之虞。胡君……谓做书的年代大概当乾隆初年到乾隆三十年左右。据此瓶则康熙时已有其书。乾隆云云，自不成立。"又第二信云："昨以此瓶故疑《石头记》康熙时已有抄本流行，曹雪芹增删而非创作。"此语可括他长信大意。叔永说："此事当问二点：第一，此瓶是否真康熙？第二，瓶上之画是否《红楼梦》故事？"叔永此语最扼要。杨书也力辩第一点无可

---

[1] 耿云志主编：《胡适遗稿及秘藏书信》第26册，黄山书社1994年版，第610页。

疑。但第二点既无题咏，终不能证明为《红楼梦》故事。①

　　根据这段《日记》和胡适的信，可以断定：胡适信乃作于看了杨沧白信的1930年10月7日，或者稍后，而不可能是1929年。

　　自1921年胡适发表《红楼梦考证》、并由此开创"新红学"以来，有关《红楼梦》、曹雪芹的文献、文物，就引起学人们的格外关注，更有人专门从事有关的挖掘工作，这也是"新红学"经历近百年而不衰的原因之一。杨沧白发现了康熙瓷瓶（这是杨氏自己鉴定的结论，确当与否，当然是另一回事）上有"十二金钗"的画，就自认可以推翻胡适关于《红楼梦》成书于乾隆年间的结论。但对"证据资格"审查极为严格②的胡适却认为，即便认定瓷瓶系康熙时物，而"'金钗十二'并不始于《红楼梦》"，尽管瓶上有十二金钗图，却没有题咏，故不能"骤定"为《红楼梦》中之十二金钗。据此，胡适认为：此瓶之画，是没有资格成为"《红楼梦》作于乾隆前"的证据的。

　　此外，胡适函中又提到他购藏的脂砚斋钞本《石头记》（即今日通称之"甲戌本"）上有关曹雪芹死于乾隆壬午的批语，同时指出杨沧白"似未见我前年发现脂砚斋钞本《石头记》以后所作文字"。1927年胡适购藏甲戌本后，于1928年2月12—16日写就甲戌本研究史上的第一篇报告———《考证红楼梦的新材料》，并在同年5月10日印行的《新月》第1卷第3期发表。胡适说的"我前年发现脂砚斋钞本《石头记》以后所作文字"，即《考证红楼梦的新材料》一文。1928年是胡适发现甲戌本后写研究报告的年份，是给任鸿隽写信的"前年"，只有在1930年写信才能说1928年是"前年"。如果是1929年

---

　　① 胡适：《胡适的日记》(手稿本)第10册,远流出版事业股份公司1990年版,原书无页码。

　　② 胡适特别讲求"有几分证据,说几分话;有七分证据,不说八分话"。关于证据资格的审查,胡适强调要做到五点:"(1)这种证据是在什么地方寻出的?(2)什么时候寻出的?(3)什么人寻出的?(4)依地方和时候上看起来,这个人有做证人的资格吗?(5)这个人虽有证人资格,而他说这句话时有作伪(无心的,或有意的)的可能吗?"(胡适:《介绍我自己的思想》,《新月》第3卷第4号,1931年6月10日印行)

写信，只能说"去年"了。

有一点需要指出的是，胡函所说"我前年发现脂砚斋钞本《石头记》以后所作文字"一语有歧义。歧义产生于怎样解读定语"前年"二字。在这句话里，"前年"有两种解读方式：

（一）"前年"是"发现脂砚斋钞本《石头记》"的定语，那么"前年"是发现这个本子的年份，即1927年。

（二）"前年"是"发现脂砚斋钞本《石头记》以后所作文字"的定语，根据这种解读方式，"发现脂砚斋钞本《石头记》以后"是"所作文字"的定语，将此长句的修饰语删除，其主干是："前年所作文字"。而"前年所作文字"就是1928年写的《考证红楼梦的新材料》。显然，胡适要表达的是后一种意思。而以此倒推，胡适只有在1930年写信，才能说1928年写成文章。

估计《胡适全集》的编者将此语做第一种解读（因胡适于1927年发现甲戌本，这是众所周知的事），所以将此信系于1929年。

二、胡适复胡近仁函

《胡适全集》收有一通胡适复胡近仁的信，信中谈到绩溪县选举、县志以及为胡近仁买膏药等私事，但重点是谈为绩溪某事曾发三电，又"详函去蚌埠"之事。此信未署年、月、日，编者将其系于1933年。笔者根据此信的内容和有关史料考证，认为此信绝非作于1933年。胡适函如下：

近仁老友：

手书敬悉。前论选举事不过是有激而发。其实此等现状到处皆有之，诚如来示所云。但他处尚有少数之反对。吾绩则除胡懒僧等之外，更无人与之为正当之反对？此不可谓非一邑之耻也。

来函所说三电措词浮廓，此亦系不得不然。故乡父老兄弟不肯出头，我们在数千里外那能有工夫来搜集证据。上半年绩人所发传单列举各款亦不举证据，不足引用也。《新闻报》此间无人看，故不曾见。我近有详函去蚌埠，颇有极可靠之证据。近复托他人帮忙，不久当可发生效力。但此事可不必告人。此时有一事最足为阻力。盖政局方在变动，大家各有私图，谁来管一县小事。故事小反更不易办也。

狗皮膏药舍间有之，望先询家母，如已用完，当于下月亲带些回来。县志事，适前所言亦似太过，盖百忙中写信实无好话说也。

适①

函中对考证此信日期最有用的一句话是"狗皮膏药舍间有之，望先询家母"。胡太夫人冯顺弟谢世于1918年11月23日，次日胡适得母亡电报。倘在此之后写信，胡适何以能说"先询家母"？单据此语，即可断定：此信必作于1918年11月24日之前。

胡适信中提到"选举"、为绩溪某事所发三电，又"详函去蚌埠"之事，因不明了背景，亦不知所云。幸运的是，笔者找到了胡近仁原函，此函现存中国社科院近代史所收藏之"胡适档案"中，又收入耿云志师主编之《胡适遗稿及秘藏书信》第30册之第281—283页：

惠书具悉。关于选举一事，若谓邑人全不要脸，予殊为不服。不过此中有多数暮气太深、世故太明之份子，均仰官僚鼻息；又值黑暗专制时代，真正民意剥削已无余力，是以演成此项怪现状。然以新闻纸证之，各省区选政似此者甚多，蓬生麻中，固难责之绩溪一处矣。

料理十八子一事，未接到来书以前，已有所闻，此等事宜计万全，庶免画虎之诮。以予所闻，阁下所发三电，措词均近浮廓，恐难动听。

---

① 胡适著，季羡林主编：《胡适全集》第24卷，安徽教育出版社2003年版，第149—150页。

彼人劣迹近被邑人登载于上海《新闻报》甚详（阴历重阳日），何不寻觅一览？盖言之有物，则效力固与浮廓之有间矣。未知阁下以为然否？顷与令堂谈及此事，令堂深不谓然。嘱转致阁下：不必多管闲事，现值君子道消、小人道长之时，天壤间岂有真是非？若目的不达，空招仇怨，何如缄口之为愈乎？……

县志局中夹入宝贝，予亦深不谓然。幸各门类由各员分任，进不掠美，退不避谤，宝贝虽在，固不能浼我也。

闻京中有著名药店出售狗皮膏药，专治风气甚佳，能为故人代办一张否？……

此处所谈选举、"三电措辞均近浮廓"、县志以及托"京中"的胡适代购狗皮膏药事，与胡适复函所谈恰好相对接。函中提到"与令堂谈及此事，令堂深不谓然"等语，亦说明胡母尚健在，这是前文所断胡适函"必作于1918年11月24日之前"的又一旁证。

此函又提到"京中"有药店售狗皮膏药，并托胡适代买，说明胡适此时已在"京中"；据此又可推断：胡近仁写信的年份，要么是1917年，要么是1918年，因为在此之前的任何一年的菊月（即阴历九月）之后，胡适都不在"京中"。1917年9月胡适到"京中"就任北京大学教授之前，唯一的一次来"京中"，是1910年来京参加第二届庚款留美考试，他7月初到京，考毕即于8月匆匆离京，远在"菊月"之前。由此可断：胡适复函的时间，要么是1917年菊月二十六日之后，要么是1918年菊月二十六日之后，但不能晚于1918年11月24日。

此函又告知我们：胡适三个措辞浮廓的电报，均是针对"十八子"的；而"十八子"之劣迹，"近被邑人登载于上海《新闻报》甚详（阴历重阳日）"。这表明，胡近仁写信的"菊月二十六日"，必与重阳日相隔极近，且必在同一年，方能言"近"。遍查1917年重阳日（公历10月24日）之上海

《新闻报》，无任何与胡近仁函所述相关之材料，而1918年重阳日（10月13日）之报第二版则有具名"绩溪全邑人民"之"来函"，历数时任绩溪县知事李懋延之种种劣迹：

> ……近时选举，则黑幕重重；县视学耿介，公益维持会会员也；学之卖案，多出于耿之介绍。谄媚阿谀，博得欢心，李乃亲为运动，品评票价，人畏官势，无不遵命。前即被选为众议院初选当选人，赚得三百元票价，近又以二千元，市得省议会议员……而最足以骇人听闻者，固犹莫过于最近之草菅人命案若也……日昨（民国七年中秋日）因看台布置未周，诣庙稍迟，致其所欲观之《盗御马》一出经已演过，一时怒火中烧，当即着其如虎如狼之卫队，掌责舒秉有（地保）之颊，而怒犹未息。回衙后，又复票传到案，诘责之下，拳足交加，顿时脐下受伤，昏绝倒地，不能行动，始大骇。饬卫队四人，扛之归家，谎其家人以患病……不逾数时，即赴泉台找城隍神说话矣。……

根据以上史料，可以得出关于胡适复函的两个重要结论：

第一，胡近仁函作于1918年菊月二十六日，即公历的1918年10月30日，那么，胡适复函的时间，必在收到此函之后，1918年11月24日之前。据胡适"来往信簿"，11月7日发信栏有"近仁"记载①，据此，此函极有可能7日所发，但没有其他确实之材料出现之前，尚不能做切实之定论。

第二，胡近仁函中的"十八子"，指李懋延②。胡适的三电及"有详函去蚌埠"，均系针对李懋延的。

熟悉民国绩溪史事和掌故的人都知道，绩溪人反对李懋延的斗争，是很有

---

① 耿云志主编：《胡适遗稿及秘藏书信》第14册，黄山书社1994年版，第156页。
② "十八子"，即"李"之拆字，胡近仁、胡适、许怡荪在往来信函中多次提到"十八子"。据有关民国时期绩溪文献可知，"十八子"系当时绩溪人士对李懋延的蔑称。

名的一件事。本文要考索的《胡适复胡近仁函》,其主要内容是谈反李的,是反李斗争的文献之一。将此函置于胡适反李斗争的大背景下加以考察,并与相关史料参考互释,不仅能弄清楚胡适在函中要表达的真实含义,有助于考证此函的写作年月,更有助于把"胡适反李"这段史事尽可能接近历史本真。

安徽无为人李懋延,1917年10月6日被委任为署理绩溪县知事①。李氏上任后,搜刮民脂、敲诈勒索、滥用私刑,无恶不作,绩人对其恨之入骨。1917年冬胡适回里完婚,对李氏暴行耳闻目睹甚多,乃作长书谏之,李令人回话:"胡某人不知古有灭门知县今有灭族知事乎?"②此为胡、李第一次冲突。

胡适与李懋延的第二次冲突,起于1918年的安徽省议员选举。

据胡适在《许怡荪传》称,鉴于安徽政治的腐败不堪,又有所谓"公益维持会"把持选举,他和一班朋友"不愿意让他们过太容易的日子,总想至少有一种反对的表示",乃于安徽省筹办省议会换届选举时劝许怡荪竞选绩溪籍的省议员③。此说太笼统——胡适如何劝说许,后又如何运作等详情,均不明底蕴。新近发现的《胡许通信集》④则可为此说提供很多事实材料。该通信集收1918年3月17日胡适致函许怡荪云:

> 我前此颇想你出来竞选省议会,及今想来,似乎还不如闭门读书著作的好。你近来作何主意?

---

① 《政府公报》第710号,1918年1月13日。

② 《胡适致倪嗣冲函》,载《胡适遗稿及秘藏书信》第19册,黄山书社1994年版,第358页。

③ 胡适:《许怡荪传》,《新中国》第1卷第4号,1919年8月15日。

④ 关于《胡许通信集》,有必要做一简要说明。1919年许怡荪过世后,胡适感念亡友,将其二人通信编成《胡许通信集》,并拟在亚东图书馆出版。此集由亚东抄好后,又请胡适亲自审阅(抄件上之胡适批注历历可见)。但不知何故,此书未出版,甚至手稿亦不知下落。前几年,《胡许通信集》抄件流传出来,被某收藏家购得并拟出版。承蒙杨永平先生不弃,将《胡许通信集》之副本赠送笔者一份,以为研究之用。笔者精研此集,发觉其史料价值难以言喻,即如本文下面引用者,读者亦可见其重要性之一斑。因此,我在这里要格外感谢杨永平先生惠示此集的好意。

据此可知，胡适希望许怡荪出来参选省议员，是在此之前的事。3月17日写信时，态度略有变。5日之后的3月22日，胡适复许怡荪3月16日函又云：

> 来信言"相勉一事，将看局面如何预备图之"，此事我于前信曾提及之。我以为"看局面如何"是不错的。前信有败兴之言，也是时事的反动。今日皖省局势最不定，最不易揣测。如时事变迁，可以出来任事，自然极当出来。我回来与否，尚难预订；即不能回来，亦当作书相助也。①

许怡荪3月16日致胡适函笔者不得见。但据胡适这里所说可知，胡看到许有出来竞选的可能，立即改变前信的"败兴"态度（即"不如闭门读书著作的好"一语），又"积极"起来（他收到许函后当即回信也当与此有关），表示虽不能承诺一定回乡"助选"，但至少可写信相助。5月4日，胡适再函许怡荪，云：

> ……（选举事）至今为日无几，应如何进行？如兄决意肯干，适当即为作书与绩南北绅士，与商此事。望即复我为盼！②

由此可见胡适对许参选事之急切。5月11日，许怡荪本有一函致胡适，未谈及选举事。但封发后，即收到胡适4日之函，即复一短函：

> 说的那事，具见相爱，极所感激。我约日内赴沪一行，当能决定；

---

① 《胡适复许怡荪函》，第59号。
② 《胡适致许怡荪函》，第60号。

如何进行，即在沪写信与足下接洽也。①

许怡荪于5月16日到上海，经与友人商酌，乃决定参选，即于20日致函胡适：

　　……但足下帮忙，带我开台。所需置重者，如城中之胡子承、周栋臣、朱石松三君，七都曹氏昆季……以及近仁、衡卿诸君，均望各致一函与之从长商榷。他若胡少莲、胡映江……及仁里方面之序东、石堂、春度、铁华诸君之处，可否数人合寄一函，以免分出町畦，诸诉足下斟酌可耳。民国二年选举的时候，足下寄我手书谓"中国之事患在一般好人不肯出来做事"云云，其言颇痛。……②

这里所引"民国二年……"一段，已见之于胡著《许怡荪传》。胡适收到许函后，必定给绩溪有关士绅写信请求支持，只因胡适信函散佚严重，我们今日已经不得见。"选举"的结果，许怡荪"败选"，由李懋延支持的耿介"当选"。其间，李懋延对"选举"做过"正当之反对"的胡、洪两位绩溪人士"拿办"，并要"拿办"许怡荪③。被"拿办"的胡姓绩溪义士，即胡适复胡近仁函中提到的胡懒僧④。胡适得到9月8日许怡荪报告"选举"结果的信后，大出意料之外，但此事使他对李懋延的恶感进一步加深，并立定决心：必须推倒李。胡适要许怡荪将此次选举"拿办"之事"作一详细记载"，交由胡之同窗、《神州日报》的余裴山发表揭露。同时，胡适也努力寻找对付李懋延的有效办法（这也是许怡荪9月8日来函中明确提出的问题⑤）：

---

① 《许怡荪致胡适函》，第31号。
② 《许怡荪致胡适函》，第32号。
③ 1918年9月8日《许怡荪致胡适函》，第33号。
④ 见前引《许怡荪致胡适函》，第33号。
⑤ 许怡荪在此函中说："十八子"肆虐过甚，人尽嗟怨，我辈不能不筹法对付。但目下时局备极混乱，宜如何着手，渴望得力，乞代留意为祷。

"十八子"事，我已想过几次法子，均没有什么功效。前几天请一涵与关芸农谈及此事，关说："此事别无法子，只有多打电报与倪，或竟直接与倪道烺，因倪道烺是李的把兄弟也。"因此我昨天已打了两个严厉的电报与二倪……

胡适致倪嗣冲、倪道烺的电报分别如下：

> 绩溪县知事李懋延，不识字，纵役虐民，枉法营私，罪状昭著。自恃与令侄炳文有交，引为护符，招摇无忌。伏乞撤办，以塞民怨。
>
> 绩溪知事李懋延，枉法虐民，民怨沸腾。自恃与公为把兄弟，招摇无忌，实足损公名誉。除电禀督军外，不敢不告。①

此二电，因乏切实之"证据"，确有些"浮廓"。许怡荪从胡适复函中得读此二电后，甚兴奋，认为此事事关桑梓，无论从个人良心，还是应持的国民态度，都不能不有抗争的表示。最为难得的是，许怡荪为胡适提供了一条李懋延的切实罪证，即李纵侄殴打地保舒炳耀致死事：

> ……阴历八月十四日，李为其子在城隍庙演戏酬神。十五夜正本，署内点有《翠屏山》一戏，外间有人以唱正本，妇女看客甚多，演以淫戏，有害风俗，且违反向来习惯，遂未照演。于是李之意下大不谓然，饬人封箱，不准开演。后由劣绅舒成章进署疏通，始得无事。乃有无耻之胡未庚，逢迎李懋延之意，十六夜仍点前龋及《盗玉马》等热闹戏，特约李到场观剧。殊知当夜署中各员到的绝早，招待员胡未庚、朱石松均未到场。戏台前本搭有小台，以为李懋延之妾及李看戏之所，台上桌

① 1918年9月《胡适复许怡荪函》，第61号。

椅，公家向无器具，均由办差地保于就近民家取用，日间已为人家收去，李到见椅凳未全，遂以地保有心侮慢，当即将地保舒炳耀唤到，典狱员李家辅（字左廷，系懋延之侄）大发雷霆，数以供应不周，亲批其颊两下，又一脚踢去，该保（已五十多岁）登时倒地。当唤卫队舁回其家，遂于当夜毙命。十七日，李即开走卫队，谓系卫队打的，已畏罪在逃，不认为其侄所打。遂由朱石松及舒成章等纷纷讲和，卒以二百元了结。闻李仅允一百二十元，余由中人凑填，其洋均在财政局挪填，至今李与中人均未有人支出，而李随于十八日进上省，（系先预定为解地税并谋肥缺而去）如没事一般。似此情形，可谓黑暗之极！

　　许怡荪委托胡适代办一呈与省署，要求对李懋延先行"撤委"，同时派员"密查"，依法惩办[1]。胡适得函后，就许函所述事实于10月28日致长函与安徽督军倪嗣冲（时驻节蚌埠），详述李懋延"纵侄杀人"之详情和自己去冬亲闻李氏虐政等情，要求倪"早日撤办"李懋延。此函在整个绩溪人反李的斗争中，是至为重要的。胡适不提李懋延在绩溪县"选举"中的劣迹，极有可能出于这样的考虑：为推倒李，必须有更为有力的证据。该函底稿现存中国社科院近代史所"胡适档案"中[2]，收入《胡适遗稿及秘藏书信》第19册。仔细比对底稿所载李懋延"纵侄杀人草菅人命"之内容与许怡荪来函所述，除了个别用语有所变更外，绝大部分内容都是一致的，也就是说，10月20日许怡荪来函是本文要考索的胡适复胡近仁函说的去蚌埠详函的"极可靠之证据"。这些证据来自许怡荪信，而不是出自别处，更不会出自1918年重阳日

---

[1] 1918年10月20日《许怡荪复胡适函》，第34号。

[2] 此函作于1918年，是无疑的。但《胡适全集》收入时，将其系于1920年。时人吴元康考证此函作于1918年（《〈胡适全集〉第23卷若干中文书信系年辨误》，《近代史研究》2011年第5期，第137—138页），甚确。吴文在确认受信人姓名（此信抬头只写"督军钧鉴"）时指出："查该信所述系安徽省事，函中又有'令侄凤阳关监督倪道烺'一语，足证收信人为1916—1920年间任安徽督军的倪嗣冲。"笔者细勘胡适底稿，发现其最初抬头为"倪督军先生钧鉴"，最后才涂改为"督军钧鉴"，由此可知，倘若看到底稿，"受信人为倪嗣冲"一点是不用考的。

之《新闻报》。因这些证据倘若出自该报，胡适就不会在复胡近仁时说此报"此间无人看，故不曾见"了①。

胡适除给倪嗣冲写信外，还托刘道章、关芸农帮忙，同时，又致函同乡友人"意君"，请里中人士进一步搜集证据，预备查办员来时提出控告。此见11月4日《胡适致许怡荪函》：

> 舒炳耀被打死一事，我已作一详函与老倪。前日警务厅长刘道章到京，我也写了一封详函与他，又托关芸农代为转托，想不致完全无效。一面我又写信与意君，请里中人士搜集证据，预备查办员来时控告之用。此次若不推倒老李，真可谓暗无天日了！②

由此可见，胡适的行动可谓周密。而其中转托刘、关帮忙事，即胡适复胡近仁函中所说"近复托他人帮忙，不久当可发生效力"所指。次年1月，恶迹昭彰之李懋延被调往无为县担任县知事，不知这是否与胡适的10月28日详函及相关活动有关。这种结果，虽与胡适等要求将李"撤职法办"的诉求差距甚大，但李氏毕竟不能再为虐绩溪，这也算部分的胜利了。

通过以上考辨，笔者深深体会到：对任何史料，必须首先要考辨其时间和要表达的真实含义，才有助于尽可能全面、详尽地还原历史本真。而历史真相越丰满，就越有助于分析历史现象背后的具有实质意义的规律性的东西。

---

① 事实是，胡近仁1918年10月30日致函胡适时，尚不知两日前胡适曾致函倪嗣冲。所以，胡适在复胡近仁时，提到28日致倪函的有关信息。倘不明此，极易对有关史料作出误读，如吴元康认为，"据胡近仁观察，胡适此信所述案情多所浮夸，估计系传言人所误，胡适当不会故意如此"。(《胡适与绩溪县知事李懋延的斗争》，《江淮文史》2007年第3期)其实，胡近仁说的内容"浮廓"的是在此函之前的"三电"，而不是28日之函。另，胡近仁转述胡适母亲要胡适"不必多管闲事"，也是在28日函之前的事。

② 《胡适致许怡荪函》，第62号。

说说乡贤胡近仁先生

胡承哲[1]

胡近仁是胡适的挚友，总角之交，自少年开始就相知相悦，切磋学问，答疑解惑，互激互励，使胡适终身受益。胡适称近仁为"才冠一方"的博学之士，真正名副其实，一点没有过奖。

近仁的祖先在旌德三溪做生意，大概是亦儒亦贾人家。他幼承庭训，祖父曾教诲：诸子孙要恭谨退让，以待书泽其家。对他督责甚严，他又得到一位好老师的亲炙。这位私塾先生叫胡朗山（行名洪瑛），胡近仁曾撰文说：予少受业朗山师之门，得备闻该堂之始末。可证朗山就是他启蒙的师长了。胡朗山是光绪四年（1878）的邑庠生，保奖五品衔，又在上海读过教会学校。后来随胡传（铁花）去了台湾，做了胡府的西席。近仁在家教和师教的双重熏陶下，加之自身的发奋苦读，从小打下了厚实的国学基础。

1908年，上庄村开始纂修《上川明经胡氏宗谱》，此时正是太平军燹上庄50年，家园重建，经济恢复，生活安定，元气复苏，可谓盛世修谱。而近仁担当族谱的纂修，时年才23岁，到1911年族谱竣工，历时4年，正是年富力强，人生的黄金阶段。以一个初出茅庐的后学，挑此繁巨的重担，其中困难和勇气可想而知，更令人钦敬。

到底是初生牛犊不怕虎呢，抑或是后生可畏呢？我细细梳理一下他的纂修团队成员构成：督修胡祥麟（书甫）是附贡生（胡传的学生），纂修胡近仁是邑廪生，分修8人，其中邑庠生6人，从九品2人，而且这些成员都有执鞭

① 安徽绩溪上庄人，《上庄村志》主编，绩溪县胡适研究会副会长。

私塾的背景，又是乡邦名士，可谓高手如林。他在这个团队里立定脚跟，与他早期的知识预备和文字训练有关，才有足够的底气脱颖而出，鹤立鸡群，当然也与督修胡祥麟和分修胡朗山的奖掖提携分不开。

近仁先生早慧的秉赋成就了他的事业，当他十二三岁时，就能吟诗作对，经典古文背诵如流，八股文词通畅流利，初获"才子"的美誉。

随着进境日深，他开笔代人作寿序、讣文、祭文、挽联，都应付有余。弱冠后，又参与公共事务，钟爱乡土文化，代笔作继书、阄书、契约等，而且工于书法，作品进入富裕人家的庭堂，公认是村中第一支笔。他得到村民的认可，也得到老辈的认同，树立了更高的声望。他不仅国学基础深厚，而且最早接触西学，吸取营养，又广与远近名儒硕彦交流沟通，学术见解新颖，使那些思想僵化、眼光浅短的老学究相形见绌，自叹弗如。在他为谱中所撰文字中，我们可以读到时代的脉动，远离旧谱的窠臼，他当仁不让就在情理中了。由于修《上川明经胡氏宗谱》的成功，他积累了丰富的经验，掌握了很多地方文献，所以后来被聘纂修《余川汪氏谱》《瑞川柯氏谱》《坦头洪氏谱》等就轻车熟路、驾驭有方，如烹小鲜了。

我心想，他23岁担纲《上川明经胡氏宗谱》的胆识、自信和豪气，不亚于胡适当年第一次走上北大的讲台。如果把近仁和胡适比作两只从上庄飞出的雄鹰，那么前者因种种际遇，只能在徽州这古老土地群山上空盘旋，而后者因种种机缘，振翅飞向更高、更广阔的长空，自由翱翔。

解读胡适的《蝴蝶》诗

胡毓华

　　《蝴蝶》诗是胡适的一首咏物新诗。在新文化运动中，除了白话成为"国语"，文学创作上还出现了一种全新的事物——新诗。这种不讲究格律的、用白话写成的诗歌获得了巨大的生命力。第一首新诗就是胡适的《蝴蝶》。新诗是全新的事物，在中国是如此，放到世界范围来看，也是如此。它的新不仅仅是因为它用白话写作的，用白话也完全能写出符合格律规范的古体诗。对新诗来说，最重要的不是用不用白话，而是它是不是不讲格律。这种不同于汉赋、不同于唐诗和宋词的东西，被当时人命名为新诗。正因为不讲格律，可以选择不押韵，结构上也可以重复，创作上降低了门槛。

　　《蝴蝶》诗读起来很像儿歌："两个黄蝴蝶，双双飞上天。不知为什么，一个忽飞还。剩下那一个，孤单怪可怜。也无心上天，天上太孤单。"这首咏物诗很普通，似乎略显幼稚，但是如果回到这首咏物诗创作的年代，在那种古体诗一统天下的局面里，这首咏物诗确实起了开山辟路的作用，将世人从之乎者也的繁冗迂腐中解救出来。胡适在《胡适日记》的这首诗后的自跋中说："这首诗可算得一种有成效的实地试验"，其在现代文学史上也留下了一个印记。如果要了解当今新诗的发展，胡适的这首咏物诗是必读的，因为它是第一首由名人写出来的白话诗。

　　《蝴蝶》诗写了一对"黄蝴蝶"的友情，此情虽然另有所寄，但这首白话咏物诗以语白词浅的语言描绘了一对美丽的小动物，情真意挚，一看即懂，没有典故，没有语言障碍，人人从诗中都撷取了某种要义，或孤单、或落寞、或彷徨、或犹豫，不用讲解即可懂得，所以算得上是真正的大众文学、白话文学，一改数千年文言文学少数人垄断的局面。白话文学功不可没，新文化运动功不可没。

胡适的这首咏物诗写于1916年8月23日，初名《朋友》，后改题《蝴蝶》。由此也向友人宣布：他尝试的白话诗取得成功了。这是他发誓不再写旧体诗词之后的第一篇成功之作，也是他的名作。这首咏物诗与其他7首新诗一起发表在1917年2月《新青年》2卷6号上。过了一年，《新青年》刊登越来越多的白话诗。随后，《每周评论》和《新潮》等杂志也相继发表白话诗。于是，一个白话诗的时代开始了。1920年3月，胡适出版《尝试集》，这是我国的第一部"白话新诗集"。当然，胡适这首咏物诗算不得现代文学史上最好的诗歌，但它却是那些好的诗歌的酵母剂，是新诗的种子，所以它的启蒙意义巨大，影响也不可低估。因为它教会了后来者白话诗如何去写，如何放开胆子去写。不必去计较，不必去卖弄，不必去摘章引典，一样可以表达，一样可以写出好诗。所以这首咏物诗起到了星火燎原的作用。

胡适的这首咏物新诗，写了一对"黄蝴蝶"的友情，很多人认为这首诗是"爱情诗"，是胡适在追忆他的女朋友韦莲司，是胡适对自己爱情生活的一声叹息。很多人认为胡适十几岁时就与江冬秀订了婚，到美国之后，邂逅了才情超逸的韦莲司并为之倾倒，两人的半世情缘从此启幕。这首诗写于1916年，正是胡适回国的前夕，这首《蝴蝶》是一曲中西合璧的现代"梁祝"。本来"双双飞上天"翩翩翻飞的"两只黄蝴蝶"，因胡适母亲催胡适回家成亲，不得不"忽飞还"一个，剩下韦莲司一个人孤苦伶仃，望穿秋水，也真"怪可怜"，一生未嫁。

胡适的这首《蝴蝶》咏物诗，是不是"爱情诗"？笔者认为，不是爱情诗，诗中的另一只"蝴蝶"也不是韦莲司。其理由是：

胡适在他的日记中记得很清楚，此诗一开始叫《朋友》，后来改成《蝴蝶》，写的是朋友关系。韦莲司与胡适的关系已经超越了朋友的关系，成了一对恋人。另外，诗中特别点出"蝴蝶"是黄蝴蝶，这里应该是有所指的。在白人占绝对优势的美国社会，这个黄蝴蝶应该是指黄色皮肤的中国人。

《胡适日记》在此诗前的标题是《窗上有所见口占》，据说胡适曾经说过一段话，意思是我住在海文街的公寓里，有一天在窗前吃中饭看到两只蝴蝶一只忽然飞下去，另外一只在天上孤单怪可怜，这时忍不住想起了我的朋友，就想到这首诗。

"两只黄蝴蝶"代表两个中国人，其中一人是胡适，那另一个中国人是谁呢？笔者认为是胡适家乡上庄的胡近仁。

胡近仁（1886—1935），字董人，安徽绩溪上庄村人，学问渊博，曾经商，后在家乡办学、教书，为胡适在上庄创办毓英小学的主事人。常为胡适斟酌诗文稿件，书信往来频繁。1932年被聘为绩溪县志编纂，与总纂胡子承合作，主持修志规划与编写工作。因体弱多病，不久逝世。生前写有大量律诗和记、考之类文章，续修《上川明经胡氏宗谱》《新安柯氏宗谱》等。工书法，行、楷流利圆润。胡适母亲给胡适的信，一般都是由胡近仁代笔。胡近仁与胡适之间的通信也都以"老友"相称。胡适称胡近仁为"近仁老友"，胡近仁称胡适为"适之老友""老友祥木谨白"，可见两人友谊之深，是非同一般的朋友。

胡适本人在传记中，曾经回忆过小时候在胡近仁家中看书的场景。胡近仁虽是胡适的叔辈，但只比胡适年长5岁。胡近仁家颇多藏书，胡适看过的书，便借给胡近仁看，胡近仁看过的书，也借给胡适。胡适曾说："我们两人各有一个小手折，把看过的小说都记在上面，时时交换比较，看谁看的书多，可惜后来这两个折子都不见了。1904年，我离开家乡去上海读书时，折子上大概有30多部小说。"胡适还曾追忆："读这些白话旧小说，我在不知不觉之中得了不少的白话散文训练。看小说还有一个绝大的好处，就是帮助我把文字弄通顺了，也帮我更了解古文的文理。所以我到14岁来上海开始做古文时，就能做很像样的文字。"

胡适和胡近仁两人的共同生活经历，也与诗中描述的情景相似。胡近仁家和胡适家走得很近。在绩溪上庄村，胡适和胡近仁两人从小学习在一起，胡适离开上庄后，他们也经常写信联系。胡适在外读书、学习，希望胡近仁也能走出上庄。但因当时胡近仁家境尚好，习惯过自由自在的日子，便写信婉拒了胡适，还劝他有空多回上庄来，可以互相切磋，饮茶为乐。本来可以同去外面发展的胡近仁，不愿意去，剩下胡适一个，孤单怪可怜。也无心在外地（当时胡适在美国哥伦比亚大学哲学系学习），外地"太孤单"。胡适还将此诗寄给胡近仁。1986年，上庄镇准备建设胡适故居时，胡近仁的后人从他的老房子里拿出了很多"老古董"，其中还有胡适那首脍炙人口的诗歌"两只黄蝴蝶，双双飞上天……"。

我与我的父亲胡近仁①

  我的父亲胡近仁和胡适都是19世纪末出生于上庄村，他们天资聪颖，少年时期就博学多识，富有才华，当地人称他们"神童""奇才"。他们两人志同道合，意气相投，成为总角之交、一生不渝的好朋友。胡适后来走出徽州，留学美国，成为杰出的学者。而我父亲一生短暂，英年早逝，但所主编的一批谱牒志书和写的大量的诗词文章以及和胡适往来的信件，为后人留下了丰富的历史资料，成为宝贵的精神财富。

  我是胡近仁所生子女中最后一个女儿，绩溪岭北人叫做"末脚女"。我生于1929年，到1935年父亲就去世了，那年我六岁，一个不懂事的幼儿。对于父亲和家庭中的事，只留下一些朦胧的记忆，定格在脑海中印象比较深刻的是父亲去世出殡那天，我被大人抱着去送父亲登山入墓的情景。父亲和善慈祥，尊老爱幼，为村里人做过许多事，受到村民的尊敬。他清清白白做人，勤勤恳恳做事，年仅49岁就过早去世，家庭中失去了主心骨，村庄里失去了一位有才华的文人，全家人悲痛欲绝，全村人感到惋惜，气氛凄苦，场面悲凉。尤其是我母亲，中年丧夫，失去依靠，更为悲痛，呼天抢地，撕心裂肺，号哭不止。来送殡的亲友和本家都悲悲切切，哭哭啼啼，整个灵堂沉浸在哀痛凄婉的氛围中，送殡的人一路走去，边走边抽泣，哭声载道。

  父亲乳名灶松，行名祥木。因为他在村族内辈份比较高，是"祥"字辈，本村人都喊他"灶松公"。父亲在世时，我尚年幼，在襁褓中就被人家抱去当

---

  ① 胡彩时口述，兴华记录并整理。胡彩时，安徽绩溪上庄人，系胡近仁先生的女儿。

童养媳领养，不是生活在一起，对于父亲和家庭中的事直接了解的极少。长大以后，才听母亲跟我陆陆续续地说了父亲生前的一些零零碎碎的事。

父亲很聪明，有人说他做学问是无师自通，他会做诗，写一手好文章，毛笔字写得好。他写文章一气呵成，不打草稿。十九岁就考上秀才。据说他考取秀才的第二年到南京去参加乡试，考举人。在考场上第一个写好文章，有一位考生背着人用高价向他购买，他觉得家中生活困难缺钱用，就把自己写好的考卷卖掉了。结果那位考生取上了举人，而自己却榜上无名。后来我大伯父知道这件事，非常恼火，将我父亲大骂一通，而我父亲却满不在乎地说，只不过一篇文章嘛，来年再考不是一样吗？哪里知道来年就废了科举，没有参加科考的机会了。

父亲曾在余村和旌德县学校里教书，后来在本村毓英小学当校长，也在县政府做过事。后来常常被外村请去编写族谱，吃住在外村，有时几个月都不回家。他平时在家都是看书、写字、写文章，有的时候手里捏着一杆大杯烟筒，在院子里踱来踱去，一边吸旱烟，一边思考问题。不喜欢玩牌打麻将，更不去外面赌博。常常有人登门要我父亲写对联、写碑文，在文字应酬上很多，有时应接不暇，而父亲却乐此不疲，都能满足来人所求。

胡适和我父亲是好朋友，他的母亲经常到我家来托我父亲写信给胡适，有时家庭中遇到为难的事，要我父亲帮助她出主意解决。胡适寄给母亲的信都是我父亲到邮局去取来送到她家读给她听。江冬秀也常来我家，起初也是托我父亲代她写信给胡适，后来她自己会写了。江冬秀对人很讲礼貌，对比她年纪大的都是喊公喊娘，对比她年纪小的就喊小弟小妹，彬彬有礼，和气待人。

胡适与江冬秀的婚姻是在1904年去上海读书之前定下的，那年胡适14岁。但胡适没有与江冬秀见过面。1917年7月，胡适从美国留学归来，回上庄看望母亲，第二天就由我父亲陪他去江村与江冬秀见面。当年12月，胡适与江冬秀完婚，受胡适的母亲委托，婚礼的筹办，所有事务都由父亲主持安排，我母亲主持厨房事务，和众多妇女一起，搭配烧制宴席上的菜肴，尽心尽责。

父亲是一个勤奋的人，做学问孜孜不倦，一丝不苟；做事认真细致；为人办事热心周到。生活上除了抽点旱烟外，无其他不良嗜好，每天生活也有规律。到了后来，因为代外村修族谱，经常熬夜，故而更加辛苦。

上海程裕新茶号是八都瑞川人程有相于乾嘉年间开设的茶叶店，到民国年间其后裔在上海陆续开设4家分店。我父亲的姐夫，即我的姑父，是程有相的后代，当年的店主。后因我的姑父不幸早逝，其叔伯家欺负我姑妈家孤儿寡母，篡改已签订的分家契约，企图剥夺我姑妈家的店产继承权。为此我姑妈写信要我父亲去上海协助她处理这件事。父亲去了上海，了解了情况后，写了诉状递到法院，作为原告起诉对方，经过对簿公堂，法院庭审，我姑妈家胜诉。法院裁定，姑妈家得到了按原有契约上的所有产业。姑妈说我父亲的诉状写得有理有据，使这场官司打赢。父亲每次去上海，都是住宿在该店，受到盛情的款待。后来我的大哥福保在二师读书，姑妈资助学习费用。福保生肺病，姑妈接到上海医院去医治。后来因无特效药，不幸在上海去世。

父亲的宗族传统观念很浓厚，有些重男轻女的错误思想倾向。1910年生了一个儿子，万分高兴，取名福保，愿孩子福大命大，一个吉祥的名字。小学毕业那年，为上哪所中学的事，写信请胡适指点，胡适回信建议去休宁二师，福保小学毕业就去休宁万安二师上学，一直读到二师毕业。在旧社会人口出生率高，因为缺医少药，死亡率也高，尤其是小孩子缺乏抵抗力，容易感染传染病，生病得不到有效的治疗，夭折的不少。福保小小年纪在学习期间就得了肺结核病，19岁那年就失去了生命。福保的死去，对父亲的打击十分沉重，如同泰山压顶，从此萎靡不振，意志消沉。不几年第二个儿子福来出生，父亲重新点燃了生活的希望，精神振奋起来。福来本村小学毕业后，父亲怕小孩子在外地读书感染上疾病，就不让他到外地学校读书，让他留在家里，自己既当父亲，又当老师，教自己的儿子学习。父亲去世后，由江冬秀推荐去报考徽州师范简师班读书。福来学名健民，一生从事教育工作。现在我父亲的后代都是福来的儿孙，他们继承祖辈的家风，家庭兴旺。

福保死去的第二年，我从娘胎里来到人世间。家中添了人，本来是喜事，可是父亲对我的出生没有兴趣，再加上我母亲没有奶水。不几天就把我抱给在上庄柏枝亭开中药店的旺川人曹观定的大儿子当童养媳。在我之上已有一女儿在襁褓中抱给八树坑人家做童养媳了。曹观定的药店后来搬到旺川，我也去了旺川。曹观定慈祥和善，为人厚道，对我关爱有加，教我炮制中药材和按照医生开的处方配药，由于我的悟性好，努力学习，十来岁就会经营药店的业务。曹观定因此更加喜欢我，希望我正式成为他的儿媳妇，将来继承他的事业。哪里知道他的大儿子在外地读书，从中学读到大学，成为一名医生，结识了一些新潮时髦女子，根本瞧不起我这位乡野村姑，不愿与我结为夫妻。我考虑到捆绑成不了夫妻，强扭的瓜不甜，一厢情愿的事将来苦果难咽。新中国成立以后，我就离开曹观定家，去走自己的路，去县城上学读书，尽管我年龄大，比同班同学大好几岁，但我志向坚定，决心下了就不会改变。新中国初期，普及教育，年龄大上学的不是个别的，就这样我先补习小学课程，考上绩溪中学，初中毕业后考上屯溪茶校，读了中专。而后参加工作，直到退休。我的丈夫洪哲永，本县六都潭村人，新中国初在绩溪县政府工作，后调任县邮电局任局长，是离休干部，前几年去世。丈夫洪哲永的去世，我十分悲痛。他是一个好人，忠于党，忠于社会主义事业，忠于职守，是廉洁奉公的好干部，在家是一位好丈夫，好父亲，好爷爷。对于他我一直怀念在心，挥之不去。此外我也不会忘记我的亲生父亲胡近仁，是他的基因传给我，使我有良好的智商，经过自己的努力，成为一个对国家和社会有所贡献的人；还有未成为我公公的曹观定，一位德高望重的善良老人，是他培养了我，教我如何做人，把做药店的业务技能传授给我。

现在我和儿子儿媳生活在一起，我的儿孙都孝顺。国家改革开放，经济发展，人民生活不断改善，社会和谐，生活美满幸福。

胡祥木与绩溪六都坦头村

汪后华[①]

胡祥木（1886—1935），绩溪岭北上庄人，胡适族叔，是清末民国邑内鸿儒，其文笔、诗词、书法都颇具大家水平。胡祥木与笔者老家坦头村有着不解的情缘。他自述曾在坦头读过书，在坦头设过馆，为坦头洪氏家族修过族谱，在其短短的五十年生涯中，我以为至少有五年是在坦头村度过的。

六都坦头村是绩溪岭北地区一个有着一千多年历史、2000多人口的徽州古村落，五代之衰建村，为汪姓、洪姓、冯姓、唐姓聚居地。坦头村在历史上一直是邑内有名的文化村，底蕴厚重，文风昌盛。在宋代，该村汪氏就书写了"一门三代七进士"的科第传奇，享有"策名天府""世宦名家"的美誉。宋嘉祐二年（1057）该村汪氏就创办了云庄书堂，是继上庄宅坦胡氏桂枝书院之后安徽最早的书院之一。明代，该村冯氏诞生一个能文善武的官员冯靖，官至浙江、福建按察副使，声播闽浙。清末民国时，家学渊源的唐氏家族人才辈出，以唐厚甫、唐鸿铎学富五车而名重一时。而洪氏家族则厚积薄发，在清末民初以善于经商而富甲一方，名扬徽宣。

民国十三年（1924）冬，坦头村汪姓三族（坎汪、后汪、前汪）和洪姓，相继设立谱局，撰修本族族谱。当时洪姓家族正处于鼎盛时期，他们家族从坦头、旌德、三溪、泾县，一直到繁昌、芜湖、溧阳，远至南京、扬州、汉口、上海等地，设有20多家商号，并在芜湖钱庄、发电厂拥有相当的股份，

---

① 安徽绩溪坦头人，绩溪县徽学会副会长，曾在浩寨中学任教和国有企业工作，著有《千年一叹古坦头》。

集聚了相当的财富。洪家又是典型的儒商，他们在积聚了雄厚的财富之后，就开始在家乡大建房屋，购买良田。接着是在民国三年（1914）大修祠堂（相当于重建）、在民国十四年（1925）开局修谱，后又在民国二十二年（1933）捐资建造了独占全县鳌头的具有现代气息的近2000平方米的乡村小学校。

洪家一开始是打算由他们出资撰修《绩溪洪氏统谱》的，后因种种原因未能如愿，转而撰修《坦川洪氏宗谱》。并且聘请最好的谱籍专家担当主纂，当然非胡祥木莫属了。因为胡祥木与坦头洪家有着一层"姻亲"关系，同时他又在坦头读过书，设过馆，对洪姓了解甚多。

坦头洪姓自宋代政和年间迁居坦头，800多年未修过一部正儿八经的族谱。究其原因，胡祥木经调研后得出结论：一是家族式微，有志未逮。二是文风不兴，士子无多。三是信史不全，记载甚少。因此修谱的难度相当大。据坦头洪姓长辈说，胡祥木为修坦头洪姓族谱，在坦头村待了整整三年，即从民国十三年冬开始，一直到民国十六年（1927）夏季才告结束。当时洪姓家族掌门人，也是六都都董、坦头村长洪国珍曾赋诗一首，诗曰"肇基远溯政和间，龙后潭村次第迁。从此本支明指掌，敬宗收族勒成编"，充分表达了族人的喜悦之情。

《坦川洪氏宗谱》共计四卷，其世系图仿欧阳修的小宗法，五世一迁。谱中首序为胡祥木所撰，署名"姻后学胡祥木敬撰"。族谱《文苑》中收有他的诗文《坦头洪氏村居记》《坦头洪承敬祠堂记》《安吉亭记》《坦头六景诗》以及其他家族人物小传。

笔者数次阅读过《坦川洪氏宗谱》，也从中了解到胡祥木在坦头的一些轶事和他的若干人生轨迹和治学精神。

一是胡祥木在坦头负笈求学和设馆授徒。胡祥木在《坦川洪氏宗谱》卷之二《坦头洪氏村居记》中自述"予年十六七时（1901—1902）负笈坦头，其后复尝设馆斯地"。又在卷之二《凤凰村洪君哀挽录》跋中说道："余馆钰之之家时，每春秋佳日，皓月清宵，钰之携酿就予饮，且饮且谈，兴酣把臂，不可一世。"可见，胡祥木在坦头读过书、设过馆是可信的。至于在坦头读书时，受哪位先生垂训，笔者也问过一些老人，查过一些资料，做过一些调查，但还不能十分断定。

　　清末民初，坦头村有两位老秀才在邑内名重一时，一位是汪成（字韶九），另一位就是唐厚甫（字献衍，其子唐鸿铎也是硕儒）。二人都是晚清岁贡生，学识渊博，都曾在家舍设馆授徒，门生众多，二位都是胡祥木所景仰的前辈。民国十四年，坦头汪氏纂修族谱，主纂就是唐厚甫的儿子唐鸿铎，而胡祥木却独为汪成和其仲嗣汪瀚宇二人作传（《清故岁贡生汪韶九先生家传》《邑庠生汪瀚宇先生家传》），称汪成有"国士之才"，对其有"斜阳老树识耆儒"之感，但两篇家传中都只字未提随汪成受业之事，可见汪成并非胡祥木的业师。因此，笔者以为胡祥木十六七岁负笈坦头，其垂训先生可能是唐厚甫、唐鸿铎父子。因为唐氏父子精于四书五经，且教学相长，已培养出了一些高徒而声播邑内。绩溪近代学者王集成（生于1886年，七都庙子山人）就是其中之一。王集成七岁启蒙，后来为了考取功名，十五岁时师从唐氏父子，最终功成名就。民国二十年（1931）由王集成主修的《庙子山王氏族谱》后序中言及了此事。王集成与胡祥木同庚，其境况同胡祥木近似。他说："余七岁入塾受读，八年未尽一经。至十五岁始，从坦头唐厚甫授论孟，十六尽读《诗》《书》《礼》《义》《春秋》。获闻其子唐鸿铎讲解经义，十七岁启笔制艺。十八岁国家考试改制，为策论，集成应科作《胡宗宪论》，卒为大功，厚甫深为激赏。厚甫为缙绅，县官之案临者，必莅访。一日绩溪知县李第青巡临至塾，调阅集成平日所作课艺，拍案惊喜，明年光绪三十年（1904），县试拔为案首。"之后唐厚甫父子促成王集成入绩城东山学堂，师从名师胡鹏南（嗣运），一年后，被继任县长刘以信保送安徽高等学堂。肄业后步入仕途，曾在安徽省建设厅任科长，后任过铜陵县县长，著作颇丰，代表作有《绩溪经学三胡先生传》。民国二十年绩溪修县志，王集成负责序目部分，后又主修了《庙子山王氏族谱》，其族谱体例不乏标新立异之处，是绩溪近现代颇有名气的学者。胡祥木负笈坦头，已经十六七岁，显然也是为了准备考取功名而来，而且很有可能是奔着唐氏父子去的，因为笔者至今未能见到《坦川唐氏族谱》，因此不敢妄下结论，尚需进一步稽考。

有关胡祥木在坦头洪家设馆授徒旧事，笔者多年前在老家做乡情调查时，曾听洪家九十多岁的长者洪立民（解放前曾在"省二师"就读，后为村训勤小学教师）说过此事。胡祥木的学馆设在洪家祖居，主要教授洪家子弟，现旧居依在。胡祥木自述中的"钰之"，就是洪氏家族鼎盛时期的二号掌门人洪濬瑜（字钰之），一个颇具远见卓识的近代商人，也是胡祥木最要好的朋友。可是天不假年，钰之四十一岁时英年早逝，因为其时洪家正处鼎盛时期，因此洪钰之的丧事办的极为风光。从隆重的家祭，到做七七四十九天道场，再请上庄宅坦宿儒晚清副榜胡宣铎撰写《墓志铭》。事毕，又在邑内外广征哀联、挽诗、诔词，其中不乏名人名流，如胡宣铎、耿介、江是坪等等，最后由胡祥木亲为编辑《凤凰村洪君哀挽录》并作序，刊刻成册，分送亲友，胡祥木与洪钰之之间的情谊可见一斑。

二是胡祥木求实严谨的治学态度。坦头洪氏800年未成一谱，原因很多。胡祥木抱着求实的态度对其进行了认真的梳理，而且秉笔直书，直言不讳。他说，坦头洪氏，向来本于稼穑，辅以工商，其生计之裕远非同村诸姓可比，但文化教育远不像同村诸姓重视，以致文风不昌，士子无几，"里派自玄孙公以下数百年颇少游泮水隶学者"，"盖坦头洪氏之文化自康熙以后始渐开通"，"自康熙以后，洪氏入县学者仅为十人"（并开出十人名录）。正是由于士子无多，记载甚少，资料匮乏，其造成的结果是，"绩东各族乾隆年间已传至四十三世，而坦头洪氏仅传三十五世，较别族少传七世或十世不等"。由于断代甚多，续修难度极大。胡祥木的直言，引起了洪氏的高度重视，此后洪家为从祠产中拨出十亩良田为学田，声称无论谁家子弟考上县学，就归谁家收租，一直到大学，以此奖励学子。后又在民国二十二年（1933）捐资创办了私立训勤小学。更为重要的是，固有观念有了嬗变，坦头洪氏由原来的"重商轻儒"逐渐向"亦商亦儒"转变。自此以后，族中文风始兴，学人日众，人才迭出，20世纪30年代就有两位年轻才俊考上了北京师范大学和北京朝阳大学。

还有一件事也可以使我们看到胡祥木治学态度的严谨。坦头诸姓老谱皆载，五代之衰建村之始，已有零星沈姓、倪姓先民居住，到民国时已不知所终。胡先生治学严谨，从不人云亦云，为写《坦头洪氏村居记》，辨沈、倪姓先民居住之真伪，他阅读了很多乡邦文献，都未找到一丝线索。一日，闻村北芦山寺有一口大钟，即专程往访，希冀能找到蛛丝马迹。民国初年，坦头村北宋代敕建的芦山寺尚存，虽香火大不如前，但环境优雅，仍为邑内胜境。寺内有一口大钟，系明代正德十三年（1518）用宋代景定五年（1264）所铸"延寿堂"小钟改铸，钟上有檀施者名录，汪、洪、朱、冯、沈姓多铸其上，然钟上有"黎"姓，而无"倪"姓，不知是黎、倪两姓皆有，抑或黎、倪同音所误，但胡祥木的稽考结果可以肯定，倪姓（或黎姓）先民在坦头这块古老的土地上居住过是可以定论的了。

从胡近仁到胡适所想到的

葛循猿[1]

胡近仁（1886—1935），行名祥木，字近仁，又字堇人，号樨禅，乳名灶松。绩溪上庄人，是胡适的族叔，年长胡适五岁。童年受业于郎山老师，虽与胡适非同师授业，但与胡适朝夕相处，是胡适关系密切的一位乡村长辈，又是胡适童年时的好友。胡适1905年外出读书直至胡近仁晚年，两人一直鸿雁频传友谊长存，从婚姻、家庭琐事，诗词切磋至社会时评无所不及，没有童年时的友谊和共同志趣，是不可能有此忘年之交的。

胡近仁家当时在旌德县三溪开设胡景隆商号，经营杂货、布匹，有当铺、药店，并置有田产，家境较富裕，藏书较多，住宅也较胡适家宽大，童年时的胡适就经常到胡近仁家去阅读。

胡近仁15岁中秀才。据说18岁赴南京应举考试，自恃才高，在试场中先作了一篇文章卖给人家，然后再做，因时间关系，不能再多思考，草草成文，结果买他文章的人中了举人，自己反名落孙山，对此他也淡然视之。可见胡近仁是一个饱读诗书却又清高之人。

相比较之下，胡适的家境就不如胡近仁。父亲过早去世，全家的生活依靠父亲留下有限的一点钱和二哥在上海、汉口支撑的两个小店作为生活来源。

胡适三岁零几个月在母亲的督促下就在乡间开始接受启蒙教育，随后读了《孝经》《论语》《诗经》《易经》等国学经典著作，九岁后开始阅读《水浒》《三国演义》，到他离开家乡时就已看了三十多部包括弹词、传奇、小说。

---

[1] 葛循猿,祖籍绩溪城内人,在泾县医院工作,地方文史爱好者。

有了这个基础，十三岁的胡适在上海梅溪学堂读书，四十二天后就一天之中连升了四班，数个月就从梅溪学堂毕业。随后又继续就读于澄衷学堂、中国公学、中国新公学。1910年即胡适19岁时赴美国公费留学。

可见胡近仁和胡适二人都是天资聪颖之人。胡适很敬重这个族叔，称赞他"天才很高，也肯用功，读书比我多""桑梓文人魁杰""一族之才士，一乡之领袖""天才"。新文化运动来了，胡近仁赞同白话文写起了白话诗，探讨文字学并有与顾颉刚先生讨论古史的美谈。在胡适思想影响下，1925年胡近仁编纂《新安柯氏宗谱》时其"序"的内容已出现了颠覆性的变化，紧跟新时代的革命性词语替代了传统、陈旧的模式。

> 今昔一辙，自非因势利导，取旧家族之法制，参以新文化之精神，不足以蕲上理。

在该段"序"中，出现了"新文化之精神"等新的关键词。这说明胡近仁虽然生活在山中，但他的思想和嗅觉已经走出了大山，呼吸到了大山外面的空气，思想并不闭塞。

然而胡近仁一辈子却仅仅只是个乡村秀才，他的才智仅仅发挥在为地方的修谱与教育事业。

胡适与胡近仁在近代史上的天壤之别，这是为什么？我们从这二人的人生轨迹中作一比较，可以从中悟出一些启发。

胡适在1907年给胡近仁的信中曾说"生平有二大恩人，吾母吾兄"。

胡适有一个好母亲。胡适说在家乡九年的生活，除了读书看书之外，他的母亲就是给他一点做人的训练。胡母渴望胡适多读书，因为她要完成丈夫的遗愿。

胡母重视读书的方法。认得识字还要知其义的重要性，所以胡母要求老师"讲书"，目的是使胡适能读好书，读懂书。

胡母既是慈母，又是严父、严师。胡适做错事，胡母不会立即当面指责或打骂，而是在每天天刚亮时，就把他叫醒，叫他披衣坐起，对他说你昨天做错了什么事，说错了什么话，要他认错，要他用功读书，并告诉他父亲的种种好处，要学父亲，"不要跌他的股"。胡母就是用这种朴素的教育观念从小培养胡适要做一个合格的社会人。

即便如此，胡适的人生旅途也不是一帆风顺的。1908年胡适二哥经营的瑞兴泰茶叶店破产，"家事败坏到不可收拾的地步"，胡适失学失业。忧愁烦恼之际，遇上一些浪漫朋友，跟着他们堕落。所幸遇到同乡好友许怡荪、程乐亭等人及时劝阻和帮助，及时清醒，从此发奋读书，1910年考上赴美公费留学。新的天地开始了新的生活。

而几乎与此同时，胡近仁家在旌德的商号经营不善，家道开始败落，胡适建议胡近仁走出大山外出谋生，恰逢胡近仁因长子（福保）患肺结核夭折，疾病和精神的创伤加之经济窘迫，终未能走向广阔的社会接受新的文化和锻炼。

所以胡适说"生平有二大恩人，吾母吾兄"不无道理。

据石原皋的《闲话胡适》介绍，十二岁的胡适在乡里已学问超过老师，胡母在无人可教，无处可读书的无奈情况下曾让胡适跟随舅父冯诚厚前往泾县"恒升泰"药店学生意。胡适写信给二哥，如果没有二哥及时回家将胡适带到上海去读书，有后来的胡适吗？没有。胡适很可能在泾县"恒升泰"药店当了中药徒，充其量在20世纪50年代公私合营时多了一名"小老板。"

如果没有胡母对胡适的悉心教育和做人的训练，有后来的谦和、平易近人，无论是达官贵人还是底层平民百姓口中的"我的朋友胡适之"吗？没有。

如果没有许怡荪等朋友的及时劝诫，没有程乐亭及时赠送胡适二百银元赴京考试，胡适也不可能成为后来的胡适。我曾听乡贤汪菊农先生说过，"没有许怡荪、程乐亭就没有后来的胡适"。如果胡适继续堕落下去，胡适也只能继续当他的"糜先生"。

胡适是在众人的帮助下成长起来的。他离不开家庭的影响，社会的关爱，学校的教育。三者缺一不可。

而同样是出类拔萃的胡近仁，民国十二年（1923）就与顾颉刚先生讨论古史，本也应成为一名知名学者，担当起更多的社会职责，发挥更大的社会影响，但他却没有成功。从他年轻时在考场卖文那一刻起，足见他是一个藐视科举制度，对旧思想旧文化已具端倪的反叛者，胡适提倡白话文、白话诗到新文化运动，胡近仁与胡适二人都有共同的见解和语言。但社会毁了他，虽然他也一直服务于桑梓，却没有意志和精力去走向更大的社会。本来胡近仁也应该成为新文化运动中的一员猛将，应该成为从绩溪上庄走出的第二个胡适，可是，他没有成功，享年只有50岁就离开人世，这是胡近仁的遗憾。

从胡近仁到胡适，我们看到家庭、社会、学校对一个人的成长和教育是何等的重要。

写到这里，我想到《人民日报》2013年10月31日18版上有一篇短文《教育改革从家长教育开始》中的一段话："家长是孩子的第一任老师，也是最重要的老师，但目前中国家长在这方面是严重缺失的。"

"家教是什么？是家长对孩子的言教身传，往往体现在非智力因素方面。比如感恩、尊重别人、基本的规矩等等，其实就是让孩子成为一个合格的社会人。孩子成为什么样的人，在某种程度上，首先取决于父母。"

胡近仁年表

清光绪十二年（1886），一岁。

9月2日（光绪丙戌年八月初五日）生于安徽省绩溪县八都上庄村一户儒商家庭。乳名灶松，行名祥木，字近仁，又字董人，号松臣，又号晓筠、晓蓉、晓耘、檞禅。上川明经胡四十一世。父贞照，母亲冯氏。

曾祖父胡敬德，字景棠，一字五兴，生于乾隆壬寅年（1782）二月十一日，曾从事洋庄茶贸易。胡景棠生有三子，长子锡诰、次子锡印、三子锡祥，其中次子胡锡印过继给兄胡成德，胡锡印即胡近仁祖父。胡锡诰、胡锡印、胡锡祥皆继承家业从商，并在当地有一定知名度。

近仁幼入塾，业师胡朗山（洪瑛）是光绪四年（1878）的邑庠生、在上海读过教会学校，为绩溪岭北名塾师。

光绪十七年（1891），六岁。

祖父胡锡印去世，兄鼎臣（祥吉）继承祖业。

光绪二十六年（1900），十五岁。

考中秀才。

光绪二十九年（1903），十八岁。

入邑庠。

光绪三十一年（1905），二十岁。

乙巳科试一等第一名补廪生。

光绪三十三年（1907），二十二岁。

自编《奈何天居士吟草》一册，胡适为之作序。

胡适有《致胡近仁诗》。其中有云："友师论学业，叔侄叙伦彝。"

9月22日又有诗四首，有"有叔有叔字近仁，忘年交谊孰堪伦"等句。

光绪三十四年（1908），二十三岁。

与石家村石菊坪结婚。

10月13日，兄鼎臣（祥吉）突然病逝。

主纂《上川明经胡氏宗谱》。

宣统元年（1909），二十四岁。

赴皖考优，落榜。

宣统二年（1910），二十五岁。

2月，立阄书祥木得颂字阄，景隆、景春店店业、屋业、田业派得十股之一。

长子胡洪赍出生，常用名福保。

宣统三年（1911），二十六岁。

《上川明经胡氏宗谱》修成。在族谱序中，徽州知府刘汝骥称赞他"学传家弄，幼读楹书，誉满胶庠，群夸橡笔"。

中华民国三年（1914），二十九岁。

任绩溪县佐治员、县署第二科科长。

致信胡适谈论《群经指归》和《小学》。胡适赞胡近仁"为桑梓文人魁杰"。

受聘修纂《余川越国汪氏族谱》。

中华民国四年（1915），三十岁。

撰短篇小说《刀笔吏》。作《汪氏义冢碑记》。代胡适搜得临川吴草庐《老子》注本。又觅得吴江徐灵胎《道德经》注解本。

中华民国五年（1916），三十一岁。

次子胡洪赟出生，又名健民，常用名福来。

弟胡跃臣出任旌德三溪胡景隆号少东家。

仲冬，《余川越国汪氏族谱》修成。

中华民国六年（1917），三十二岁。

纂修《金山叶氏宗谱》。

中华民国七年（1918），三十三岁。

聘为绩溪县县志馆编辑员。此轮县志由胡子承任总编辑，胡近仁等6人任分编辑，胡近仁分工编纂礼俗、杂志部分。

9月，被县府正式推选参选安徽省省议会议员。

协助旺川曹显承堂编修支谱。

中华民国八年（1919），三十四岁。

三子福本出生。

撰旺川《曹显承堂支谱序》。

中华民国九年（1920），三十五岁。

9月18日，《我的文字研究谈》在上海《时事新报》的《学灯》副刊发表。

胡适出版《尝试集》，寄给胡近仁。胡近仁得到书后，复信时作《尝试尝试》白话诗一首相赠。

中华民国十年（1921），三十六岁。

在上庄国民学校任教。

撰《石鹤舫传》。

中华民国十一年（1922），三十七岁。

受聘主纂《新安柯氏宗谱》。

致信胡适谈论《红楼梦考证》。

中华民国十二年（1923），三十八岁。

胡适等人捐资创办上庄毓英学校，由胡近仁任校长主事。

6月2日，《读顾颉刚先生论古史书以后》一文在《读书杂志》第十一期上发表，署名胡堇人。

中华民国十三年（1924），三十九岁。

胡门程氏（胡祥吉遗孀）、胡近仁、胡佩兰、胡跃臣、胡祥运合议后签订"议约"，议定三溪景春药号分五股半，近仁占五分之一股，推跃臣为经理全权负责。

福保准备进二师读书。本年阴历三月中旬三子福本因病夭殇。

中华民国十五年（1926），四十一岁。

六月，顾颉刚编《古史辨》第一册收入胡近仁《读顾颉刚先生论古史书以后》。

《新安柯氏宗谱》修成。

撰有《常溪琐语》（未刊）。

中华民国十六年（1927），四十二岁。

受聘主纂《坦川洪氏宗谱》，当年修成。

受胡适托，主持上庄国民学校事。

中华民国十七年（1928），四十三岁。

受胡适托，征集祥善、吉卿、衡卿、在斋、绍之五人共理校事。

长子福保因肺病到上海医治，近仁陪同。后医治无效病亡。

应南京胡开明笔墨发行所（文琳氏）胡培之邀请赴南京考察，并拜谒中山陵。

中华民国十八年（1929），四十四岁。

受胡适托，与族中人一起代其照料家中工事。

帮助上海程裕新茶庄出刊《茶叶分类品目》广告书。内有署名堇人的《程裕新茶号之过去与将来》一文。

12月20日，女儿出生，取名彩时。

中华民国十九年（1930），四十五岁。

任上庄毓英学校校长。

从上海看病回家休养。

受胡适托，搜集太平天国时期绩溪前后的人口变化。

中华民国二十年（1931），四十六岁。

致信为胡适贺四十寿，并撰联："不惑年华，不朽文字；为吾老友，为吾老师。"

八月，被安徽省通志馆聘为采访员。

中华民国二十一年（1932），四十七岁。

12月，被聘为绩溪县第三区区公所佐理员。

中华民国二十二年（1933），四十八岁。

绩溪县成立县志馆，胡子承为总编纂，程东屏、胡近仁任编纂。

中华民国二十四年（1935），逝世，享年五十岁。

1月8日（农历甲戌年十二月初四日）下午五点十分逝世。《徽州日报》刊登《绩溪耆宿胡近仁先生逝世》消息，称："胡近仁先生，八都上庄人，其学问渊博，素为邑人钦仰。二十一年五月，该县县志馆成立聘为编纂。惟身体素弱且又多病，忽于阴历十二月初四日逝世，享年五十岁。"

参考文献

[1] 耿志云编：《胡适遗稿及秘藏书信》，黄山书社1994年版。

[2] 胡适著，季羡林主编：《胡适全集》，安徽教育出版社2003年版。

[3] 胡适：《胡适家书》，金城出版社2013年版。

[4] 章飙等编：《胡适家书手迹》，东方出版社1997年版。

[5] 刘伯山编著：《徽州谱牒》第一辑，广西师范大学出版社2018年版。

[6] 顾颉刚编著：《古史辨》第一册，朴社，民国十五年六月。

[7] 绩溪县地方志编纂委员会：《绩溪县志》，黄山书社1998年版。

[8] 余川村委会编：《余川村志》，内部资料，2004年版。

[9] 胡祥木纂修：《上川明经胡氏宗谱》，木刻板，清宣统三年。

[10] 胡祥木纂修：《余川越国汪氏族谱》，木刻板，民国五年。

[11] 胡祥木纂修：《坦川洪氏宗谱》，木刻板，民国十六年。

[12] 上庄村志编委会编：《上庄村志》，内部资料，2009年。

后　记

　　引发我对胡近仁这位乡贤大儒极大兴趣的，源于徽州地方文化研究。在胡适一生中，这位年长其五岁的族叔对他的成长影响颇大。尤其是胡适早期一些思想的形成和文学创作，文字里生活里都伴有近仁的影子。这样一个与民国国学大师交结在一起的重量级人物，并没有人作过系统专门研究，多少让人伤感和失落。绩溪胡适研究会担当起了这一历史责任。正是在这样的动机下，我与我的同仁们不谋而合，曾于2016年、2017年先后两次召开"胡近仁学术研讨会"，展开对这一人物思想和事迹的探讨，并做了《胡近仁研究》论文专辑。后来，近仁之孙胡从先生提供了一批家藏资料，尤其是诗词和一些私人往来书信，极有学术价值。在胡从先生和宋广波先生的鼓励下，笔者萌发了搜集编辑胡近仁书信、文章和相关史料、研究论文的想法。后来，江西航空职业技术学院胡泉雨老师担纲了一部分繁杂的编辑点校工作。

　　近仁是土生土长的绩溪人，他生活的背景是晚清民国徽州乡村。生活的年代，正是中华民族最苦难的年代，也是新旧文化斗争最激烈的年代，作为晚清走出来的传统儒生，如何适应民国年代的政治改革和文化动荡，他充满了痛苦、不幸和矛盾。他赞赏达尔文进化论思想，他时而高举改革大旗，时而落下悲观眼泪，周围团聚一批地方文人学士，而他与胡适紧密的知己、挚友、叔侄关系，以及参与探讨民国文化界理论学术前沿问题，远远超越了一般"徽州乡贤"格局，这无疑增加了我们研究把握人物的难度。

　　本书编纂是集体成果，包含了绩溪胡适研究会众多学人的智慧和心血，尤其是近仁之孙胡从、外孙女洪芹在行动上精神上给予了最宝贵的肯定与支持。书稿书信部分计170封主要由胡泉雨进行点校梳理，洪芹老师审核补充，倾注了大量心血，并均有整理过程文章收入。近仁文存由我收集整理，汪振鹏、汪后华、胡从等协助，重点辑录了五部族谱中"拾遗""杂记"有关村史、宗族史、风俗史的完整著述，以求能够反映其学术研究水平和学术观点。有关研究性论文撰写、年表形成和收集，由我和汪振鹏先生负责。近仁家族世系部分，由胡毓骍、胡从先生进行了整理。诗词部分180首由王光静老师作了初步梳理，后由洪芹老师审核注释，又由歙县张艳红老师在分类上作了完善，并延请其专门撰写了《胡近仁遗存诗词探析》一文。程志斌、汪振鹏、王光静老师参与了文稿的最后校对。

收集整理胡近仁的文字资料难度是大的，枯燥、琐碎、不解。首先遇到的是一些文白相夹的小说文字，以及用典较多的"咏史"诗词，其次是书体难认、内容琐碎、无序的书信整理，最后是有关资料来龙去脉和背景资料的查找。但这些资料，包括近仁与胡适等人的通信，近仁与旌德三溪景隆号、上海程裕新茶号往来通信，与许多访友的通信，透露出民国徽州许多有价值的历史信息。尽管我们研究深度不够，收集不很完整，辑校存在许多缺陷，但我们是怀着一份对故乡先贤敬仰来做这项工作的。历史不可能重复，许多资料不可能失而复得。书稿历经五年磨砺，确实需要勇气与毅力，它记录了编著者一个时期的学术历程。虽带着许多遗憾，但至少给后来研究者一个小小的铺垫。

感谢安徽师范大学科研处徐彬处长将此书列入"徽学研究丛书"项目，使我的"绩溪民间资料整理与研究系列"三部曲终于画上了圆满句号。感谢安徽师范大学出版社孙新文老师等精心编辑，感谢许多徽学同仁挚友的鼓励与鞭策，感谢家人多年来的理解与无私支持。

特别感谢我的挚友、《安徽日报》高级记者、安徽省徽学会顾问鲍义来先生为本书作序。

方　静

2023年3月于绩溪仁里榴园